[美]威尔·鲍温◎著
陈敬旻 邢爽 裴卫芳◎译

不抱怨的世界

A Complaint Free World
& Complaint Free Relationships

精装珍藏版
本书包含：不抱怨1&2双册内容

U0837488

湖南文艺出版社
HUNAN LITERATURE AND ART PUBLISHING HOUSE
博集天卷
CS-BOOKY

图书在版编目（CIP）数据

不抱怨的世界：精装珍藏版 /（美）鲍温 (Bowen,W.) 著；陈敬旻，邢爽等译．—长沙：湖南文艺出版社，2011.8

书名原文：A Complaint Free World & Complaint Free Relationships

ISBN 978-7-5404-5071-7

Ⅰ．①不…　Ⅱ．①鲍…②陈…③邢…　Ⅲ．①人生哲学—通俗读物　Ⅳ．① B821-49

中国版本图书馆 CIP 数据核字（2011）第 155537 号

上架建议：励志·成功心理学

不抱怨的世界：精装珍藏版

作　　者：（美）威尔·鲍温
译　　者：陈敬旻　邢　爽　裴卫芳
责任编辑：丁丽丹　刘诗哲
监　　制：蔡明菲
特约编辑：潘　良
版权支持：辛　艳
封面设计：张丽娜
版式设计：利　锐
出版发行：湖南文艺出版社
（长沙市雨花区东二环一段 508 号　邮编：410014）
网　　址：www.hnwy.net
印　　刷：北京鹏润伟业印刷有限公司
经　　销：新华书店
开　　本：700 × 1000　1/16
字　　数：350 千字
印　　张：21.5
版　　次：2011 年 8 月第 1 版
印　　次：2013 年 11 月第 5 次印刷
书　　号：ISBN 978-7-5404-5071-7
定　　价：52.00 元

>>致亲爱的中国读者：

风和日丽的日子里，我坐在位于密苏里州堪萨斯市的办公室里，心怀感激，写下这篇序言。这些文字为远在中国的你们而作，因而有了不一样的意义。及至写这篇序言时，我还没到过中国这个美丽的国度。但中国之行已列为我的目标之一。虽然我不曾踏上过中国的土地，不曾呼吸过中国的空气，甚至，我与你们未曾谋面，但我却能感受到一种强烈的亲切感。

每逢周一清晨，我都会下载一份Google的详细报告，了解有多少人访问了我们的“不抱怨网站”（www.AComplaintFreeWorld.org）。每个星期，都有来自世界各地几乎每个国家的读者访问我们的网站，其中美国本土的访问者一直排在前列。然而，近一年的时间以来，中国的访问者数量都居第二位。

我有幸接受过许多国家媒体的采访，这些国家遍布全球。无论在哪个国家分享我的故事，我都会发现，采访者们经常会跟我说，本国人民的抱怨，比其他任何国家人民的抱怨都要多。这似乎已成为一个全球性的问题。美国人相信，他们比世界其他国家人的抱怨要多；印度人则认为，他们抱怨得最多；而加拿大人就觉得，他们才是最爱抱怨的人。因此，倘若中国读者说，中国人向来喜欢抱怨，我不会感到丝毫诧异。

但我发现，中国人的抱怨有所不同。中国人敢于直面不足，勇于面对挑战，无论面对的是抱怨倾向抑或其他，你们都会本着单纯的意图，力求改善。中国人改变自我，努力争取高品质生活的意愿，是一种真正的动力。当你打开这本书，并尝试利用其中传递的讯息改善周遭关系时，我感激你在我们之间建立起了联系。也许我们身隔万里，但彼此心无距离。

祝各位一切顺利，心想事成。

威尔·鲍温

全球80个国家·600万人热烈响应的“不抱怨”运动

名家书评赞誉

◆ 把丧事当喜事办，人生就只有快乐、没有抱怨。

——万通地产董事长 冯仑

◆ 遇到挫折要从容面对，不抱怨、不放弃……只要继续努力，就一定会成功。

——中国第一职业经理人 唐骏

◆ 永不抱怨的人生态度才是第一位的。

——阿里巴巴集团主席兼首席执行官 马云

◆ 每个人都面临着挫折和失败的可能，这是我们每个人人生经历的一部分。

——联想董事局主席 柳传志

◆ 人生是不公平的，习惯去接受它吧。请记住，永远都不要抱怨！

——世界首富 比尔·盖茨

◆ 这是非常值得推荐的一本书，它会改变你的命运！

——世界最具影响力的女人之一 奥普拉

◆ 抱怨是最消耗能量的无益举动。有时候，我们不仅会针对人、也会针对不同的生活情境表示不满；如果找不到人倾听我们的抱怨，我们还会在脑海里抱怨给自己听。本书作者提出的神奇“不抱怨”运动，来得恰是时候，它正是我们现代人最需要的。我们可以这样看：天下只有三种事：我的事，他的事，老天的事。抱怨自己的人，应该试着学习接纳自己；抱怨他人的人，应该试着把抱怨转成请求；抱怨老天的人，请试着用祈祷的方式来诉求你的愿望。这样一来，你的生活会有想象不到的大转变，你的人生也会更加地美好、圆满。

——《遇见未知的自己》作者 张德芬

◆《不抱怨的世界》是一本有魅力、有乐趣、又好读的书，书中提醒我们：世界上唯一能做到的建设性永久改变，就是自我的改变。

——畅销心灵作家 盖瑞·祖卡夫

◆ 戴尔·卡内基先生的30条沟通人际关系原则中，第一条就是：不批评、不责备、不抱怨。抱怨会让我们陷入一种负面的生活、工作态度中，常常在他人身上找缺点，包括最亲密的人。不抱怨的人一定是最快乐的人，没有抱怨的世界一定最令人向往。

——卡内基训练负责人 黑幼龙

◆运用智慧就能不抱怨，一个人的成功，意志力和决心的力量是不容忽视的，它是成败的重要关键。

——远雄企业集团董事长 赵腾雄

◆《不抱怨的世界》让你相信，你真的能改变自己的人生，并疗愈灵魂中的失调状态，因为你自己就是一种祝福。

——美国《洛杉矶时报》

◆这是一本伟大的心灵励志书！“不抱怨”活动创造的影响力，已经波及到全世界。

——美国《纽约时报》

◆如果你的书架上只能留一本书，那么它将会是《不抱怨的世界》！

——美国《芝加哥太阳报》

◆你有权利得到你应得的，但不是靠抱怨来获取，接受21天的神奇挑战，跟威尔·鲍温牧师一起体验“不抱怨”的神奇力量！

——美国NBC电视台

◆“抱怨”真的就是口臭，它会传染，而习惯抱怨的人，就是在向自己的鞋子里倒水。这项影响深远的“不抱怨”运动，改变了600多万人的命运，还将有越来越多的人参与其中。你能读到这本书，并不是偶然，它将带给你人生正向的力量，让你升级为这世界一个疗愈的细胞。

——美国《时代》周刊

◆威尔·鲍温牧师是一个可以与甘地相媲美的心灵导师，他“活出了让其他人效法的样子”，在短短的两年时间，全球80个国家、超过600万人热烈响应，靠着手环和正念的力量，形塑了自己的美好生活。

——英国《卫报》

◆它可以光耀你的生命，与《The Secret秘密》比肩的心灵之书！

——英国《泰晤士报》

◆一本“行动”之书，让你不堪的人生获得指引，带来无惧的信心和力量。

——法国《世界报》

◆这本书写得既睿智又直指人心，抱怨就是推开自己想要的东西，如果让这个世界听见了，就会带来更多的坏事给你。

——法国 《ELLE》

◆如果不喜欢一件事，就改变那件事；如果无法改变，就改变自己的态度，不要抱怨。这本书给金融危机中挣扎的普罗大众，送上了一份最好的礼物。

——香港《文汇报》

◆对生活不抱怨，用积极的态度去面对，自然也会成为快乐的人。两年多来，不抱怨活动已经蔚为风潮，在全球80国流行，

600多万人参与。你若想改变生活走出低潮，停止抱怨，是重新出发的第一步。

——台湾华视新闻报导

◆不抱怨的人一定是最快乐的人，没有抱怨的世界一定最令人向往。

——台湾诚品书店

◆“不抱怨”运动随着这本书来到了台湾，当你看到有人佩戴紫色手环时，就会知道他正在激励自己连续21天都不抱怨、不批评、不讲闲话。想要一起创造好运吸引力，摆脱抱怨恶势力吗？欢迎加入“不抱怨”运动，一起迎接更美好的生活形态——一个“不抱怨的世界”！

——台湾金石堂书店

【推荐序】

“不抱怨”的礼物

台湾 胡志强

当出版社邀我为这本书写序时，我的想法是：比我更适合的人选太多了，我的太太就是其中之一。在重大车祸之后，她受尽千辛万苦，不停地开刀与复健，饱受身体和精神的挑战，她是很有资格“抱怨”的人：怨天、怨地、怨命运、怨撞击她的驾驶者……

但是，她没有！

她选择忘记那段不堪回首的时刻，放下，不抱怨。她将所有的精神心力，拿来感谢为她抢救、医疗、祈福祷告的“天使们”。她谢天谢地、谢诸佛诸神，感恩自己可以浴火重生。

“只要有一口气在，没有什么好怕的。我要往前看！”她微笑着说。

我看着她像孩子般的纯真眼神与甜美笑容，内心深深撼动。

不怨天尤人，多么不容易。但也因为她如此善良坚强，老天赐给她一条光明的路。如果说，这次事件是个分水岭，她越来越清楚，期许自己在新的阶段，奉献更多心力在公益活动上。因为她得之于社会，也想回馈于社会。

诚如书中所言：“不抱怨的磁场，将引来更多平安喜乐。”

现在太太无论走到哪儿，来自各方的无限祝福如影随形，她的个性比以前更开朗豁达。

然而，为什么人要抱怨？难道大家不知道，“怨天尤人”是一种负面的思考与具杀伤力的表达方式？我想原因也许是：人们看到了生命中缺憾与不完美的一面。

而事实是：如果你想探看生命中美好的一面，你一定也看得到。关键在于：你把眼光放在哪里？

“推行‘不抱怨运动’的目标是什么？”美国“奥普拉秀”的副制作人问本书作者——名牧师威尔·鲍温。他说：“转化我们这个世界的意识。”

“转化”一词形容得很贴切，表示“不抱怨”与“抱怨”的思绪是活的、可以移动与变化的。

作者除了在书中详细介绍这个极富创意的活动，也藉着许多故事与建议、提醒，循序渐进地分析、探索我们内心深处真正的声音与渴望；很重要的是，促使读者把抱怨转化成行动的力量，而否极泰来。

看到书的后半部，有一段话让我印象非常深刻：爱的定义是什么？丹尼斯·卫特雷医师说：“爱是无条件的接纳，并着眼于光明面！”作者说：“当我们决定接纳各种人事物，并从中发现其光明面时，我们会体验到越来越多的良善与美好。因为我们的关注，将使这样的期许在生活中实现。”此一说法与中国人“心想事成”的解释，多么类似，也能互相印证。

这些时日，我从太太身上，看见“不抱怨”的正面影响与神奇力量，如同来自天上的“礼物”。如果她都能做到，我们为什么不能？！

改变你的言语，改变你的思维；

停止抱怨，在好事发生时表达感激，

你就能改变自己的人生，也让所有人的未来更美好。

CONTENTS【目录】

·上卷·
不抱怨的世界

·下卷·
关系决定命运

·上卷·

不抱怨的世界

【前言】

紫手环的力量

如果不喜欢一件事，就改变那件事；如果无法改变，就改变自己的态度。不要抱怨。

——诗人马雅·安洁罗

终结抱怨，改变人生！

在你的手中，握有翻转人生的秘密。听起来像在吹牛说大话是吧？但我的确见过许许多多人的生命，都因此得到了翻转。我看过他们寄来的电子邮件和书信，也接过他们的电话。大家都在运用这个简单的概念——将紫色的橡胶手环戴在一只手上，再换到另一只手上，如此交替更换，直到达成连续二十一天不抱怨、不批评、不讲闲话的目标为止。他们已经因而养成了一种新的习惯。借由开始意识到自己说了什么，进而改变话语的内容；他们改变了思维，开始用心、认真地打造自己的生活。有些和你一样的人，都跟我分享过切身的经验——他们长年的痛苦得以纾解，人际关系终获疗愈，职业生涯也因而改善，而且整个人都变得更快乐了。

真诚的分享

校园的枪声……

我在内布拉斯加州的奥马哈西北高中读二年级。昨天我们学校传出一声枪响，我和几个同学都想试试你的二十一天不抱怨运动。我在想我可不可以拿五个手环？

——不具名的高中生

我认识一个长年有头痛毛病的人，他每晚下班回家，都会跟太太说自己这一整天头有多痛。后来他明白这样其实无法消除、或是减缓头痛，便决定不讲了，让自己渐渐免除抱怨。

这个人是汤姆·欧益。他再也没有头痛的问题了，而且现在是我们“不抱怨的世界”这项计划的资深协调志愿者，我们的组织里还有其他几十位志愿者，让这一切得以实现。

减缓痛苦、增进健康、创造圆满的关系、拥有更好的工作、变得更平静喜乐……听起来很棒吧？这些不但可能发生，而且很有希望实现。要刻意努力去重新设定心灵的硬盘，并不容易，但你可以现在就开始，而且不用多久——反正时间无论如何都会过去，你就能拥有自己一直梦寐以求的人生。

你可以上我们的网站：www.AComplaintFreeWorld.org，订一个“不抱怨”的紫手环。手环的使用方法如下：

1. 开始将手环戴在一只手腕上。

2. 当你发现自己正在抱怨、讲闲话或批评时，就把手环移到另一只手上，重新开始。

3. 如果听到其他戴紫手环的人在抱怨，你可以指出他们应该把手环移到另一只手上；但如果要做这种事，你自己要先移动手环！因为你在抱怨他们抱怨。

4. 坚持下去。可能要花好几个月，你才能达到连续二十一天不换手、不抱怨的目标。平均的成功时间是四～八个月。

还有，放轻松一点。我们所谈的，只是被“说”出来的抱怨、批评和闲话。如果是从你嘴里说出来的就算，要重新来过；如果是用想的，那就没有关系。不过你会发现，就连抱怨的想法，也会在这样的过程中消失殆尽。

现在就马上开始，不必等紫手环到了才开始。现在就拿一条橡皮筋套在手上，把铜板或小石头放在口袋里，把纸镇移到书桌的另一边，或找到任何一种能确实自我监督的方法。现在就做。然后，当你逮到自己在抱怨、批评、讲闲话的时候，就移动那个东西——把橡皮筋移到另一手，把硬币放到另一个口袋，或把文具移到书桌另一边。移动那个东西很重要，这样的动作将在意识里深深地刻下痕迹，让你察觉到自己的行为。你一定要去移动它，没有一次可以例外。

你抓到刚才说的一个重点了吗？我说的是“当”你逮到自己在抱怨时，不是“如果”。抱怨在我们的世界里蔚为风潮，所以当你发现自己的牢骚要比想象中多了很多，也不必大惊小怪。

在本书中，你将了解形成抱怨的原因是什么，我们为何会抱怨，我们以为抱怨能带来什么好处，抱怨是如何破坏我们的生活，而我们又要怎样让周遭的人停止抱怨。你将学会一步步驱除生活中这种恶毒的表达形式。如果坚持下去，你就会发现，不只是你自己不再抱怨，连身边的人也会跟着停止这样做。

不久前，我和一个朋友在打壁球，在赛局间稍做休息时，他问：“你寄出多少个‘不抱怨’紫手环了？”我说：“大约十二万五千个。”然后又补了一句：“到目前为止是这样。”他思索片刻，喝了点水，然后说：“十二万五千……比一个中型美国城市的人口还要多。”我说：“对啊。”一边仍盘算着是不是这个数字。

“那这件事你做多久了？”他问。我回答：“七个月。”“七个月寄出十二万五千个手环。”他反复说着，一边摇头觉得不可置信。他调整了运动头带、再换上护目镜，准备打最后一局，又问道：“你觉得人一天会抱怨几次？”我说：“不知道。我刚开始尝试二十一天不抱怨运动时，一天大概要移动紫手环二十次。”

他站了起来，准备好要继续打球。他拿起球拍挥了几下，让肩膀保持灵活，然后说道：“算一下数学。”我还以为是算错了上一局的分数，于是问他：“什么数学？”

他说：“如果有十二万五千个手环，乘上每天二十次抱怨，再乘每个月三十天，再乘上七个月，那就是……呃，是……呃，简直是多得不得了！你想想看，有多少抱怨，从那天开始就‘不见’了。”我站立片刻，想了一想，然后走回壁球场上。他进入球场，走向发球线，开始发球。我满脑子都是他的论点。我挥了空拍，没接到这个球。我不禁一直想着朋友说的话，最后他赢了那场比赛。这个简单的想法，已经预防了多少抱怨、批评和闲话的发生呢？

它显然发挥了相当的影响力，而且正持续地在扩张、发展。在我担任牧师的教会，根据工作人员估计，“不抱怨”紫手环平均每一周被索取的数量是七千个。我们已经把紫手环寄送到全球八十个国家；办公室主任每周放在我书桌上的邮件资料夹，已经膨胀成一捆将近一尺厚的信件。学校老师告诉我，鼓励学生察觉自己的怨言，让教室里的气氛也随之改变。各教派的教会也拥护这个构想，不只是赠送“不抱怨”手环，还开设了星期三晚间的“不抱怨”课程以及“不抱怨”主日学（编注：“主日”即周日，“主”者，万物主宰也，所以敬拜主的日子就是主日，也就是周日）等。遭逢背叛、贫穷、致命疾病、裁员，甚至是天灾等威胁的人们，都开始接受挑战，试图将抱怨从自己的生活中驱除。

这样的现象已经活跃地开展，而置身其中更是令人雀跃不已。

为什么是“紫手环”？

二〇〇六年夏天，我决定在我们的教会成立“夏日读书俱乐部”，鼓励大家阅读同一本书，并开课加以讨论。

我们想选出一本真正能发挥影响力的书，于是决定先看看自己人需要的是什么。大家面临的头号挑战似乎是金钱。不论是成双的伴侣或单身的男女，都纷纷来找我谈负债、工作不稳定、深感财务吃紧等问题。检视过几本探讨这个主题的书籍之后，我们选择了爱妲温·甘妮斯（Edwene Gaines）的《繁荣的四大心灵法则》（The Four Spiritual Laws of Prosperity）。她的书提供了清晰、简洁、有力、重要的指引，让人们加以遵循实践，开始过着丰足的生活。有一百多人买了这本书，我也额外规划了为期五周的系列课程，让大家能更深入钻研，分享问题、看法与洞见。

当课程进入第二周，我在家里的办公室备课时，突然灵机一动，打电话给我们的办公室主任玛西雅·戴尔。

我解释自己的想法给玛西雅听，她很有耐心地听完，然后叹口气说道：“又是星期天的新鲜小玩意儿吗？”玛西雅佯装气恼，其实她很喜欢在课堂上或主日学时送些小东西。我们已经给过磁铁、书签、相框、笔和其他能支援、强化学习成果的小饰品。玛西雅说的“玩意”在课程结束许久之后，仍发挥着视觉提醒的作用。

“为什么是橡胶手环？”她问。我向她解释，甘妮斯的书就像许多其他书一样，也在提醒我们：人生中最重要的，就是把注意力放在我们想要的东西上，而不是不要的东西。“心里想什么，嘴里就会跟着说出来。”玛西雅说道，回想起已经听过好几百遍的概念。我说：“没错。抱怨就是把焦点放在我们不想要的东西上头，所谈论的是负面的、出错的事情；而我们把注意力放在什么上头，那个东西就会扩大。所以，我们要帮助大家从生活中驱逐抱怨，而橡胶手环将会成为很大的助力。”

“你再说一次，橡胶手环要怎样发挥效果？”玛西雅有点犹疑地问道。“我们会给每个人一个手环，就像为‘阿姆斯特朗基金会’（Lance Armstrong Foundation）募款时，分发的那种‘活得坚强’（LIVESTRONG）的手环，但是要换个颜色。”我说。“大约二十年前，我曾在一本书上看过，母鸡要花二十一天才能孵好蛋；反讽的是，人也要经过二十一天，才能将一项新的行为培养成习惯。我们要鼓励每个人把手环戴在手上，努力做到连续二十一天都不抱怨。如果他们发现自己在抱怨了，就要把手环移到另一只手上，再重新开始。”

“呃……这听起来挺难的。”玛西雅评论着。然后，她钻漏洞地问道：“他们要是抱怨了，可以隔天再重头来过，然后这一天干脆就‘放个假’，尽情抱怨个够吗？”我说：“不行。他们当下就要换手，再重新开始。这个方法的重点，就是要让我们察觉到自己在抱怨，这样在下一次抱怨发生前，我们才可能先逮个正着。”

电话里那头出现了片刻的沉默。“玛西雅？”我轻声问，确认电话是不是断线了。“我还在。”她淡淡地说。“我只是不确定大家能不能做到……见鬼了，我也不知道自己行不行。”我说：“我也是。我们试试看吧。”

“好吧。”她略显忧虑地说道。“那我打电话给几家饰品店，看看能找到什么。手环有指定的颜色吗？”我想了一下。“没有……你有什么意见呢？”我问。

“紫色怎么样？”她说。“很别致，而且有些人觉得紫色代表蜕变。更何况，你看黄色、橘色、粉红色的手环到处都是，却没有见过紫色的。”我说：“听起来不错。”

玛西雅找到一家卖紫色橡胶手环的公司，手环上还刻了“SPIRIT”（精神）这个词。我们同意订购五百个，比所需要的数量多出两倍以上——我们哪里知道会怎样呢？当玛西雅告诉我手环的事，我问道：“为什么要刻‘精神’？”她说：“我想，那代表的是‘学校的精神’，他们什么颜色都卖。

如果学校的代表色是橘色，就买橘色的‘精神’手环；如果是红色，就买红色的‘精神’手环。”我说：“喔，所以我们买不到那种刻着‘不抱怨’的手环吗？”她说：“买得到，可是一次只订购五百个，成本很可观。更何况这只是个小东西，大部分的人一回家就直接丢到抽屉里去了。”

“那我该如何解释‘SPIRIT’那个词？”我大声地提出疑问。“你就告诉大家，那是代表‘改变的精神’。”玛西雅说着，替我回答了问题。

隔周的星期天，我们送出两百五十多个手环，但我们的五百个库存量，在礼拜结束之后很快就一扫而空，因为大家也想为自己的办公室、班级、朋友、组织和社团索取手环。当天，我除了解释这项挑战的规则，还邀请每个人发挥想象力，想象自己的生活若没有了抱怨的“听觉污染”，会是什么模样。我能感觉到室内混杂着一股兴奋和慌张的气氛。我告诉他们，我自己也会进行这项挑战，无论花多久时间，我都要达成连续二十一天不抱怨的目标。“连续二十一天，”我强调，“不抱怨、不批评、不讲闲话。”

我说：“加入我的行列吧。如果要花三个月或三年，你的生命将会大幅进化、提升。如果你戴的手环因为换来换去而磨损了，我们会再给你一个。请坚持下去。”

你的话语表明了你的想法

抱怨是在讲述你不要的东西，而不是你要的东西。当我们抱怨的时候，是藉由话语把焦点放在不如意的事情上头。我们的想法创造我们的生活，而我们的话语又表明了我们的想法。让我重申一次：如果你只能从这本书中得到一项收获，那希望你记得的就是这一句：我们的想法创造我们的生活，而我们的话语又表明了我们的想法。

换句话说：“你讲了什么话，就会表现出什么模样。”

每个人无时无刻都在创造自己的人生。重点是真正拿起缰绳，引导马匹到我们要去的地方，而不是我们不要去的地方。你的人生就是一场电影，编剧、导演、监制、演出——你猜对了，都是你自己！我们都是自制的产物。当有人问及“白手起家的百万富翁”这样的人，二十世纪的激励大师及哲学家厄尔·南丁格尔（Earl Nightingale）曾发出这样的妙语：“我们拥有的一切都是自己造成的，可是只有成功者会这样承认。”

每一刻，你都在用自己最关注的念头创造人生。如今，大家已渐渐察觉这一点，这是前所未有的现象，它敲响了改变的铃声，要改变世界的意识。我们的集体思维已经开始明白，我们的生活、社会、政治情势、健康和世界的状态，就是我们的内心思维和随之招致的行为所展现、造成的结果。

这个观念一点儿也不新颖。今天，似乎已有相当数量的大众对此具有完整的认识，但数以千计的伟大哲学家与导师，千年来已一直在告诉我们：

“照你的信心，给你成全了。”

——耶稣，〈马太福音〉8：13

“宇宙即变化，我们的人生由我们的想法所创造。”

——罗马皇帝　奥勒留（Marcus Aurelius）

“诸法皆以心前导，心是主宰，诸法唯心造。”

——佛陀

“改变想法就能改变世界。”

——心理学家　皮尔（Norman Vincent Peale）

“你是今天的思想所造就的模样，也将被明天的思想牵引着向前走。”

——作家　詹姆斯·艾伦（James Allen）

“我们会成为自己想象、思考的东西。”

——哲学家　厄尔·南丁格尔（Earl Nightingale）

“道德文化的最高层次，就是当我们能察觉自己应该控制思想之时。”

——达尔文

“为什么我们就是命运的主人、灵魂的统帅呢？因为我们有控制自己思想的力量。”

——孟塔培（Alfred A. Montapert）

我们的话表明我们的想法，我们的想法又创造了我们的生活。人们是处于积极或消极交相表现的连续状态中。在我的经验里，我从来没有见过自以为消极的人。我所认识的人之中，当他们破坏性的思想多于建设性时，也没有人真的会察觉到。他们的言词可能向他人透露了负面的想法，但他们自己却听而不闻。他们可能经常抱怨——我也是其中之一，但多数人（包括我自己在内）都认为自己是正面、开朗、乐观、快活的人。

为了重新创造生活，控制思绪是很重要的。不抱怨的紫手环能帮助我们了解，自己是处于交相表现消极或积极的连续状态。接着，当我们历经这样反复交替的实际行动，一次又一次将手环从一手换到另一手时，我们就会真正开始注意到自己的言语，进而注意自己的想法。当我们注意到自己的想法时，我们就能改变，最后重新塑造出我们所选择的生活。紫手环帮助我们设下陷阱，我们才能逮住自己的负面情绪，然后释放它，再也不让它回来。

一起打造“没有抱怨的世界”

二〇〇六年七月的那个星期天，在递出第一批不抱怨的紫手环给教友，邀请每位弟兄姊妹立志做到连续二十一天不抱怨后，我分享了一段故事：“小时候，我经常站在湖边，尽可能把石头丢到最远的水里。水开始溅起来之后，我就看着波动的涟漪从每个方向传出去，一直轻拍到这个小湾的每一处边缘。我们也可以一起创造出涟漪，此时此地，在这个小教会里，我们可以开始做一件触动世界、改变世界的事。”

他们犹豫的能量，开始转化为兴奋的热忱。我说：“让我们把紫手环送给每一个来索取的人。我们可以一起让密苏里州的堪萨斯市，成为美国第一个‘不抱怨’的城市。”接着我又补了一句：“想想皇家队今年在职棒大联盟的表现，在我们前面，还有好长的路要走呢。”

室内一片沉寂。我发觉自己正在发出怨言，便第一次将我的手环从右手移到左手——这当然也不是最后一次。

社区居民开始听说了紫手环的事。我们加订了五百个，货还没有运到，就又送完了。我们想要再订一千个，却又担心如果手环剩下了该怎么处置。后来我们还是下了订单，结果这一千个手环在送达之前又被索取一空。索取手环的请求起初有如涓流，慢慢变成了细雨、豪雨，最后就像山洪爆发。

我察觉到有一件重要的事正在发展，便打电话给《堪萨斯城星报》(*The Kansas City Star*)，问报社有哪位记者会对这种报导有兴趣。他们将我引介给海伦·葛瑞，于是我便寄给她一封电子邮件，解释当前的状况。

就在我们送出手环时，我自己才发现，要达成这样的转变有多么困难。第一天，我不停地把手环从一手换到另一手，简直要累坏了，当时我才发觉自己一直都在抱怨。我想喊停，但教会里的每个人都在看着我。第一周结束后，我个人的最佳纪录是一天只动了五次手环；然而到了隔天，我又回升到十二次，但我还是继续这么做。我从来没有想过自己是爱抱怨的人，如今我却发现其实不然。就在我努力试着不抱怨、不批评、不讲闲话时，我同时也因为《星报》的葛瑞女士还没有回信而不免灰心，之后却又暗自窃喜。虽然我认为这个主意不错，但是我一点也不觉得，自己在这项实验中有什么过人的表现。我也不想硬着头皮告诉她：“对，我就是呼吁每个人投入这项挑战的牧师。”还有——“我吗？呃，在实地尝试了两个礼拜以后，我已经快能维持六小时不换手了。”

我还是坚持下去，结果在将近一个月后，我已经可以一连三天不抱怨。每个礼拜天，我的教友都会看我的手环戴在哪只手上。我看到有些人已经把手环拿下来了，但也有很多人持续不懈，让我受到很大的鼓舞。最后，我写下目标：“到九月三十一日为止，连续二十一天不抱怨。”这个目标，我每天早晨看三次、每天晚上再看三次。慢慢地，我开始有了进展。

我发现，我在一些人身边时可以做得很好，但和另一些人相处时却没办法做到。我难过地发现，有些我视为是好朋友的人，我和他们的关系是建立在一起谈论、表达各种不满和抱怨的基础上，于是我开始回避他们。起初，这样做让我有点罪恶感，但我却注意到自己的手环变得稳定不动了。更重要的是，我发现自己也变得比较快乐了。

一个多月后，《星报》的葛瑞女士发电子邮件给我，说她之前在休假。她说她觉得这个点子很有意思，想写一篇文章报导我们的“不抱怨手环”。当她正在撰稿时，我也终于完成二十一天的挑战。因此，当她的第一篇报导问世时，我是唯一做到的人。

我再度向教会的委员会确认，可以免费赠送手环给所有想要的人。“我们可以帮助唤起全世界的觉知。”这是我们一致的意见。而我们几乎没有想到，其他报纸会从《星报》上挑中这篇报导。几周内，我们接到索取手环的请求，数量将近九千个。我们把供应商的所有紫手环都买下来，还追加了更多订单。志愿者们进一步将我们的网站自动化，可以直接处理索取手环的请求，同时还设计了我们这个工作团队的专属标签，可以在包装手环时粘贴使用。

我们申请到了“www.TheComplaintFreeChurch.org”这个网址，还有更多报社报导了这个活动，随后电视台也加入了。

这个想法的规模已经扩大，不再只限于堪萨斯教会。一个天主教的主教辖区索取了两千个紫手环，分别送给教会和学校。我们开始从澳洲、比利时、南非等地接到索取紫手环的请求。这已经真正成为一种全球化现象了。

我们察觉到这个“池里涟漪”的点子，逐渐在全球酝酿、扩展，于是便创建了“www.AComplaintFreeWorld.org”的网站。我们也建立起资料输入团队、执行团队、补给团队和运输团队，成员悉数都是由志愿者组成。（编注：由于运费增长及索取数量庞大等因素，紫手环已改为付费购买制，只有索取数量在三个以内，以及学校、医院、监狱、教会等非营利组织仍维持免费赠送。）

在见报一百多次、上过《今日秀》（The Today Show）和真正全国联播的《奥普拉秀》（The Oprah Winfrey Show）这两个电视节目之后，参与这个活动的人次已有数百万人，而且全球都在快速成长！当我和《奥普拉秀》的副制作人面谈时，她曾问我这个活动的目标是什么。我说：“转化我们这个世界的意识。”她看着我，露出同理的微笑。“这是个很大的梦想，您不觉得吗？”我回敬她一个笑容，然后说：“算一下数学吧。”

当我写到这里时，已经有八十多个国家，超过六百万人，来向我们索取紫手环，每天的索取数目则将近上千个；一般人平均要花四到八个月，才能成功做到二十一天不抱怨。将手环的数量与大多数人抱怨的次数相乘，这个世界的人们已经开始觉醒，有了全新的体认。

有多少抱怨，因为这个简单的想法而平息下来了？和几个月前相比，家庭、学校、职场、教会、体育团队、医院、监狱、警察局、消防局、诊所、军队和政府机关，是不是也变得积极、快乐多了呢？在世界上的每个角落，这些团体里都有人戴着紫手环，竭尽全力用积极的态度，来选择、形塑他们的措辞和用语。

改变世界？这件事情正在进行中。

有两件事，大多数人应该都会同意：

1. 这个世界有太多的怨言。

2. 世界的现况并不是我们想要的模样。

在我看来，这两者互为关联。我们把焦点锁定在不对劲的事情上，而不是将视野聚焦于健康、快乐与和谐的世界。如今，你也有份了。你会拿起这本书，并非偶然。你已经回应了灵魂的召唤，不再是制造问题的一份子，而是解决方案的提供者。只要成为积极改变的榜样，你就能改变世界。接受这项挑战、并且持续不懈，无论花多久时间都要挑战成功。你将为我们的孩子点亮光明的未来，你可以在人类之中成为一个疗愈的细胞。

前几天，我去看了皇家队的比赛，一群球迷热切地想要带动全场玩起波浪舞。波浪舞热烈展开，大家从座位上跃起，高举双手，使劲发出“呼”的一声。欢呼声绕着棒球场一波波传递，到了某个区段后，却开始后继无力。坐在那一区的球迷不知为何无心接续，波浪舞便停止了，浪潮就这样渐渐消退。

转化人类意识的波浪舞已经朝你绵延过来了，你可以让它继续下去。你可以帮忙创造一个不抱怨的世界。为你身边的人们而做。为你的国家而做。为了这是迈向世界和平的第一个有力步骤而做。为你的孩子以及他们未出世的孩子而做。但最重要的是，为你自己而做。

为自己做这种事？那不是很自私吗？不会的，为自己做些事、让自己得到益处，这没有什么不对。当你成为更快乐的人，就会提升这个世界整体的快乐程度。你会传送出乐观和希望的震波，和其他理念相似的人互相共鸣。你会创造无比的期待，让所有人的未来更美好。

人类学家玛格丽特·米德（Margaret Mead）曾经写过，我们绝不该“怀疑一小群深思熟虑、忠诚坚持的公民可以改变世界。事实上，也只有这样才能做到。”涟漪正一波波持续扩散着。

对了，顺便提一下：玛西雅也成功了喔。

Part 1

无意识的无能

- 我怨故我在
- 抱怨与健康

我怨故我在

人们发明语言，来满足自己深切的抱怨需求。

——美国演员莉莉·汤姆琳

抱怨（动词）：1.表达哀伤、痛苦或不满（抱怨天气）。2.提出正式的控诉或指责。

——《韦氏辞典》

做到不抱怨的四个步骤

不论做什么事，都要经过四个阶段，才能养成确实的能力。要成为不抱怨的人，就要历经这每一个阶段，而且很抱歉，一步都不能省却。你不可能跳过这些阶段，直接达到永续的改变。有些阶段会比其他阶段费时更久，每个人的经验各有不同。你可能飞也似地越过一个阶段，却卡在另一个阶段许久，但只要坚持下去，你就能掌握这种技巧。

真诚的分享

我还以为我很乐观！

我和大多数挑战“不抱怨”运动的人一样，很快就发现自己在日常互动中究竟说了多少抱怨的字眼。我第一次真正听到，自己对工作发泄怒气，对疼痛和痛苦发牢骚，对政治及世界局势唉声叹气，又对天气抱怨连连。

发现自己使用了多少含有负面能量的字眼，简直让我震惊——我本来还以为自己是乐观的人呢！

——密苏里州堪萨斯市，马提·波因特

养成能力的四个阶段是：

1. 无意识的无能；

2. 有意识的无能；

3. 有意识的有能；

4. 无意识的有能 。

汤玛斯·葛瑞（Thomas Gray）在《论伊通学院的愿景》中告诉我们一句格言：“无知就是福。”要成为不抱怨的人时，你会在“无知”的福气中，开始穿越转化的乱流，获得真正的福乐。目前，你还处于“无意识的无能”阶段。你并没有意识到自己的无能；你不明白（没有意识）自己的抱怨有多少（因此而无能）。

“无意识的无能”和“有能”的阶段一样，都是一种存在的状态。每个人都是从这里开始的。在“无意识的无能”阶段，你具有纯粹的潜力，准备创造伟大的作为。只要你愿意按部就班、往前推展，一步步走下去，就有振奋人心的新远景，等着你去探索。

很多人都是习惯去注意伤害而喊“痛”。你如果大声喊“痛”，伤害就会出现；如果抱怨，就会遇上更多想要抱怨的事。这是行动上的“吸引力法则”。当你历经这些阶段，当你扬弃抱怨，当你不再去注意伤害而喊“痛”时，你的人生就会像美丽的春花般绽放。

我常被问到的一个问题是：“我永远都不能抱怨了吗……永远？！”我是这么回答的：“你当然可以抱怨。”这有两个原因：

1. 我不是要来告诉你或谁该怎么办。如果我是这种心态，我就会想办法改变你，这代表我是把焦点放在我不喜欢的那个你身上。我是在表达对你的不满，而且以此推论，我还会抱怨。所以你想怎么样就怎么样吧，那是你的选择。

2. 有时候，抱怨也言之有理。

现在，在你还没发现自己在第二点上的漏洞之前，先想想“有时候”这三个字，同时记得我和很多人一样，已经接连三周——就是连续二十一天，或五百零四个小时——完全没有抱怨。没有抱怨——零、无，一点都没有。讲到抱怨，“有时候”代表“不是很常见”。抱怨应该不常发生；批评和闲话则永远不该出现。如果我们对自己坦诚，就会发现生命中足以让我们有理抱怨（表达哀伤、痛苦或不满）的事件，其实寥寥可数。我们的抱怨多半都只是一大堆“听觉污染”，有害于我们的幸福与美满。

自我检视一下：当你抱怨（表达哀伤、痛苦或不满）时，背后的原因严重吗？你经常抱怨吗？你已经一个月或是更久没有抱怨了吗？如果你一星期抱怨十次以上，那你可能已陷入惯性的抱怨状态，这样对你并没有好处，因为你就是在注意伤害而喊“痛”。

你抱怨的事真有那么严重吗？

要做一个快乐的人，能掌控自己的思想、开始按照自己的规划过生活，你就需要非常高的门槛，才能容许自己表达哀伤、痛苦或不满。下次你要抱怨时，就先问问自己，那件事有没有像几年前我所发生的事一样严重。

当时我正坐在自己的办公室里备课。我们家正位于马路的急转弯处，驾驶人在这里要放慢速度，行驶过弯道；而过了我们家两百码之后，市区道路就变成郡立高速公路，时速从二十英里升高为五十五英里。因此，我们等于是住在加速 / 减速的车道上，若非有这个拐弯处，我们家就会变成非常危险的地方。

那是个温暖的春日午后，蕾丝窗帘在开敞的窗边随着微风轻轻飘动。忽然间，我听到奇怪的声音。砰的一声巨响，紧接着出现了尖叫声。那不是人的尖叫声，而是动物。每只动物都有独特的声音，就像每个人一样，而我对这个声音很熟悉，那是我们的长毛黄金猎犬金吉尔。通常，我们没想过狗会尖叫。可能是吠叫、嚎叫、哀叫——没错，都是这样，而尖叫是我们鲜少听到的。但此刻金吉尔就是在尖叫。她被车撞了，就在我窗外不到二十英尺处，躺在路边痛得尖声叫喊。我大喊一声，跑过客厅到前门外，我的太太桂儿和女儿莉亚跟在后面。莉亚当时才六岁。

我们靠近金吉尔时，看出她伤得很重。她试图用前腿站起来，但后脚却似乎帮不上忙。她一次又一次地痛苦嚎叫着。邻居们纷纷走出家门来探视骚动发生的缘由。莉亚只是一直叫着她的名字："金吉尔……金吉尔……"眼泪从她的脸颊流下来，浸湿了衣服。

我四处寻找撞伤金吉尔的司机，却不见半个人影。后来我抬头望向划分市区道路与郡立高速公路的坡道，看见一辆卡车牵引着拖车，正在爬坡，同时加速超过五十五英里。尽管我们的狗痛苦地躺在那里，我的太太愕然站着，我的女儿哭得可怜，我满脑子想的，都是要去找那个撞到金吉尔的人当面算账。"怎么会有人做出这种事，还开车跑了？"我心想，"他才刚驶过弯道……他当然会看到金吉尔……他当然知道发生了什么事！"

我把陷入痛苦与混乱的家人丢下，跳上车子冲出停车道，扬起一片沙尘与碎石，沿路飙到时速六十、七十五、八十三英里，就是要追上那个撞了莉亚的狗，又扬长而去不敢面对我们的人。我在颠簸的路面上疾驰着，开始觉得车子彷佛就要驶离了路面。那一刻，我稍微平静了下来，想起我如果在开车时丧命，对桂儿和莉亚而言，就要比金吉尔受伤更难以平抚了。在我和那个驾驶人的距离慢慢拉近时，我也把车速降到了可以控制的程度。

那人转进了停车道，还没有发现我在后面追赶，他穿着邋遢的衬衫和油腻腻的牛仔裤，下了卡车。我在他身后将车停住，从车里跳出来尖叫：“你撞到我的狗了！”那人转身看着我，一副听不懂我在说什么的样子。我一股血气冲上耳朵，不确定他是不是真的说了：“我知道我撞了你的狗……不过你想怎样？”与现实世界恢复连线后，我吼了回去：“什么？你说什么？”他微笑着，彷佛在纠正一个搞不清楚状况的孩子，又字正腔圆、慢条斯理地说了一次：“我知道我撞到你的狗了……你现在究竟想怎么样？”

我气得火冒三丈，心里一直浮现莉亚在后视镜里，站在金吉尔旁边哭泣的模样。我大喊：“把手举起来。”他说：“什么？”我再说一次：“把手举起来，混蛋……我要宰了你！”片刻之前，当我怒气冲冲地要追捕这个家伙时，及时的理性让我不至于因为开快车而送命，但现在他把我亲爱的狗撞成重伤，竟然还讲出这种目中无人的话，已经让我所有的理性消散殆尽。我长大后从来没有打过架，我不相信打架能解决事情。我也不晓得自己知不知道怎么打架，但是我想揍死这个人。那一刻，我才不管自己会不会坐牢。

“我不跟你打。”他说。“这位先生，你如果打我，那就是伤害罪。”我举起手臂，拳头就像颗坚硬的钻石紧紧握着，目瞪口呆地站在那里。我说：“别废话，动手！”他说：“我不要，先生。”露出仅存的几颗牙微笑着。“我才不干这种事。”

他转身慢慢走开。我站在那里发抖，怒气毒害着我的血液。

我不记得后来如何开车回到家人身边。我不记得如何把金吉尔抱起来去看兽医。我只记得最后一次抱着她时她身上的味道，还有兽医用针筒结束她的苦难时，她轻声哀嚎的模样。我反复问着自己：“怎么会有人做出这种事？”

后来那几天，每当我努力想入睡时，那人满口破牙的笑容却总是挥之不去。他那句“不过你想怎样？”又在我耳边响起。我在脑海里清楚地看见，如果我们打起来，我会怎么对付他。在我的想象中，我是消灭邪恶坏蛋的超级英雄。有时候，我会想象自己正拿着球棒或其他武器，狠狠地伤害他，就像他伤害我、我的妻子、我的女儿和金吉尔一样。

接连难以入眠的第三个晚上，我起身开始写日记。在宣泄了近一小时哀伤、痛苦和不满的怨言之后，我写下了令人讶异的字句："伤害者自己也是受伤的人。"

这一点都不像我会说的话啊，我不禁纳闷地大喊："什么？"我又写了一遍："伤害者自己也是受伤的人。"我往后一靠，坐在椅子上思索，聆听春天的雨蛙和蟋蟀颂赞迷人的夜晚。"伤害者自己也是受伤的人。这句话怎么可能适用在这个人身上？"

当我进一步思索时，便开始明白了。可以这样轻易地伤害一个家庭所珍爱的宠物，一定不像我们一样了解同伴动物的爱。可以在年幼的孩子泪眼汪汪时驱车离开，就不可能知道小朋友的爱。不能为刺伤一家人的心而道歉，他自己的心一定也被刺伤过很多很多次。这个人才是这个事件中真正的受害者。没有错，他表现得跟坏蛋一样，但这是源自于他内心的深切苦痛。

我坐了很久，让这一切沉淀、铭刻在心。每当我开始对他和他所造成的痛苦感到气愤，我就想起这个人每天必然会领受的痛苦。没多久，我便熄灯上床，沉沉入睡了。

抱怨就好像口臭……

抱怨就是：表达哀伤、痛苦或不满。

在这次的经验中，我感受到哀伤。五年前，金吉尔出现在我们南卡罗来纳乡间的家中。好几只狗来过我们家不想走，但我们的另一只狗吉布森却把他们都赶跑了。不知道为什么，他让金吉尔留了下来。金吉尔有些与众不同的地方，从她的举止行为来看，我们认定她到这里之前，曾经受过虐待。而且她特别会提防我，所以说不定是哪个男人伤害了她。大约一年后，她开始试着信任我；接下来几年，她则成了我真正的朋友。她走了，让我深深感到哀伤。

我当然也觉得痛苦，真切的情感痛楚折磨着我的灵魂。有孩子的人都会懂：我们宁愿自己承担心痛，也不愿孩子受苦。而我的小女儿莉亚所经历的情绪冲击，又使我痛苦倍增。

我也深感不满。我为自己没有痛打那个人而懊恼，也为了原先竟想以暴制暴而良心不安。我为自己从他身边走开感到羞耻，却也为了拼命追赶他觉得惭愧。

哀伤。痛苦。不满。

当这个人撞到金吉尔时，我感受到这种种的情绪，并且一一表达出来，这些都是恰当的反应。在你的人生中，有时可能也会经历同样困难的情境，幸运的是这一类的创伤事件并不常见。由此推知，抱怨（表达哀伤、痛苦或不满）应该也很少发生。

但是，对大多数的人而言，抱怨都不是源自于这么深切的痛苦经验。相反地，我们就像乔·沃许（Joe Walsh）的歌曲《人生一直都很好》（*Life's Been Good*）所描写的——我们不该抱怨，但有时还是会抱怨。事情并没有真的糟到该理直气壮地表达哀伤、痛苦或不满，但抱怨就是我们毫不抵抗而自然出现的预设反应。我们就是会抱怨。

无知就是福。在你开始自我反思，要成为一个不抱怨的人之前，你可能幸福地未曾意识到自己的抱怨有多少，以及这些抱怨在生活中所造成的杀伤力。对许多人而言，对天气、配偶、工作、身体、朋友、职业、经济、其他驾驶人、国家，或心里想的各种大小事件发发牢骚，是每一天都会重复几十次的事，然而，却鲜少有人明白，自己抱怨的频率有多高。

话是从我们的嘴里说出来，所以耳朵一定听得到，但不知是什么缘故，我们不会把这些话语认定是怨言。抱怨就好比口臭，当它从别人的嘴里吐露时，我们就会注意到；但从自己的口中发出时，我们却能充耳不闻。

你的抱怨很可能比自己认定的次数要多得多。而如今，既然你已经接受二十一天的挑战，要摆脱抱怨，你就注意到这一点了。当你开始把手环从一手移到另一手，才会明白自己有多常“kvetch”（意第绪语的“抱怨”之意——我不是犹太人，但我真喜欢这个词。）

一直到现在，老实说，你可能讲过你不会抱怨——或不常抱怨。很显然，你认为自己只有在事情着实恼人时，才会抱怨。下次当你想为自己的抱怨辩解时，先想想金吉尔的事件，然后扪心自问，你的这次经历是否真那么糟糕，再下定决心，实践不抱怨的承诺。

关键就在于不要放弃

每个成功做到二十一天不抱怨的优胜者，都对我说过：“不容易，但是很值得。”凡是有价值的事都得来不易。这个行动简单吗？很简单。但“容易”通常和成功者沾不上边。我这样说不是要吓唬你，而是要激励你。如果你觉得要成为不抱怨的人（监测并改变自己的言语）很难，那不代表你做不到，也不代表你有什么毛病。作家欧德森（M. H. Alderson）说：“如果一开始你没有成功，就代表你和平常人都一样。”如果你正在抱怨，这就是你应有的处境。现在你已经意识到这一点了，就能开始将抱怨从生活中驱除。

你办得到的。我一天抱怨几十次，我都办到了。关键就在于不要放弃。我的教会里有个很棒的姐妹仍戴着我们第一批赠送的紫手环，那只手环已经磨损泛灰了，但她最近告诉我：“他们可能会把我和这个东西一起埋了，但是我不放弃。”

这份承诺就是需要这种决心来实践。好消息是：即使你尚未做到二十一天不抱怨，你也会发现自己的内在焦点已经转移，你也变得更快乐了。下面是我收到的一封电子邮件：

真诚的分享

无怨的人生最快乐

我和成千上万的人一样，已经开始转移自己的焦点。在等手环来的时候，我就开始先把橡皮筋戴在手上，让我察觉自己在做什么。我已经戴了大约一个星期，现在我几乎不抱怨了。最值得一提的是，我觉得快乐多了！更别提我身边的人会有多快乐（例如我先生）！我想改善抱怨的习惯已经很久了，而这个手环活动就是驱使我改变行为的动力。

许多人都在谈论这个手环及其背负的使命，这项使命已形成庞大的涟漪效应，许多人至少都开始想到自己有多常抱怨，也许还决定要改变行为。愈来愈多人听说这个想法，这项运动就可能产生长远、广泛的效果。完成任务要比实际拿到手环重要多了！想到这点就觉得很兴奋！

——马里兰州洛克维尔市，珍妮·雷里

电台播音员保罗·哈维（Paul Harvey）曾说："我希望有一天能达到这个世界所认定的成功，这样如果有人问我是怎么做到的，我就会告诉他们：'我爬起来的次数比跌倒的次数还多。'"正如所有值得完成的事，你必须一路跌跌撞撞才能成功，当你刚开始接受这项挑战时，就和多数人一样，那你可能得不断把手环换来换去，换到手酸了、心也烦了。我移动手环的次数就多到把三个手环都弄断了，才完成二十一天不抱怨的目标。如果你也把手环弄断了，就上我们的网站 www.AComplaintFreeWorld.org，再索取一个。

但如果你坚持下去，有一天，当你昏昏沉沉躺在床上快睡着时，你一眼瞥到手腕，就会第一次发现，在多日、连月、甚至经年以后，你的紫手环终于和当天早上起床时一样，还戴在同一只手上。你会想：“我今天一定有抱怨，只是我没有抓到。”但当你在心里清算一次，你就明白你成功了。你真的一整天都没有抱怨！总会有那么一天的，你一定能办到。

当你展开这种转变时，代表你很幸运，因为即使我事先警告过，这项挑战会很困难，你仍然具备一项心理优势，来驱策你达成目标，这在心理学上称之为“达克效应”（Dunning-Kruger effect）。当一个人尝试新的东西，无论是滑雪、杂耍、吹长笛、冥想、写书、骑马、绘画或任何事，人性中都有一部分会认为精通这项技艺很简单。“达克效应”的名称是出自康乃尔大学的贾斯汀·克鲁格（Justin Kruger）与大卫·达宁（David Dunning），他们针对尝试学习新技能的人们展开研究，结果并发表在一九九九年十二月的《人格与社会心理学期刊》，文中这样陈述着：“无知要比知识更容易造就自信。”换句话说，你没有意识到做某件事会很难，所以就会试试看。你心想：“这会很简单。”所以就开始了，而开始行动就是最难的部分。

如果没有“达克效应”，当我们知道，实际上要花多少工夫才能精通一项技艺，或许在开始之前就会先放弃了。我的妻子桂儿对于这件事提出很适切的结论，有人问她：“学骑马最好的方式是什么？”桂儿总是回答：“花时间坐在马鞍上……花时间坐在马鞍上。”

花时间坐在马鞍上。戴紫手环（或橡皮筋，在口袋里放钱币、或使用其他自我监控的工具），然后换手。每抱怨一次就换手。尽管似乎很难、很糗、很灰心，也要换手。即使在成功了十天之后又抱怨，也要换手。一次又一次从头开始。即使周围其他人都放弃了，也要坚持下去。即使周围其他人都成功了，而你个人到目前为止的最佳纪录是两天，也要坚持下去。

当心陷入“抱怨轮回”

有个老故事是这么说的——两个建筑工人坐下来一起吃午餐，其中一个打开便当盒就抱怨：“天！肉卷三明治……我讨厌肉卷三明治。”他的朋友什么话也没说。隔天两人又碰面吃午餐，同样地，第一个工人打开便当盒往里面看，这次他更火大了，说：“怎么又是肉卷三明治？我痛恨肉卷三明治！我讨厌肉卷三明治！”他的同事一如前日，仍然保持沉默。第三天，两人又要准备吃午餐，第一个工人打开便当盒，又大叫起来：“我受够了！日复一日都是一样的东西！每个有福的日子都是吃肉卷三明治！我要吃别的东西！”他的朋友想帮点忙，便问他：“你为什么不干脆叫你太太帮你做点别的？”第一个人满脸疑惑，答道：“你在讲什么啊？我都是自己做午餐。”

厌倦了肉卷三明治吗？是否你也是每天自己做午餐？改变自己说的话。不要再抱怨。改变你的言语，改变你的思维，你就能改变自己的人生。当耶稣说：“寻找就必寻见”时，这是放诸四海皆准的原则。你所寻找的，你一定会找到。当你抱怨时，你就是用不可思议的念力在寻找自己说不要、却仍然吸引过来的东西。然后你抱怨这些新事物，又引来更多不要的东西。你陷入了“抱怨轮回”，这样的现象将在未来自行实现——表露抱怨、招致抱怨；表露抱怨、招致抱怨；表露抱怨……就这样一直反复延续，永无休止。

卡缪在《异乡人》里写道：“仰望灰暗的天空，闪烁着星座与星辰，头一回，我的心向宇宙善意的冷漠敞开。”宇宙是善意的冷漠。宇宙——或神，或灵，或无论你如何称呼，都是善意（好）的、却也是冷漠（不在乎）的。宇宙不在乎你是否用话语呈现思维的力量，为自己呼求爱、健康、快乐、丰盛、平安，或为自己引来痛楚、苦难、悲惨、孤单、贫穷。我们的想法创造我们的世界，我们的话语又表明了我们的想法。当我们用消弭抱怨来控制言语时，我们就能主动创造生活，引来我们渴望的结果。

·不·抱·怨·观·念·

■你如果大声喊“痛”，伤害就会出现；如果抱怨，就会遇上更多想要抱怨的事。这是行动上的吸引力法则。当你抱怨时，就是用不可思议的念力，在寻找你自己说不要、却仍然吸引过来的东西。

■所谓的“抱怨”，就是表达哀伤、痛苦或不满。然而，生命中足以让我们有理“抱怨”的事件，其实寥寥可数。我们的抱怨多半都只是一大堆“听觉污染”，有害于幸福美满。

■鲜少有人知道自己抱怨的频率有多高。抱怨就好比口臭，当它从别人的嘴里吐露，我们就会注意到；但从自己的口中发出，我们却能充耳不闻。

■要成为不抱怨的人（监测并改变自己的言语）很难，但并不代表你做不到，也不代表你有什么毛病。既然你接受了不抱怨的挑战，代表你已经意识到这个问题，就能开始将抱怨从生活中驱除，你的内在焦点也会转移，变得更快乐。

·不·抱·怨·行·动·

■自我检视一下：你经常抱怨吗？你已经一个月或是更久没有抱怨了吗？如果你每天抱怨十次以上，那么你可能已陷入惯性的抱怨状态。

■你可能说你不会、或不常抱怨；你认为你只有在事情着实恼人时，才会抱怨。当你想为自己的抱怨辩解，先扪心自问，这次经历是否真的那么糟糕？让你抱怨的实际原因很严重吗？然后再下定决心，实践不抱怨的承诺。

■戴上紫手环（或橡皮筋，还是使用其他自我监控的工具），然后只要抱怨就换手。尽管似乎很难、很糗、很灰心；即使成功十天后又抱怨，也要换手。就算其他人都放弃了、或是都成功了，也要坚持下去。

■改变自己说的话，不要再抱怨。当我们用消弭抱怨来控制言语，就能主动创造生活，引来渴望的结果。

抱怨与健康

> 在我们的文化中会自行实现的预言，这恐怕是最致命的一项——年老就代表衰退和健康不良的臆测。
>
> ——玛丽琳·弗格森，《宝瓶同谋》

我们抱怨，是因为能尝到甜头

我们之所以会抱怨，就和我们做任何事情的理由一样：我们察觉到抱怨会带来好处。我还清楚记得，自己发现抱怨有益的那天晚上，当时我十三岁，正在参加“袜子跳”（sock hop）。如果你太年轻，不知道“袜子跳”是什么，那我告诉你，这是从前常在高中体育馆举办的舞会。之所以叫“袜子跳”，是因为参加的小孩都要脱鞋，以保护体育馆的地板。这种舞会在上世纪五十年代的美国很流行，之后在一九七三年，又随着乔治·卢卡斯的电影《美国风情画》（*American Graffiti*）问世，而开始复兴。一九七三年，我参加的教会赞助了一场为青少年举办的“袜子跳”舞会，当时我刚好是青少年，所以就去参加了。

做个十三岁的男孩，至少可以说很有意思吧。有史以来第一次，女生不再“恶心”了。在这样的年纪，女生既像磁铁一样充满吸引力，同时又很让人害怕。虽然她们也可能很恐怖，但在我十三岁时，女生占满了我清醒时的每个思绪，又在我的梦里萦绕不去。关于滑板、模型船、电影和漫画的念头，全都从意识里一扫而空，取而代之的都是对女生的兴趣。我着了她们的道，巴不得能和女孩子牵上线，却又不知道该怎么做，就算成功了也不知道接下来要干嘛。我就像老笑话里追着车子跑的狗，好不容易追到了，却不知道该拿它怎么办。我想和女孩子亲密一些，却又怕接近她们。

举行“袜子跳”舞会的那天晚上，又湿又热。女孩子身穿蓬蓬的大圆裙，顶着波浪头，脚踩“天使”鞋，涂了亮晶晶的红唇膏。男生的装束主要是裤管卷至脚踝的紧身牛仔裤、袖子里卷着香烟盒（向父母借的）的白色 T 恤、鞋上塞了几分钱的平底乐福鞋〔编注：penny loafers，鞋面有横越两侧的皮饰带，上世纪四十年代的美国年轻人喜欢将一分钱（penny）硬币塞入鞋面，取“幸运”之意〕，和一种叫做“鸭屁股”的发型，油亮亮地往后梳。《美国风情画》的电影原声带反复播放，女生站在舞池的一边咯咯笑着，我和其他男生则坚守在另一边，靠在金属折叠椅上，竭尽所能地摆酷。虽然体内的每一串 DNA 都在苦苦哀求着我们走向女生，但我们却都吓得惊慌失措，不敢跨出一步。我们心想，要是自己看起来够酷，说不定女生就会来找我们；如果她们没有走过来，至少她们会以为，我们才不在乎她们来不来。

当时我最好的朋友奇普长得高大，既是运动健将、也是个好学生。在这三项条件里，我只是勉强还算高。我不像奇普，而是又圆又胖。就我记忆所及，每次要买衣服，妈妈就会带着我搭手扶梯到贝尔可（Belk's）百货公司的地下楼——这里是“特大号”（胖哥）专卖，也是我唯一能找到合身衣服穿的地方。

因为奇普的身材出众，我看出有几个女孩在盯着他看。知道他比我更有吸引力，让我很受伤，而他只是和我们坐在那里，不走过去和她们任何人说话，也让我觉得心烦。

“我好害羞，”奇普说，“不知道要讲什么。”我说：“你就走过去，让她们讲话就好了。你不能一整晚就坐在这里。”奇普说：“你才是呢，你是长舌男，快过去跟她们说话。”

当吸毒者第一次服用那后来被他们当成“仙丹妙药”的东西，通常都会记得这最初的经验——要是不能摆脱这种瘾头，这仙丹妙药将会消耗、甚至夺走他们的生命。接下来的这句话，便让我染上了长达三十多年的“抱怨”瘾。我看着奇普说：“就算我走过去跟她们讲话，她们也不会和我跳舞。我太胖了。你看我才十三岁，却早就超过一百公斤重了。我讲话会喘，走路会流汗，如果跳舞，搞不好还会昏倒。你的体格很好，那些女生都在看你。”其他人点头表示赞同。“我只是个好玩的人，她们只喜欢跟我聊她们真正喜欢的男生。我太胖了，她们不要我……她们永远也不会要我。”

另一个好友从后面走过来，在我背上拍了一下说：“嘿，胖哥！”正常状况下，他这样打招呼没有什么特别的意义，几乎每个人都叫我“胖哥”，那是我已经习惯的绰号，我从来不当成羞辱。他们是我的朋友，不会在意我太胖。但我才刚讲完一段冠冕堂皇的话，说太胖有多么难受，以借此逃避和那些女孩说话，就被人叫“胖哥”，如此而造成的效应，在我们的小圈子里显而易见。我的一个朋友说：“喂，闭嘴！”另一个说：“不要惹他。”第三个人说：“胖又不是他的错！”每个人都极其关注地看着我。

我在心里说着：“再夸张一点！”于是我像是在演戏似的，叹了口气，把头转开。当我抱怨自己的体型，诉说这个问题可能影响我和女孩子共舞的机会，我就攫取了其他男生的注意力和同情心，也让我自己得以脱身，不用走过去和那些年轻女孩说话。我的瘾头犯了。我找到了让我上瘾的东西——抱怨能使我亢奋。

找不到工作，我就告诉自己和其他人，这是因为我胖。当我被开交通罚单，也是因为我胖。我还要再花五年半，才甩掉这个借口，甩掉这危害我健康的体重。

心理学家罗宾·柯瓦斯基（Robin Kowalski）写道：“许多抱怨涉及了

从他人身上诱发特定的人际互动反应，例如同情或认可。比方说，人们可能会抱怨自己的身体健康，却不是因为真的觉得生病，而是‘病人的角色’能让他们取得附带的好处，例如他人的同情、或是可以避开反感的事件。”

借由抱怨和“打肥胖牌”，我取得了同情及认可，也有正当的理由不用和那些女孩子说话。我的抱怨让我尝到了甜头。在人生中的某个时刻，你可能也做过类似的事。我们抱怨，是为了获取同情心和注意力，以及避免去做我们不敢做的事。小时候，每当我有感冒或其他疾病的症状时，就会装腔作势，这样就可以不用上学，待在家里看电视。奇怪的是，我常常在抱怨身体不舒服之后，也发现自己病得更重了。

抱怨疾病，是在消灭健康的能量

你扮演过病人的角色吗？或者你就正在这么做？健康不良是一般人最常发出的抱怨之一。人们抱怨自己不健康，好获取同情心和注意力，并且回避让自己“反感的事件”——例如采取更健康的生活方式。当我们抱怨身体不健康，可能会尝到这些甜头，但又要付出什么代价呢？

你或许听过“心身症”（Psychosomatic illness）这个名词。心身症主要是由患者的心理运作过程，而非生理因素所引发。我们的社会有一种倾向，认为心身症是由一小群心绪烦扰的人无中生有“捏造”出来的。许多人都相信，这些疾病是病人自己创造的，不必看得太认真。然而，根据医生估计，他们有三分之二的时间，都是在诊疗这样的病人——他们生病的原因其实都有其心理根源。

思考一下这样的现象——有三分之二的疾病是源自于病人的心理。事实上，“Psychosomatic”（心身）一词，就是由“Psyche”（心）和“soma”（身）组合而成，代表“心／身”之意。心理和身体之间是互为关联的，心理相信什么，身体就会表现出来。

数十篇研究报告均显示：一个人对于自己健康状态的认知，将导致这样的信念在他们身上实现。我曾在国家公共电台（National Public Radio）听过一则报导：医生如果告诉病人，有一种药很可能治愈他们的疾病，这种药对这些病人发挥的功效，就要比使用了相同药方，却没有接收到这项讯息的病人大了许多。

报导继续指出：曾有一项研究发现，患有其他生理疾病（如高血压）的老年痴呆症患者，服药的疗效常会打折扣，因为他们的记忆衰退，可能记不得要每天吃药。心理之于身体，确实有着极大的影响力。

几个月前，我受托到医院去探望一位加入我们教会很久的老教友。进病房之前，我一如往常，先到了医护室向医生和护士探询她的病情。一位护士说："她没事。"医生也点头说："她中风了，但是可以完全康复。"走进病房时，我却看到一个完全不像"没事"的人。我说："珍，哈罗，珍，是我，鲍牧师。"她气若游丝地说："鲍牧师，真高兴你来了。我只剩下几天的时间……我快死了。"

"你说什么？"我问道。"我快死了。"她说。

当时，一位护士来帮她做例行检查，我把她拉到一边，说道："我以为你说她没事。"

护士说："她是没事啊！"我说："可是珍刚才告诉我，她快死了。"

护士诧异地瞪大了眼睛，走到床边。"珍？珍！"珍睁开眼睛。"亲爱的，你是中风，不是快死了，你没事的。再过几天，我们就会把你转到康复病房，你很快就可以回家，和猫咪马提在一起了，好吗？"

珍微笑着说："好。"

等到护士离开病房，珍才开始巨细靡遗对我说起，她的丧礼要怎么办。"可是你还没要死啊！"我提出异议。"我会先记下来，等你死的时候——还久得很，我才能为你主持丧礼。"珍摇摇头，说："我现在就快死了。”然后又继续跟我说起她的追悼会。

我离开病房后，又去找医生谈了一次。我说：“她确信自己快死了。”她微笑着说：“好吧，我们都难逃一死，珍也不例外。但她只是中风，这不会要她的命。她真的不会有事。”

两个礼拜后，我主持了珍的丧礼。医生和护士都没办法说服她不会死。她早已认定自己快死了，而她的身体也相信了她。

当你抱怨健康问题时，就是丢出负面的说词，让你的身体听见。这种负面的说词会烙下印记，而你的想法（心）也会将这股能量导入体内（身），引发更多的健康挑战。你是否注意过，抱怨自己健康问题的人，也会有愈来愈多的事情可以抱怨？

你说：“可是我真的病了。”请了解，我并没有怀疑你相信自己生病。但你要记得，医生估计有百分之六十七的疾病，都是患者“自以为生病”造成的结果。我们的想法创造了我们的世界，我们的话语又表明了我们的想法。抱怨疾病并不会缩短生病的时间，也不会降低疾病的严重性。

请认真想想，当你谈起自己的病，有多少次也许只是想要博取同情心和注意力？你可能不想回答，但它至少是个值得玩味的重要问题。当你抱怨健康时，请记得你可能是企图用汽油来灭火。你可能想变得健康，但当你抱怨疾病时，你就是在把限制健康的能量传送到全身。

真诚的分享

记得感恩，不再自怜

我昨天提早下班回家，因为背部一整天都很不舒服（我动过脊椎和颈椎融合的大手术），所以我只想放松下来、自怜自艾。四十七岁的我，总是为了一长串麻烦的医疗问题苦恼丧气。但是当我扑到沙发上，在奥普拉的节目里看到你，我真的被激励了！

我每天都在抱怨我身上的疼痛，以及那些止痛的药物治疗。你说得对，抱怨的确把我拖垮了，我想加入“不抱怨”的一方。我已经替自己和一些朋友订了手环，之后也会为这些手环寄上一小笔奉献金，但我写信主要是想表达谢意。

我对神最感恩的是：我可以走路，我有可爱的家庭，有好朋友、好工作。我必须要把精力重新投注在感恩上，不再为自己数不清的药物问题而耽溺自怜。我发自内心深处感谢你。

——俄亥俄州剑桥市，辛蒂·拉佛列特

今天不是十五号，所以我不抱怨

一九九九年，我的一位好友霍尔，在三十九岁的壮年便被诊断罹患第四期肺癌，医生估计他只剩半年不到的寿命。除了这个性命攸关的诊断结果，他还面临着其他的挑战。虽然他以销售健康保险维生，自己却连一份保险也没有。他的账单堆积如山，一直以来都得努力打拼，才不至于让家里断粮断电，得以安居温饱。当我得知他来日无多，于是前去探访他，却为他乐观的态度大感诧异。他没有抱怨，只是说着他这一生有多么美好、自己有多么幸运。从头到尾，霍尔都保持着丰富的幽默感。有一天，我邀他去散步，但因为他非常虚弱，所以我们一直走不出前院。我们站在他的家门外，享受新鲜的空气，一边说着话。霍尔注意到几只大型红头美洲鹫就在我们站立处的正上方，缓慢、懒散地绕圈而飞。他指着那些红头美洲鹫说：“喔，不好的预兆！”当我看到他眼中淘气的光芒时，我们俩都不禁暴笑起来。

当我们的笑声渐渐止息时，我问他：“你经历了这一切，怎么还能够不抱怨？”他倚着拐杖说：“很简单，今天不是十五号。”

他自觉已经回答了我的问题，便开始慢慢走进屋里。“这跟十五号有什么关系？”我问。

霍尔说：“诊断确定的时候，我知道这会很难熬，而我可以咒骂上帝、科学和所有人，也可以把焦点放在我生命中美好的事物上。所以，我决定每个月给自己一个‘不爽日’来抱怨。我随意地挑了十五号，每当我想抱怨什么事，就告诉自己要等到十五号才能抱怨。”

“有效吗？”我问。“很有效呢。”他说。

“这样你每个月十五号不就很低潮吗？”我问。

“不会啊！”他答道，“等到十五号来的时候，我早忘了本来要抱怨什么了。”

尽管霍尔住的地方距离我家有两小时车程，我还是每周去探访他两次，直到他走完这段过渡期。大家都说我是个了不起的朋友，又很体贴，花了这么多时间陪伴他。其实我是为了自己而做。霍尔教导我，即使面对像致命的疾病这般艰难的处境，我们还是可以从中找到快乐。对了，他没有在六个月内死去，而是多活了两年快活的日子，为身边的每个人祈福。我怀念他，他在我生命中造成的积极影响是难以抹灭的，而且他战胜了微乎其微的存活几率。活出感恩的生命，而非抱怨的生命，就能发挥这种确保健康的力量。

当我们的旅程走到这里，你已经开始瞥见自己的抱怨了。你已经开始意识到自己的无能，注意到自己在抱怨。此时，你已经进入“有意识的无能”阶段。

·不·抱·怨·观·念·

■我们之所以会抱怨，是因为我们察觉到抱怨会带来好处。我们抱怨，常是为了获取同情心和注意力，以及避免去做我们不敢做的事。

■有三分之二的疾病是源自于心理状态。心理和身体是互为关联的，心理相信什么，身体就会表现出来。

■当你抱怨健康问题时，就是丢出负面的说词，让你的身体听见而烙下印记，而你的想法（心）也会将这股能量导入体内（身），引发更多的健康挑战。

■抱怨疾病并不会缩短生病的时间，也不会降低疾病的严重性。请记得你可能是企图用汽油来灭火，反而把限制健康的能量传送到全身。

·不·抱·怨·行·动·

■你是否注意过，抱怨自己健康问题的人，也会有愈来愈多的事情可以抱怨?

■请你认真想想，当你谈起自己的病，有多少次也许只是想要博取同情心和注意力?

■即使面对像致命的疾病这般艰难的处境，我们还是可以从中找到快乐。活出感恩的生命，而非抱怨的生命，把焦点放在一切美好的事物上，就能发挥这种确保健康的力量。

Part 2

有意识的无能

▶ 抱怨与人际关系

▶ 觉醒时刻

抱怨与人际关系

> 气恼我自己的残障，是在浪费时间。人生必须不断往前走，而我到目前为止表现得还不错。如果你一直在生气或抱怨，别人也不会有空理你。
>
> ——史蒂芬·霍金

抱怨，会让你变得招人怨

当你进入“有意识的无能”阶段，你可能会不太舒坦地察觉（意识）到，自己有多常抱怨（无能）。我们在抱怨时，可能会尝到获得注意力或同情心的甜头，也可以回避去做让自己紧张的事；然而抱怨的行为也是双刃剑，将带来负面的影响。

长年抱怨的人，最后可能被周围的人们放逐，因为他们发现自己的能量被这个抱怨者榨干了。你或许也认识一些人，会让你觉得精力都被他们耗尽了，他们藉由抱怨的天性，把你原有的能量都转换成怜悯。相反地，有些面临严苛处境的人，却能保持乐观，不让自己感觉像是受害者。即使我的朋友霍尔就要结束生命，我也从来不觉得被他拖垮了，反而是深受他的乐观与开朗所鼓舞。

从“鲜少抱怨”到“经常抱怨”的不同程度等级中，人们通常会循着连续值行动。如果有一个人跳脱团体的常轨太远，过不了多久，他就会发现自己再也不受欢迎了。

再者，如果把抱怨当成是某种让人上瘾的药物，有很多人面对的处境，大概就是身边的其他人都在酗酒、抽烟、吸毒，而如果有人不合群、没有一起这么做，团体中的成员就会觉得受到威胁。针对这样的现象，我个人的推论是：表现负面行为的人，其实知道自己做的选择并不健康，尤其和那些作风不同的人相较之下，更会显得自己十分糟糕，所以才会恼羞成怒。当我们和那些比自己更常抱怨、或是较少抱怨的人相处时，都会觉得不对劲，因为我们的频率和磁场不同，而能量互异的人会彼此排斥。

真诚的分享

欢迎光临“不抱怨星期一”！

自从我第一次在《今日秀》节目中得知这项美好的计划，就开始问同事有没有兴趣参加。大多数人都愿意，于是我们就订了手环。我们决定在等待手环送达的同时，也要在一周的上班日中定出一天，努力在那天不要抱怨，于是我们将星期一定为“不抱怨星期一”。

我们在公司的布告栏和办公室四处都贴了标语，提醒大家不要在星期一发牢骚、诉苦和抱怨，这果然激励了整个办公室。现在每逢星期一，我们都会用：“欢迎光临‘不抱怨星期一’！”来彼此打招呼。

想想看，人生苦短。我们一直在追求生命中的重大福分（像是赚更多钱、有稳定工作、能减轻体重等），但现在，我们要开始寻找每一天被恩赐的小小喜乐。我觉得这个计划棒极了，我们真是有福之人！

——俄亥俄州肯特市，莎莉·司克蕾

你发现自己正身处一堆怨声载道的人群里吗？你周围都是些爱发牢骚的人吗？那我要郑重地提供一项讯息，帮助你厘清现况——通常，我们都会去接近和自己相似的人，而走避和自己互异之人。在“不抱怨运动”发展的盛况中，最让我们难过的事情之一，就是收到了许多诸如此类的请求：“请马上把紫手环寄给我，我认识的每个人都抱怨个没完。”每当收到这样的请求——而且还常常发生，我们就只是微笑着寄上手环，不予置评。我们微笑，是因为我们知道，这个索取手环的人可能也经常抱怨，而且还不知道自己在抱怨。当他们戴上紫手环，明白自己的抱怨也是这么频繁时，他们对旁人的怜恤之情，就能大幅提升了。

杜绝抱怨，才有健康的沟通

《天地一沙鸥》的作者李察·巴哈（Richard Bach）在《梦幻飞行》（*Illusions*）中曾写下一则简单深刻的真理：“同类相吸。”相似的人，无论是同样在抱怨、或是同样感恩的人，都会彼此相吸。不相似的人，则会互相排斥。我们都是能量的生物，而振动频率不同的能量，是无法协调、交融的。

思想也是能量。你会吸引那些符合自己思想模式的事物，并同时排斥不协调的事物。而你的言语将表明、强化、巩固自己的想法。所以当你抱怨时，其实是在排斥自己指名想要的东西；你的抱怨会推开、驱逐你说你想要的东西。我认识一群每周都举行聚会“互相扶持”的女性，而她们的“扶持”方式，主要就是抱怨男人。据我了解，她们最喜爱的话题就是：“男人很自私”“男人不要承诺”“不能相信男人”。无怪乎，这些女人没有一个能和男人维持健康幸福的关系。她们想不想要这样的关系？当然想，但是通过抱怨，她们却向外发送了“男人不好”的振动能量，使得“好男人”都不会在她们的生活里出现。她们用自己的抱怨，创造了这样的现实。

几年前，我和桂儿认识一对夫妇，他们有个儿子和我家女儿同龄，我们四个大人有很多共同点，小孩也喜欢玩在一起，所以两家人花了很多时间相聚、相处。然而，过了几个月之后，我注意到我和桂儿都不再期待这种聚会了。一天晚上，桂儿说："我真的很喜欢他们两个，可是她每次一跟我说话，就只会抱怨她先生。"我告诉她，我和那家的先生单独相处时，他最常做的事也是抱怨他太太。

我们发现，这对夫妻在这样的发牢骚时段里，不但各自抱怨对方，而且似乎还打定主意，要帮忙为我和桂儿的夫妻关系挑出毛病来。他们试图要让我们转而去注意或谈论到底不喜欢对方什么。觉得自己悲惨的人不但喜欢把别人也拖下水，还要证明这一切都是其来有自。久而久之，我们便找借口疏远这家人，最后终于和他们断了联络。

我和桂儿有我们自己的挑战要面对，任何一种关系中的两方也是如此。和你同处一段关系中的对方，时常会引发一些你必须承担、也终究要解决的问题。我和桂儿的处理方式，就是直接找对方谈，而不是跟其他人说。不去和引发你负面感受的人谈，反而去找另一个人说，就等于制造了"三角问题"——如果你不太懂，这是指你和某人有疙瘩，却和另一个人讨论这个问题，而不是直接找当事人解决。

健康的沟通是：直接找那个和你发生问题的人谈，而且只跟那个人谈。和另一个人谈就是抱怨；这会形成三角问题，也会继续制造问题，而不能解决问题。

在你自己的人生中，可能也经历过这样的事。你的一个孩子可能会对另一个手足很生气，却跑来找你投诉，而不是直接找他讨厌的那个人沟通。于是你这个睿智、仁慈的父母便介入了——你要不就是劝诫这个不满的孩子，要不就是雪上加霜，亲自去找另一个孩子兴师问罪。短程来看，你可能化解了当下的困境，但你却没有给予孩子所需的方法，去处理他们未来生命中的问题。你允许这个抱怨的孩子在当前的情况下继续当个受害者，而且让他继续维持这样的模式，去应对往后人生的挑战。

你想帮助、支持孩子，但是当你试图解决他们彼此之间的问题时，你并没有树立起健康沟通的榜样。甚至，你还无意间在鼓励孩子，习惯性把你卷入他们的冲突中，不管情况严不严重、事情重不重要。你最好请他们彼此沟通，信任他们能借由内在的引导，化解彼此的冲突。这么做等于是给了他们一份重要的礼物，教他们学习健康的沟通，而你也帮助他们找到了自己的力量。

三角问题在一些教会里也很盛行。最近我听说，有位牧师向一位牧师说起另一位牧师带领教会的方式。滔滔不绝讲了几分钟之后，那位倾听的牧师（他一直保持沉默）按下了电话的扩音器，打给被毁谤的牧师："吉姆，我是杰瑞。我和麦克坐在这里，他正在分享他对你和你们教会的观感。我不想变成这三角问题里的一角，而我知道你一定很高兴听到他想分享的内容。所以，麦克，吉姆在听啰。"麦克目瞪口呆地坐着，满脸通红。那一刻，麦克清楚地收到了这个讯息：在背后议论别人是不正直的事；而杰瑞也设定了明确、严正的界线，确保自己不会再被卷入麦克的闲言闲语里。

这个故事解释了我为什么把闲话和抱怨放在一起谈论。我反对闲话吗？绝对没有。只要：

1. 你说的话是恭维那个不在场的人。

2. 那个不在场的人如果现身了，你也可以一字不漏地重复自己说的话。

如果你能遵守这两项简单的规则，就尽量说闲话吧！试试看吧——坦然不讳地说出："她穿得那么丑，不是很棒吗？"把这句话说得很正面，即使你知道它背后潜藏的讯息是批评。这都是同一回事。南方有句俗谚说："在堆肥上铺满糖衣也不能把它变成蛋糕。"如果你不会直接在那个人面前说，而且能让他感觉受到恭维，这些话就是闲话和抱怨。你的母亲说得对：如果你说不出什么好听话，就干脆闭上嘴巴。你不需要让这种能量散发出来，进入你的世界。

如果你是个平常就会说闲话的人，那你会发现，只说好听话赞美那些不在场的人，一点都不好玩。在今天的社会里，说闲话就像是在“挑虱卵”，也就是“吹毛求疵”。所谓的“挑虱卵”，就是要从头皮里挑出头虱的幼卵，而头虱最爱从一个人身上传给另一个人，所以不要随便乱挑，不然你可能会被传染。

觉得别人常在抱怨，是因为你也一样

我们说闲话或抱怨的主因之一，就是要让自己在相较之下，显得更为优秀。“至少我不像某某某那么糟。”当我指出你的缺点时，就是在暗示我没有这样的缺点，所以我比你优秀。

抱怨就是自夸，没有人会喜欢爱吹牛的人。

还有一个事实你也必须认清：你会注意到另一个人有这些缺点，是因为你自己也有。就像那些觉得“身边的人都满腹牢骚”而来索取紫手环的人，通常也都有惯性抱怨的倾向，你会发现自己对其他人的厌恶之处，就是你和他们的共同点，只是你对自己个性中的这一部分，还处于“无意识的无能”阶段。在另一个人身上注意到这个缺点，是宇宙指引你在自己身上认出它，并且加以修正的一种方式。如果你想指出某人的负面特质，就先挖掘看看，自己是否也有同样的倾向，然后要心怀感恩，庆幸自己有机会，能察觉这个缺点、并进行疗愈。

还有，请好好牢记这项推论，因为别人的优点（亦即你赞赏别人之处）会吸引你，也是基于同样的理由。你会在别人身上看到这些优点，是因为你自己也有，这也是你的特质。这些正面的特点可能潜伏着，但如果你聚焦于此，在自己身上认真寻找而且好好培育，你就会凭借着专注力，让这些优点浮现出来。

你不只是通过思想和言语创造了自己的现实世界，同时也在影响着周遭的人。下次坐在观众席里，当大家开始鼓掌时，请注意一件事：如果掌声够长，每个人就会渐渐开始以同样的韵律拍起手来。他们会保持同步的节奏。这称之为“曳引”作用（entrainment）——人类在振动中会趋向和谐，若是无法达到和谐，振动就会消散。人们在鼓掌时能够“曳引”，掌声便有延长的倾向，反之则会停止。

这样的现象，在我对大批群众演讲时，已经证明过好几次。我没有告诉观众理由，只是要他们继续鼓掌，直到我请他们停下来为止。有时候，同步的现象顷刻就发生了；有时候则要等一两分钟，但最后一定会出现。掌声成为一种拍子、一种节奏：这一群人开始有韵律地鼓掌，就像是同步的人类节拍器——这就是曳引作用。

我母亲有四个姐妹，而她告诉我，她和阿姨的经期都是在每个月的同一时间。她们只是因为住在一起，生理上便有曳引的现象。当大阿姨离家上大学时，她的经期很快地就转而与室友契合；暑假返家时，又重新变得和姐妹们一样。人类的天性是曳引、是同步，会调整成与周遭相同的模式。

曳引正如地心引力，它也是一种原理。它不好也不坏，只是存在着；而且它也像地心引力，随时都在运行。你一直都会与周围的人们保持同步；你曳引着他们，他们也曳引着你。当你待在其他抱怨者身边时，你就会发现自己的抱怨也更多了。

察觉出你周遭有多少抱怨，有助于让你明白，你可能正借由自身的参与而引来抱怨，然后发出抱怨。这都是你要转化人生必经的一部分过程。有时候，在你改变之际，你也会摆脱掉一些旧关系。当我进行二十一天的挑战时，我发现大部分时间自己都做得不错，唯独每次和一个老友说话，最后总是会口出怨言。有一次讲了十五分钟电话，我的手环换了四次，我于是对自己说：“如果史考特不要那么消极，我就不会在我们交谈时，受到怂恿而抱怨。”下次我们说话时，我刻意努力地要让对话朝积极、正面的方向进行，却发现非常困难。我们之间其实没什么话好说。我发现我们的关系是建立在抱怨之上，而且我们都很好胜，想要“赢过”对方的牢骚。如果有“抱怨奥运会”，我们两个谁会得金牌还很难说呢。为了完成挑战，我不再接他的电话。我怀着优越感，对自己说道：“都是史考特的错。”然而其他认识史考特的人，和他相处时都没有这种经验，他总是表现得欢欣、乐观和开朗。

好痛苦啊。

我必须承认是我的问题。是我的负面想法在喂养我们关系之中的怨言，所以在离开他的空档里，我努力让自己摆脱抱怨，而不是把错怪到他头上。

所以，检视现实的时刻到了。你会说自己最常相处的那些人，都经常在抱怨吗？如果是，那你的紫手环（或其他自我监控装置）怎么样了呢？你是否发现，自己表露不悦的次数，也超出了正常程度？你会习惯性地表达哀伤、痛苦或不满吗？没关系，如果是，那你很正常。但是，你可以比正常更好。你的内心想要变得更杰出，而我们可以一起达到这个目标。

想要别人改变，你得先以身作则

常有人问我：“要怎么样才能让老板（或朋友、情人、配偶、孩子、员工等）不再抱怨？”答案是：你不能。但我不是在前一章里说过你能吗？是的。改变就是这样复杂而矛盾。你不能让另一个人改变。人们改变是因为他们自己想改变，而想要设法改变一个人，只会让他更紧守住现有的行为，不肯放弃。和大家分享我们南方的另一句传统俗谚：“不要试图教猪唱歌，那只是浪费时间，还会惹猪很生气。”

被你惹毛的猪不会报名参加你开设的歌唱班。要激励其他人改变，富兰克林的结论是：“最好的训诫就是以身作则。”而甘地是这么说的：“我们必须活出想要让其他人效法的样子。”如果你想要其他人改变，你自己就必须先改变。我相信你有着最崇高的理由，才希望他们改变，但既然你也是这段关系里的参与者，就代表从某种程度而言，你在这沸沸扬扬的抱怨中也掺了一脚。

当老板、父母、牧师、教练或家庭里的长者来索取紫手环，想要改变他们所带领、照顾的人们，我经常忍不住放了张小纸条进去，写着：“注意，除非你先开始，否则不会有效。”我确信，如果我没有坚持下去，证明连续二十一天不抱怨是可能做到的，这手环就会真像玛西雅所说的，又只是星期天的小玩意儿了。你若想引导某人改变，就要记得：领袖应该站在最前线，迎向边界、开疆拓路，让其他人追随身后。

俄国有一句老俗谚：“想打扫全世界，就从打扫你家的门前阶开始。”我们寻求的改变从来无需“外求”——它是发生于我们的内在。我们的行为的确会影响世界，因为它会影响我们周遭的人们，而且这种影响力会扩散开来。

你也加入抱怨比赛了吗？

你可曾注意，当人们聚在一起，对话是怎么进行的吗？有人可能提到一本他们最近看的书，话题就转到书本上一阵子；如果提到的那本书是以露营为主题，对话可能就朝着交谈者喜爱或觉得刺激的露营旅行经验来发展。对话从一个主题晃到另一个主题，就像上世纪八十年代流行的电动玩具“青蛙过街”，里面的青蛙要越过溪流，会先跳上一块浮木，然后来到乌龟背上，接着再到另一块浮木。对话也沿着相似的路线移动，就像伟大的交响曲，会重复演奏特定的旋律，直到其中一种乐器发出微妙的转换，一整段新的旋律也随之开展。

酗酒者和吸毒者的勒戒文学写着：“我们的疾病是与日俱进的。”抱怨也是。下次当你跟一群人在讲话，而有人开始抱怨时，就要特别注意了。

当较劲的态势出现，抱怨就会变成一场竞技运动。讨论的语调会变成："这还不算什么，我告诉你……"话题就这么开始了。没有人故意要引导大家发牢骚，但是当每个人都想赢过其他人，觉得发生在自己身上的事才最倒霉，这场讨论就会逐渐变成比赛。

关于这样的现象，有个很好的例子可以说明——英国喜剧表演团体"巨蟒飞行马戏团"（Monty Python's Flying Circus）在一九七四年发行的专辑《皇家剧院现场演出》（*Live at Drury Lane*），其中有一个段子〈四个约克夏人〉就讽刺过这样的情形。

在这段短剧里，四位严谨优雅的约克夏绅士坐在一起，品尝着昂贵的红酒。他们的对话起初是积极而正面的，然后就微妙地转为消极而负面；随着时间进展，他们开始以抱怨来互相较劲，最后一发不可收拾。

刚开始，有一个人表示，几年前他能买得起一杯茶就算很好运了。第二个人想拼过第一个人，便说他能喝到一杯冰茶就算庆幸了。

抱怨的声浪加速蔓延，他们的论调迅即演变得荒唐可笑，每个人都试图证明，自己过的才是最艰困的生活。其中有位绅士一度谈到自己成长时所住的房子有多么破烂，第二个约克夏人则转动着眼珠子说道："房子！有房子住就很不错了呢！我们以前只住一个房间，一共有二十六个人，什么家具都没有，地板有一半不见了，我们怕掉下去，就挤成一团窝在角落里。"

哀鸣和抱怨就这样你来我往、持续不断……

"噢！你真幸运还有房间住呢，我们以前都住走廊！"

"喔，我们以前还梦想能住走廊呢！我们是住在垃圾场的旧水箱里。每天早上醒来，都有一堆臭鱼倒在我们身上。"

"呃，我说的'房子'只是地上的一个洞，用防水布盖住，这对我们来说就算是房子了。"

"我们还从地上的洞里被赶出来，只好住在干掉的湖洞里。"

“你有湖算幸运了，我们有一百五十个人住在马路中央的鞋柜里。”

最后，有一个角色在这场竞赛里胜出，他声称：“我得在晚上十点钟起床——就是睡觉前半小时，然后喝一杯硫酸，在磨坊里每天工作二十九个小时，还要付钱给磨坊老板，请他准许我来上班。我们到家的时候，爸爸妈妈会把我们杀了，在我们的坟墓上跳舞，大唱‘哈利路亚’。”

这是你想要赢得的抱怨比赛吗？那好，去吧，继续发牢骚，直到每个人都放弃，宣布你是全世界最厉害的抱怨鬼。胜利的奖品则是不快乐的人际关系，充斥着大惊小怪的情绪、健康的困扰、金钱的焦虑，以及其他数不清的问题。如果你对这些没兴趣，当你听到牢骚时，就不要涉入其中。大家在用言语曳引你，而你也在曳引他们。当你和其他人在一起，而你们的对话开始转换到负面内容时，只要往后一坐，好好观察就行。不要跃跃欲试或想去改变他人。如果有人问你为什么不抱怨，只要把紫手环给他们看，告诉他们你正在“接受训练”，成为一个不抱怨的人。

·不·抱·怨·观·念·

■长年抱怨的人最后可能被周围的人们放逐，因为他们发现自己的能量被这个抱怨者榨干了。

■你觉得身边都是一些爱发牢骚、怨声载道的人吗？我们都会去接近和自己相似的人，而走避互异之人，这代表你可能经常在抱怨，而且还不知道自己在抱怨。

■人类的天性是曳引、是同步，会调整成与周遭相同的模式。当你待在其他抱怨者身边时，就会发现自己的抱怨也更多了。

■你会吸引那些符合自己思想模式的事物，同时排斥不协调的事物；而你的言语将指明、强化自己的想法。所以当你抱怨时，其实就是在排斥、推开、驱逐自己指名想要的东西。

■如果你不敢直接在那个人面前说，而且能让他感觉受到恭维，这些话就是闲话和抱怨。

■我们说闲话或抱怨，可能是要让自己显得更优秀。当我指出你的缺点，就是在暗示我没有这样的缺点。抱怨就是自夸，没有人喜欢爱吹牛的人。

·不·抱·怨·行·动·

■你会说自己最常相处的人们都在抱怨吗？如果是，那你的紫手环怎么样了呢？你是否发现，自己表露的不悦也超出了正常程度？如果是，那你很正常，但你也能做得更好，一起来努力吧。

■健康的沟通是：直接找那个和你发生问题的人谈，而且只跟那个人谈。和另一个人谈就是抱怨；这会形成三角问题，也会继续制造问题，而非解决问题。

■如果你想指出某个人的负面特质，就先挖掘看看，自己是否也有同样的倾向，然后要心怀感恩，庆幸自己有机会察觉这个缺点并进行疗愈。

■如果你要其他人改变，自己就必须先开始改变。领袖要站在最前线开疆拓路，让其他人追随。

■如果你和人们的对话开始转换到负面内容，只要往后一坐，好好观察。不要跃跃欲试或想去改变他人。如果有人问你为什么不抱怨，只要秀出紫手环，告诉他们你正在“接受训练”，成为一个不抱怨的人。

觉醒时刻

我们碰上敌人了——就是我们自己。
——漫画人物"史努比"

给自己时间，别害怕重新开始

一名年轻的修道士加入一个要求谨守静默戒律的教团，所有人都要在修道院院长同意之下才能发言。将近五年之后，院长终于去找这位见习修士，对他说："你可以讲两个字。"修士字斟句酌，说了："床硬。"院长慎重考量之后，答道："很遗憾你的床不舒服。我们会看看能否帮你换张床。"

入院第十年，院长又来找这位年轻修士，说："你可以再讲两个字。"修士说："脚冷。"院长说："我们来看看可以怎么处理。"

在修士入院十五年时，院长又说了："你现在能再讲两个字。"

修士说："我走。"院长回答："这样说不定最好。自从你来之后，除了发牢骚，什么事也没做。"

就像这位年轻的修士，你可能不觉得自己常在抱怨，但现在你已经觉醒了，知道自己的确经常抱怨。我们都有过这样的经验：当我们把身体重心摆在某只手臂或腿上，维持不动地坐着、靠着或躺着一段时间，一旦我们转移重心，血液再冲回这处肢体时，便会麻痹且觉得刺痛。有时候这种刺痛很不舒服，甚至是痛苦的。当你开始察觉到自己抱怨的天性，也是同样的道理。如果你和多数人一样，那么你察觉到自己抱怨的频率之后，可能会很吃惊。没关系，继续移动手环，然后坚持下去，不要放弃。

请记住：我们关心的，只是我们讲出来的怨言。为了完成二十一天的挑战，我们只要努力杜绝说出口的怨言。如果你是在心里想倒无妨，那样不算数。不过你会发现，当你说出的怨言愈来愈少，心里制造的怨言也会同样减少。稍后我们会谈到这一点，现在只要把焦点放在说溜嘴的牢骚上。

真诚的分享

让善心传出去

最近我去旅行时，恶劣的天气困住了好几个目的地机场，使得许多班机取消或延误。已经换搭其他班机的我，坐在登机门旁，看到柜台处那位不幸的航空公司代表正被众人炮轰。大家似乎认定天气不好、班机取消、还有他们遇到的各种衰事都是她的错，每个人轮流把自己的不幸归咎到她身上，我看得出来她快崩溃了。

这时，一个小灯泡在我脑海中亮了起来：“有了！”我向来惯于顺从直觉，于是便站起身来，走到那排想给她难看的人龙中占了一个位子。我耐心等候着，终于站到她面前，她抬起疲惫的眼神看着我，额头因压力侵逼而皱了起来，她问：“先生，我能为您服务吗？”

我说：“能。”然后我请她在跟我说话时装出忙碌的样子。我告诉她，我来排队是要给她五分钟的休息时间！在她打字时（我不知道她在打什么），我提醒她，当这些人都打算毁了她这一天，她的生命中还有其他真正关心她的人，她也有自己热爱的事物，能赋予她生命的意义，这些都远比今天在这里发生的事更重要。既然如此，此刻的一切就没什么大不了，也不该让她心烦。我们来来回回聊了几分钟，她则继续看似忙碌。

看她重新恢复冷静后，我知道她得回去工作了，我祝福她有很棒的一天，告诉她该服务下位客户了。她抬头看我，我看出她双眼中泛着微微的泪光。她说："非常感谢你。我真的不知道该怎么谢你。"我微笑着告诉她，感谢我的最佳方式就是：当她一有机会，就再将这份善心传递给另一个人。

——纽约州纽约市，哈利·塔克

请当心："有意识的无能"阶段，是我见过最多人放弃而故态复萌的阶段。人浪传到这里便停下来了，涟漪再也扩散不出去。我之前曾提过，我小时候严重肥胖，高三时终于甩掉一百多磅。当朋友问我，是什么饮食发挥这么强大的减肥功效，我都告诉他们："就是我持之以恒沿用的那种。"我试过几十种饮食法，最后终于固定采用其中一种，结果也很理想。所以，当你发现自己有多常抱怨，并觉得吃惊或发窘，也一样要坚持到底。我把手环拿下来，又重新开始。只需要这么做——一次又一次重新开始，移动你的手环。套用邱吉尔的说法："成功就是从失败到失败，也依然不改热情。"

我是个抛接杂耍的表演者——我不是在形容自己聪明绝顶，每天都这么忙，身兼数职还能应付自如，我真的是抛接杂耍表演者，这是我的嗜好。我是从一本书上学会怎么玩抛接杂耍的，这本书还附赠了三个方形沙包，里面装了压碎的胡桃壳，沙包形状与填充物的设计只为了一个目的，就是让它掉下来时不会滚动。而这些沙包隐含的重要讯息就是——它们是要被丢在地上的。

我会在女儿的学校集会和教会活动上表演抛接杂耍，却一向婉拒才艺表演的邀约。抛接杂耍不是才艺表演，而是技能。才艺要经由陶冶栽培才能臻于纯熟精湛，但技能是大多数人只要愿意投注时间，就能学会的事。我曾经教人玩抛接杂耍，而且我一向先拿不会滚的沙包给他们试，叫他们把沙包丢在地上。他们虽然摸不着头绪，还是照做了。我告诉他们："现在捡起来。"他们便捡起来。"现在再放掉。""捡起来。""放掉。""捡起来。"我们会这样来来回回做很多次，直到他们开始厌倦这整个练习为止。这时我会问："你真的想学吗？"如果他们说："想。"我会要他们习惯掉球和捡球，因为他们要先掉掉捡捡几千次，才会变得熟练。即使你已经累到不想再丢了，又气又恼、快要没辙了，还是要捡起来。继续捡球就对了，只有这样才能成功。

每当我新学一种抛接招数，就会重回掉掉捡捡的状态。我第一次学耍棒子时，我把一根棒子丢向空中，棒子的木头把手却重重敲到我的锁骨，打出了一道红肿的痕迹。我于是把棒子丢进衣柜，决定再也不学了。大约一年以后，我又把那些棒子挖出来重新尝试。现在我不只会耍棒子、还能耍刀子，连燃烧的火把也照耍不误。

只要愿意反复不断地捡球、捡棒子、捡刀子、捡火把——任何人都能学会抛接杂耍。要成为不抱怨的人，也是只有移动手环，一而再、再而三地重新开始……

你是在陈述事实，还是在抱怨？

你可能会纳闷："我所说的话，什么时候算是抱怨，什么时候又只是陈述事实呢？"

根据罗宾·柯瓦斯基博士的说法："一项特定的陈述是否反映出怨气……取决于说话者的内心是否感受到了不满。"抱怨与非抱怨陈述的用语可能是一模一样的，其间的区别则在于——你在话里传达的用意以及隐含的能量。在“有意识的无能”这个阶段，你就是要察觉自己所说的话；而且更重要的是，察觉这些话背后所隐含的能量。

在开始进行二十一天挑战，并且历经无数次重来之后的两个多月，我终于连续二十天没有抱怨——再一天就成功了！我已经看到终点线，就快逼近了。和家人吃晚饭时，我分享着当天发生的事，突然逮到自己说的话，不禁倒抽了一口气。“啊，糟糕，刚刚那样算是抱怨吗？”桂儿微笑着说：“老公，你如果觉得不妥，那八成就是抱怨了。”我于是移动手环。我回到第一天了——再来一次。

你如果觉得不妥，那八成就是抱怨了。重新开始吧，请记得这和转化你的人生息息相关，不要急着超越这项经验。这不是赛跑，而是一种过程。

如果你希望某人或当前的情势有所改变，这就是抱怨。如果你希望一切有别于现况，这就是抱怨，而不只是陈述事实。我写这一段内容时，正坐在加州圣荷西的火车站里。我的火车预计在早上九点发车，现在已经是早上十点半，而我刚刚才得知，新的发车时间是中午十二点——慢了三个小时。你读了我刚刚写的内容，可能会以为我在抱怨。但我知道自己的能量是投注于当下的状态。我坐在火车月台上，享受着春天的早晨和肉桂茶，同时将我所热衷的一切分享给你。我非常快乐，充满了感激。火车晚发车真是莫大的祝福，让我能在美妙的环境里做自己喜爱的事。

嗯，那如果我不想等呢？说不定我大声抱怨，对售票员发脾气，或是尽可能对其他人发牢骚，就可以让发车的时间提早。这样有可能奏效，对吗？当然不对。但我们却时常看到这种行为。火车会在它该来的时候到站，而这就是最完美的时刻。

没有自信的人，想靠抱怨来逃避

最近我接受一家电台的晨间节目专访，有位播音员说："但我是靠抱怨来维生的——而且我靠抱怨赚来的薪水很高。"我说："好，那从一到十的等级来看，你有多快乐？"他顿了一拍之后，说道："有负数可算吗？"

抱怨可能在许多方面都对我们有益，甚至在财务上也不例外，但抱怨所带来的益处，却不包括快乐。

我们已经探讨过，我们之所以抱怨，是因为抱怨能衍生出社会上及心理上的益处。社会学家和心理学家的推论则是：我们也将抱怨当成是一种让自己显得更有鉴赏力的方法。例如：即使一家餐厅的菜色极优，还是会有人抱怨食物等级不足以达到他的标准。这是要让每个听到的人，都知道他的品味确实很高超。抱怨的人在宣告自己是美食的仲裁者，暗示自己过人的品味是源自于许多高级的用餐经验。就像洛尼·丹吉菲尔德（Rodney Dangerfield）在《疯狂高尔夫》（*Caddy Shack*）里的角色一样，他对高级的布希伍高球俱乐部侍者说："喂，你去告诉厨师，这是低等的狗食，我是有品味的人，这种伙食我看不上眼。"又来了——抱怨就是吹牛。

请扪心自问：自信又有安全感的人会吹牛吗？答案是不会。自尊自重的人，认同自己长处、接受自己弱点的人，悠然自得、不必透过他人目光来肯定自己的人——这些人都不会吹牛。他们的自我感觉良好，不需要告诉别人自己有多棒。同样地，他们也不需要抱怨，以藉此来取得神经质的益处。

在《懒人启蒙指南》（*The Lazy Man's Guide to Enlightenment*）中，塔迪亚斯·戈拉（Thaddeus Golas）的结论是："爱自己并非是要膨胀自我。所谓的本位主义，是指在你已经痛恨自己之后，还要证明自己是有价值的；而爱自己将消弭你的自我意识，你会觉得无需证明自己高人一等。"

没有安全感、质疑自己的重要性、不确定自我价值的人，才会吹牛和抱怨。他们会昭告自己的成就，希望看到听者眼中投射出赞赏的目光。他们也会抱怨自己遭逢的困难，以博取同情；或是把它当作借口，以逃避自己向往却没有完成的目标。他们会抱怨，其实是因为自觉不配得到他们想要的东西。他们缺乏自我肯定，于是便借由抱怨，把自己想要的东西推开。

你要知道：凡是你所渴望的东西，你都有资格得到。不要再找借口，快朝梦想前进吧。如果你还在说些“男人都不敢给承诺”“我们家每个人都是胖子”“我手脚不协调”“我的咨询顾问说我一辈子都一事无成”之类的话，那你就是让自己变成受害者。受害者不会成为胜利者，你必须要选择你想成为哪一种人。

抱怨就像艾皮斯坦（Epstein）的妈妈所写的纸条。还记得《柯老师，欢迎回来》（*Welcome Back Kotter*）（编注：上世纪七十年代美国热门电视剧，由约翰·特拉沃尔等主演）那部电视剧吗？艾皮斯坦是这部校园喜剧里的一个学生角色，他常常带纸条到学校，借此逃避做某些事情。例如纸条上可能会写：“艾皮斯坦今天不能考试，因为他熬了一整夜在研究癌症的疗法。”署名者则是艾皮斯坦的母亲。当然，这些纸条都是艾皮斯坦自己写来逃避考试和其他事情的。我们抱怨，是为了让自己脱身，以回避冒险和其他行动。这些怨言听起来合情合理，却都是薄弱的借口，就像影集里的纸条，写的人其实就是拿出纸条的人——我们自己。

请你明白，我了解你也可能有过艰难、甚至不堪的经验，很多人都是一样。你可以无止尽地讲着自己的故事，坚称自己没有做错，不必对已然发生的一切承担什么，然后让它成为囿限你一生的借口。或者，你也可以想想弹弓的原理。

是什么决定了弹弓上的石头能飞多远？答案是：看你把弹弓上的橡皮筋拉了多远。如果你研究成功人物的生平，会发现他们之所以成功，并不是排除了生命中的挑战，而是去面对生命中的挑战。他们接受发生在自己身上的一切，并借此来帮助自己成长。他们不再向人人陈述自己受到多少委屈，而是开始寻找挑战中的祝福。而且你看，他们找到了。他们把橡皮筋往后拉得远远的，结果也就翱翔得更高、更远。

石头要从弹弓上飞出去，必须要先松开。你得放手。对于生命中的挑战和痛苦也是如此——放下这一切吧！

诚实面对情绪，安于自己的不安

我的第一任妻子莉丝离开我时，主要的原因之一就是我很没有安全感，这让她心力交瘁。我总是仰赖着她，向她寻求认同与肯定。如今我明白了，我是想以大嗓门、抱怨和批评他人，来弥补自己的不安。我不是告诉别人自己有多棒，就是批评其他人，让自己相形之下看来还不错。我其实很痛苦，而且又将这种痛苦转嫁给别人。记住：伤害者自己也是受伤的人。

我终于认真检视起“没有安全感”所代表的涵义——这是“有安全感”的反义词。有安全感代表对一切感到自在，并接受事物的原貌。多年来，我一直试图改变身边的一切，以成为一个有安全感的人。而现在我开始明白，“有安全感”就代表接受事物的原貌，而不是试图去改变它。我在这次经验中学到的最重要的体悟是：要摆脱不安，我就要安于自己的没有安全感。

我不再打压自己、替自己找借口，或假借批评和抱怨将注意力转移到他人身上，而是去接受痛苦的不安感来袭，同时在这样的时刻支持自己。当我觉得不舒服、难过、软弱或不悦的时候（我经常这么觉得），就开始告诉自己：“没关系，你就坦然接受自己的感觉，有这种感觉也没关系。”

真是奇迹啊！当我学会对自己的不安全感（不自在）有安全感（自在）时，我觉得不安的状况变少了，持续的时间也变短了。正如你不会批评别人有了正面的转变，你也不会批评自己有如此积极的进展。有时候，当我内在的声音实在忍不住要批评了，我就写起日记来一吐为快。然后我并没有争辩、回击，反而是赞美那个生气的声音所写下的东西："好小子，你攻击我的方法还真高明！我相信你攻击我，是因为你只想激发出我最好的一面。别客气，你可以随时表达自己的想法。"这些批评的想法找不到顽抗的对手，便消失无踪了。

我们的脑袋里，都有个麻烦的精灵，这个精灵就是谴责的声音。我想和我的精灵做朋友，而我一问，他才告诉我他叫席维斯特（Sylvester）。一提到席维斯特，我就把他想象成"兔宝宝"卡通里的"大嘴怪"。他是个急躁的家伙，成事不足、败事有余，在我的脑海里奔驰胡窜、制造混乱。当我企图平息他尖刻的言论时，他只会愈吼愈大声、愈刺耳。然而现在，我要鼓励他、称赞他。我说："要挑我毛病，你是最厉害的了。我知道你挑我的毛病，是因为你爱我。"当我这么说时，心中有个画面：席维斯特站在那里，一脸惊愕，不知所措。他茫茫然噘起了嘴唇，眼睛咕噜咕噜地转，完全陷入疑惑不解的无言状态。

以我个人而言，我永远感谢莉丝。她离开我就像是一种催化剂，让我必须展开这段探索的旅程。是这样的涤净作用，促使我去探究灵魂深处，让我能将学到的东西和全世界分享。莉丝，谢谢你。

不要为了让自己变得特别而抱怨。你要对事实有所觉醒：你已经很特别了。特别的定义包括有："独特、鲜明、有特殊的作用"。你很特别。没有一个人和你一模一样，以前没有、将来也不会有。没有人有你的眼睛、指纹、耳朵的形状，或是声音。你和你的 DNA 一样独特。科学家甚至说，世界上没人有你的气味，这够特别了吧？要说"无限"，你自己就是最完美的例子。你就是以人类形体现身的"神"。你独一无二，现在还有了不起的东西要带给这个世界，而且是只有你才能给予的。就算你可能会说自己不够完美，你也依然完美无瑕。

当我和席维斯特变成了朋友，我也开始爱自己以前痛恨的那些自我。我不把它们当成毛病，而是个人的癖好与习性——也就是让我之所以为我的东西。从前我还以为自己能有所改变，好让我能真正肯定自己，这样的想法实在愚不可及。总是在注意自己有什么不对劲，更是让我笃定能找到自己不对劲的地方——这个最根本的主题又出现了。

在我接下基督教会联盟的主任牧师一职后不久，有位女士拿来了一张清单，列出她不喜欢这个教会的地方。我为了树立好印象，也让新教友高兴，便在能力范围内改变了一些令她不满的事。然而，事后她并没有来对我说："谢谢，我现在对教会很满意。"反而又拿来另一张抱怨的清单。

当你表达出你不喜欢什么——无论是你自己、你的工作、家庭、健康、财务、教会，或是任何东西，你就会找到更多不满的对象和事物。记住：同类相吸。当你更加肯定自己、他人和你的人生景况时，你就会引来更多带给你乐趣的东西。

恐惧成功，就注定会失败

我第一次上《奥普拉秀》时，奥普拉问我："为什么人们会抱怨天气？再怎么抱怨也没办法改变啊。"首先，我不敢说你不能改变天气。在你还没觉得我疯狂之前，我先告诉你一件事。几年前，我开始告诉朋友，我和上帝之间有个协定，就凭着这份协定，我一定会碰到好天气。去年夏天，我们在筹备一场大型的教会野餐活动，有个小组长想知道如果下雨了该怎么办。我说："不会下雨的。我和上帝之间有协定，我一定会碰到好天气。"

"好吧。"她迎合着我，"那万一下雨呢？"

我说："你没有听懂我的话——不会下雨的。如果我们说会下雨，那就会下雨，所以我们就别说了吧。"

好，如果你认为只是巧合也没关系，但那天的确没有下雨，我还是保持连胜纪录。而且我还没有抱怨喔。

先不谈我们是否能控制天气，我们又为什么要抱怨天气呢？——因为安全，抱怨很安全。抱怨属于低能量层次的对话，不会威胁到彼此，因为你没有唤求他们进行更高层次的表达。

另一个抱怨很安全的理由，可能与神学及缺乏自尊的种族记忆有关。我们可能害怕神（或者说众神，因为这种恐惧始于多神时代）因为事情进展太顺利，而打击我们。

在赛珍珠（Pearl Buck）的杰作《大地》（*The Good Earth*）里，主人翁王龙是中国的一个农夫，他最大的渴望就是想生个儿子。在古代的中国，儿子都被当成是宝贝，而女儿只是伺候人的丫鬟，在嫁出去之前，还得供她们吃穿。生男孩会带来财富，但生女孩只会赔钱。

王龙喜出望外，因为妻子生了儿子。夫妻俩带着新生儿过街时，还把儿子盖起来，不让众神看见。他们说："只是普通的丫鬟，不是男孩儿。"他们害怕众神会带走儿子，因为他们不配有这样的好运，可以生个儿子。

因为我们看轻自己、缺乏安全感，加上成长过程中总是被灌输这样的思想："好景不常在。"所以我们相信，如果事情进展太顺利，神、宇宙——或是随你怎么称呼的那个东西，就会等着要打击我们。如果这是你的神学观，我尊重你的信仰。但对我而言，"神就是爱"和"神等着摧毁你"，这两者是无法并行的。我们恐惧上天的报应，于是担心自己如果说起一切进展顺利，最后可能就会变得很糟糕。其实，相反的状况才是事实——恐惧的字眼和言语，才会招致我们不想要的东西。

有个电脑术语叫"GIGO"，意思是指"垃圾进，垃圾出"（Garbage In, Garbage Out）。这是源自于电脑为中性的概念——电脑不具人格，只对下达的指令有所回应，如果你把"垃圾"（随便乱写的代码或指令）丢进去，那么出来的就是"垃圾"（乱七八糟的结果）。

我们的生命，则是呈现反向的事实：垃圾出，垃圾进。当你发牢骚、抱怨生活的一切（送出垃圾）时，你就会收回更多这样的困扰（收进垃圾）。值得庆幸的是，你已经在学着注意自己的言语，并且控制或重组自己的论点与措辞，以免让抱怨脱口而出。你已经开始转变，而且继续前进，迈向“有意识的有能”这个阶段了。

·不·抱·怨·观·念·

■抱怨与非抱怨的用语可能一模一样，其间的区别则在于——你在话里传达的用意和隐含的能量。如果你希望某人或当前的情势有所改变，让一切有别于现况，这就是抱怨，而不只是陈述事实。

■当你表达出不喜欢的一切，你就会找到更多不满的对象和事物。请记住：同类相吸。当你更加肯定自己、他人和你的人生景况时，你就会引来更多带给你喜乐的东西。

■没有安全感、质疑自己的重要性、不确定自我价值的人，才会吹牛和抱怨。他们自觉不配得到想要的东西，缺乏自我肯定，便借由抱怨把自己想要的东西推开。

■我们恐惧上天的报应，于是担心自己如果说一切进展顺利，最后可能就会变得很糟糕。其实，恐惧的字眼和话语，才会招来我们不想要的东西。

·不·抱·怨·行·动·

■“有意识的无能”是最多人放弃而又故态复萌的阶段。即使你发现自己有多常抱怨，并觉得吃惊或发窘时，也要坚持到底。你只需要——一次又一次重新开始，移动你的手环。

■“有安全感”就代表接受事物的原貌，而不是试图去改变它。要摆脱不安全感，就要安于自己的没有安全感。这些批评的想法找不到顽抗的对手，便消失无踪了。

■不要为了让自己变得特别而抱怨，你要对事实有所觉醒：你已经很特别了。你独一无二，现在还有了不起的东西要带给这个世界，而且是只有你才能给予的。

■凡是你所渴望的东西，你都有资格得到，快朝梦想前进吧。不要打压自己、替自己找借口，或是假借批评和抱怨，将注意力转移。你应该要接受不安感来袭，同时在这样的时刻支持自己。

Part 3

有意识的有能

- 沉默与怨言
- 批评者与声援者

沉默与怨言

会说“就跟从小婴儿手上拿走糖果一样简单”的人，都没有真的从小婴儿手上拿走过糖果。

——佚名作者

沉默比抱怨更有建设性

“有意识的有能”阶段是一个超级敏感的阶段。你开始会察觉到自己说的每一句话。你移动紫手环的频率愈来愈少，因为你说话十分谨慎。你现在说话正面多了，因为你开始会在还没说出口之前，就逮住那些话。你的紫手环已经从“让你发现自己正在抱怨的工具”，变成“你的话语在说出之前要先穿越的过滤器”。

一个接受不抱怨挑战的家庭告诉我，在“有意识的有能”阶段，晚饭时刻他们会坐在餐桌前，经常相对无语。在逐渐变得“不抱怨”的过程中，愈见延长的沉默期，对个人或家庭而言都是很典型的现象。你真的开始活出你母亲的建言：“如果说不出什么好听话，就干脆闭上嘴巴。”

真诚的分享

不想抱怨，就沉默

我们收到了紫色手环，马上就发现自己的对话，都绕着讽刺、批评他人和彼此批评打转。我们不想移动紫手环重新开始，所以干脆就一两天不讲话，一直到我们搞清楚，彼此该怎么说话，才不会挟带着抱怨在其中。

——密苏里州堪萨斯市，金·马汀

有一度，我们曾经考虑在紫手环的索取量多到可以专门订制时，就把上头的“spirit”(精神；灵性)这个词拿掉。虽然我们的组织是教会，但我们把“不抱怨”活动视为是非宗教性质的人类转化运动；再者，也还有许多不同性质的团体及不同派别的教会参加。所以，我们不希望大家受限于宗教，而是要将这件事当成改善生活的方法，无论参与者是否隶属任何宗教团体。

后来，我发现“spirit”这个词，是来自于拉丁文“spiritus”，意指“气息”。在“有意识的有能”阶段，人充其量只能简单地做个深呼吸，而不是失控地将抱怨说出口。抱怨是一种习惯，而暂停一下吸口气，就能给自己一个机会，在说话时更小心地用字遣词。所以，我们留下了“spirit”，想作为提醒的媒介，提醒大家“深呼吸”，而不要“穷抱怨”。

沉默给了我们机会，让我们能出于更崇高的自我、而非人性的自我来说话。沉默是通往“无限”的桥梁，却也是让很多人感觉不自在的东西。我记得青少年时期，我们家是住在湖边，当时我会独自泛舟，到离家一英里远的小岛上露营。沉默给了我机会，和内在的自我重新联系。有一次，当我正要前往岛上小居时，我还记得父亲在岸边对着我大叫：“威尔？”

“爸？”

“你要去哪里？”“到康特岛那边露营。”

“你一个人去吗？”“是。”

停顿了片刻，他又说："你要带一台用电池供电的电视去吗？"

"不用了，爸……谢谢。"

安静了一会儿，他又出声了："那收音机呢？"

"不用了，谢谢。"

我永远记得我爸爸是如何耸肩、转身，然后走回屋内。我爱我爸爸，但他不是很习惯沉默。他睡觉时甚至会把床前的大荧幕电视打开，听着它发出的喧嚣声而入眠。

如果你是喜欢祷告的人，"有意识的有能"阶段是提升你祷告深度的良机。你已经真的不想再移动手环，你或许还会希望先说一小段祈祷文，再开始说话。为自己寻求指引吧，让你说出来的话具有建设性，而非破坏性。如果无话可说，就保持沉默。以往我在推销电台广告时，曾经和一个话不多的人共事。和他熟了之后，我曾经问他为何这么安静，他告诉我："这样会让人以为我比较聪明。"如果你什么也不说，大家至少还会赞扬你聪明；当我们说个不停时，不但不会让自己的言论听起来很睿智，反而只是显示自己不够自在，片刻都无法忍受让沉默来掌控局面。

要知道结识的某个人对自己而言是否很特别，有一个测试方法，就是看看我们可以和这个人不说话相处的时间有多久。我们只是安于他们的存在，享受着他们的陪伴。一大堆无心的闲扯并不会增进我们的相处品质，反而会糟蹋了这段共度的时光。喋喋不休只是在对你周遭的人们发送一个讯息：你觉得不自在。

沉默能让你自省反思、慎选措辞，让你说出你希望能传送创造性能量的言论，而不是任由不安驱使你发出又臭又长的牢骚。

我们收到了一封国防部五角大厦的中校寄来的电子邮件，描述了他所经历的这个不抱怨阶段：

真诚的分享

紫手环让我们更加同心协力

快速报告一下我们的现况。十二个手环已悉数分发给我的同事们，有位女生（她一向安静低调）进展得很不错，我想她的记录其实已经迈入二位数了。然而，其他人都发现，这件事要比想象中困难得多。不过这已经对我们产生了很重要的作用……当我们抱怨时，我们知道自己在抱怨，就会先暂停，移动手环，用更正面的措辞重新发言。我甚至连一整天不抱怨都还做不到，但我看得出来，这是强而有力的沟通工具，有助于办公室成员的同心协力。

当我们抱怨时，可以自我解嘲，然后彼此挑战对方要找出更好的方法。等到有人达成目标时，我会再写信来报告最新状况。（每个人都摩拳擦掌，要把这项挑战推介给更多五角大厦的员工，我们正在进步中。）祝空军节愉快！

——凯西·哈佛斯塔

抱怨的字眼在预言坏事的降临

我之前提过，抱怨时用的字眼，经常和非抱怨的字眼相同；是你的意图和背后隐含的能量，决定了你是否在抱怨。所以，你要开始注意自己有多常说以下这些话，又是在什么情况下说的：

- “当然会这样！”
- “难道你不知道吗？”
- “我只是运气好！”
- “我总会碰上这种事！”

当事情不太对劲，而你说：“当然会这样！”或“难道你不知道吗？”

就是在传送这样的讯息：你在等待坏事的降临。这个世界听见了，就会带来更多坏事给你。

当我第一次决定认真留意自己的言论，同时明白这些话是在反映我的想法，而想法将造就我的现实生活。我还记得那时的情景：我正开着我太太那辆二十年的小卡车，运回一些我放在仓库里的东西。桂儿的这部 F-150 老车的引擎已经跑了几百英里，所以每开二十英里大约要用掉一加仑的油！我们时常替这辆老卡车加油，同时也会在后车厢放一箱油，以备不时之需。

当我启程展开一百多英里的旅途时，我确定油箱已加满了油，还邀请我们家的狗吉布森跳上前座，和我一起作伴。吉布森是一只澳洲牧羊犬，这个名字是桂儿帮他取的——桂儿说，如果有哪个澳洲人要睡在她的床脚边，她希望是电影明星梅尔·吉布森。

我们花了好几个钟头，才从南卡罗来纳州艾纳市的家开到曼宁市的仓库，再把物品装上车。回程时，我决定走捷径，朝葛利里镇的方向行驶。我以前住在曼宁，对通往葛利里镇的路很熟。其实，我以前常在周末骑单车到葛利里镇，然后再骑回来，当成是运动。那条路约有十三英里，车辆并不多。

太阳开始西下时，“引擎故障灯”亮了。那一刻，我的思考模式照理说应该是：“糟糕！有麻烦了。”但是，我反而转身对吉布森说：“会有办法解决的。”内心里，我觉得自己可能有点脑子进水吧——就像我说的，我对这条路很熟，这十三英里路上只有十来户人家，而我又没带手机。

卡车苟延残喘着继续走了一英里多，引擎才完全停止运转。“会有办法解决的。”我说着，努力让语气听起来笃定而自信。卡车开始慢了下来，最后终于停在这条路上少数几处人家的某一户门前。“当然会这样！”我说着，庆幸于当前的发展，但仍对我们竟如此幸运而惊讶。我心想：“或许会有人在家，让我借用电话。我可以打给桂儿，她就能来接我。”然后我又想起卡车里装满了东西，而忖度着：“我最好今晚就开车回家，不要把这些东西留在路边。我不知道问题会怎么解决，但我要相信可以解决。”

请记得，这不是我处理类似问题的一贯作风。以前，我会直接下车，说不定还会做些“有帮助”的事，像是咒骂和踢轮胎。但是这一次，我反而闭上了眼睛，在脑海中看着我和吉布森慢慢地驶进家里的车库。在我想象的画面中，那时候是傍晚（和当时的时间一样），而我穿着和当时一样的衣服。我先让自己安静地稍坐片刻，好好吸收这幅画面，再走向那户人家，按下门铃。

当我听到屋里传出骚动的人声时，我又说了一次：“当然会这样！”确定这一户（这是数英里路来我唯一看见的屋子）有人在家，而且是我的卡车在他们家门口抛锚的时候在家。一名男子前来应门，同时自我介绍。当我解释我的卡车抛锚了，并询问能否借用电话时，他在黑暗中眯着眼睛，朝卡车所在处打量着，问道：“你开的是什么卡车？”我说：“福特。”他微笑着说：“我是福特卡车经销商的维修主管。我去拿工具来看看。”

他去拿工具时，我又说了：“当然会这样！”问题就要解决了。

我拿着手电筒，而我的新朋友在引擎盖下敲敲打打了十五分钟，终于转身说：“是你的燃料系统不太对劲。你需要换个小零件，只要一两块美金就有了，可是我家里没有这种零件。”他继续说：“不过这主要是管线问题，倒不是机械性故障。”

我说：“没关系。那我可以借用一下电话吗？”他说：“呃，你的问题出在管线，而我爸正好从肯塔基州来看我，他是管线工人。我去叫他。”

他进屋里去叫他父亲时，我搓了搓吉布森，兴奋地笑道：“当然会这样！”几分钟之后，他父亲诊断出问题：“你需要一根约三寸长、四分之一寸宽的管子。”“就像这样吗？”他从自己的工具箱里拿出一根尺寸刚好的管子。“就是这个！”父亲说，“你在哪里找到的？”儿子说：“我也不知道是哪儿来的。一个月前，我在工作台上发现这管子，就把它丢进工具箱里，以备不时之需。”

“当然会这样！”

没多久，我和吉布森又上路了。“真是难得的经验！”我对吉布森说。一切都解决了。就在那一刻——加油灯竟突然亮了起来了。我们停留太久，耗尽了卡车的油，油量低得危险。四处都不见人家，我开始有点担忧，然后又赶快阻断这样的思绪，大声说：“问题已经解决过一次了，这次一定也没事的！”我一边开车，再次想象我和吉布森当晚能平安地把卡车开进家里的车库。

转弯进入葛利里镇时，我开往当时镇上唯一的加油站。当我把卡车开进站里，老板正在锁门准备打烊了。“需要帮忙吗？”他问。“我需要油。”我说。他重新打开加油站的照明设备，说：“需要什么自己来吧。”我把两手伸进裤子口袋，掏出身上带的所有钱。以当时卡车吃油的速率，可能需要加四夸脱（译注：近四公升）的油才能到家，而我身上只有四块半美金。我于是抓起两夸脱（我手边的钱只能买这么多）的汽油，放在柜台上。

“你有没有看到另一个牌子？”老板问我。我说：“没有。”他走向陈列架，我跟在他身后。“找到了。”他说。“这个牌子很不错——我觉得比你拿的那种更好，可是我以后不进货了，所以今天特价，只要五折。”我努力保持镇定，以免露出欣喜若狂的模样。我把四夸脱的油抱进怀里，走向柜台。当天晚上十一点十七分，我和吉布森平安地回到了家里的车库。

“当然会这样！”

抱怨不是让你如愿的万灵丹

大家常问我的一个问题是：“难道你不需要先抱怨，才能得到想要的东西吗？”其实，你可以好好表达自己的期许，而不需要抱怨现况，来获取你想要的结果。

几天前我的手机响了，来电显示是“不明号码”。当时我正在忙，没有接电话，打来的人也没有留言。接下来，几乎每隔一小时，我都接到同样的“不明号码”打来、却又不留言的电话。最后，我终于接到了这通“不明号码”来电，听到电信公司的语音留言：“这是要通知玛丽·强森（非真名）的重要讯息……如果你是玛丽，请按 1 ；如果不是，请按 3。”

我按了 3，心想电信公司应该会发现他们打错号码，就不会再有这些来电了。但他们还是没发现。电话几乎每小时响一次，都是“不明号码”打来的；而当我接起电话，又听到同样友善的语音留言。我不断按 3，来电却依然没有停止。

人都会犯错。我知道我也会犯错，而所谓的公司，只是一大群想尽力做好事情的人们。在过了好几天每小时都有固定来电的日子后，我打给电信公司解释这样的状况，而他们也确保会处理。但是，来电还是持续不断。

在我尚未展开二十一天不抱怨的挑战时，我可能会再打给电信公司，要负责的主管来接听，臭骂那可怜的家伙一顿。此外，我还会告诉每个我接触到的人，说这简直是乱七八糟、太不合理了，让我深感不便与干扰。

然而，这次我再打了一通电话对客服人员说：“我知道出错是难免的，我也知道这不是你的错。但是我应该不会再接到贵公司的电话了才对，而我也愿意和你配合，直到我们发现问题出在哪里，而且一起解决。”不到十分钟，她就发现症结所在（他们把我的号码当成那个人的号码，而输入电脑），来电于是停止了。

我不必让血压蹿高或大发雷霆，就能得到想要的结果。我也没有向朋友、同事和家人发牢骚，把他们牵扯进来。我反而是找了个可以帮助我的人，解释我想要什么，而且锁定真正的焦点。

你有权利得到你应得的。要达到这个目的，就不要一直谈论这个问题，或是把注意力完全放在上面。你应该要从更高的层次来思量问题，看着它被解决。只要谈你的渴望，只要和可以提供解决方案的人谈。你会缩短等待的时间，让你的需求更快被满足，在这段过程中也会更快乐。

预想美好的未来，是促成进步的动力

“但是，我们国家每一项伟大的事件，都是起源于抱怨……你看看托马斯·杰弗逊（编注：美国独立宣言起草人和开国元勋）和马丁·路德·金博士（编注：美国黑人民权运动领袖）！”我收到的一封电子邮件这样说道。就某方面来说，我同意这位女士所言。迈向进步的第一步就是不满。但如果我们只停留在不满的阶段，就永远无法前进，迎向更光明的远景。那些觉得抱怨是理所当然的人，哪里也到不了，只会在同一个不快乐的出发点原地打转。我们的焦点必须要放在我们希望发生的结果上，而不是我们不要的事情。

美国历史上的伟大领袖们，都是很会抱怨的人吗？这一点我必须否认。这些重要人物让不满驱策着他们去勾勒美好的远景，而他们对这番远景的热情，又激励了其他人前来追随。他们全神贯注地展望更光明的未来，让全国的人心也跟着雀跃、振奋。他们转化了全国的意识，结果也转化了我们的未来，至于他们采取的方法，约翰·肯尼迪做了最好的总结：“有些人是看到当前的现况，然后问为什么会这样？我则是梦想着未曾出现的景象，然后问为什么不是那样？”

一九六三年八月二十八日，马丁·路德·金牧师并没有站在林肯纪念堂的台阶上说：“我们遭受这样的待遇是不是很惨？”他没有。他发表的演说撼动全美国人的灵魂，即使相隔将近半世纪听来，仍让人感动得热泪盈眶。他没有把焦点放在问题上，而是超越了问题本身，建立更宏观的格局，发出这样的宣示：“我有一个梦想！”他在我们的心中创造出栩栩如生的画面，那是个没有种族歧视的世界。他曾经“到达那山巅”，而他铿锵有力、激励人心的话语，也带着我们和他一起攻顶。

托马斯·杰弗逊在《独立宣言》中，清楚陈述了众殖民地在大英帝国统治下所遭逢的挑战。然而，他所起草的文件（一七七六年七月四日签署）并不是一连串冗长的牢骚。如果是，这份文件大概也就不会攫获全世界的想象力，并得到其他国家的支持，因而一统殖民地了。

《美国独立宣言》的第一段写着："在人类事务的发展过程中，当一个民族必须解除和另一个民族之间的政治联系，并在世界各国之间，本着自然法则和上帝赋予的权利，主张独立和平等的地位时……"

暂时想象你自己是这十三个殖民地的居民，试着去理解这个概念："本着自然法则和上帝赋予的权利，主张独立和平等的地位。"在杰弗逊起草这篇宣言时，英国是全世界最大的超级强权，而他只是毫不夸大地冷静直陈，这些羽翼未丰、组成纷杂的殖民地，和这头政治巨兽是"平等并存"的。你可能听见了殖民地人民为如此言论所发出的集体惊呼声，随之而起的则是满涨的自尊和热忱。他们怎能渴求这种遥不可及的理想，希望和英国平起平坐呢？因为这是"本着自然法则和上帝赋予的权利"。这不是抱怨，这是梦想着美好未来的坚定远见。这也是超越问题本身，从更高的层次来思量。

罗莎·帕克（Rosa Parks）（编注：美国黑人民权运动家，一九五五年因拒绝在公车上让座给白人，而激发黑人联合拒搭公车的大型群众活动。）并没有坐在公车后面几排，向每个人抱怨自己必须坐在这里是很不公平的；她的做法是无视于肤色，和其他人一样，坐在她原本就坐着的地方。她不但超越了问题本身来思考，更以身作则实行了解决方案。

我也有一个梦想，希望在现世中会出现这样有远见的先知。我记得这辈子最常听见的新闻，就是聚焦于中东局势的"和平谈判"。我听过这些"和平谈判"讨论的内容，感觉上似乎更像"战争谈判"或是"如果你们停止这样做，我就不会再这样谈了"。美国总统召聚了所有中东领袖，试图让他们调解彼此的差异，但这些谈判的焦点一直都放在"差异"之上，因此就我个人看来，他们的进展始终是微乎其微。

如果在这些“和平谈判”中，领袖们聚在一起讨论的是“彼此若能消弭嫌隙将会怎样”呢？如果他们能共同建立一个集体的梦想，实现和平共处、互相体谅的目标呢？ 当这种真正的“和平谈判”发生时，规则就变得很简单了。他们不会再去谈论现在怎么样、或是过去发生什么事，所有的焦点都只会锁定在：当彼此不再针锋相对时将会怎样。他们可能会问：“我们之间的和平，看起来、听起来、闻起来、感觉起来是什么样子？当战争和异议对我们来说，已成为遥不可及的记忆，是必须查阅史书才能知晓的过往情景时，又会怎样？”

这些谈判的焦点只会锁定在众人冀望的结果之上——也就是和平。就只是这样。这些谈判完全不会提到“如何”，“我们如何做到”的问题，从一开始就会被所有人禁止。一旦双方试图要找出如何达成和谐共存的方法，关于地理疆界、补偿报酬、撤军限武、文化与信仰差异，以及各种对立的观点，只会将他们的注意力再度转移回当前的议题上。而这样的焦点，将使他们继续陷身于这些问题的泥淖。

林肯曾经说过：“摧毁敌人最好的方法，就是把他变成朋友。”要达到这种转变的第一步，就是从内心开始做起。而我们的言语，会把我们的思想内容告诉这个世界。

快乐或悲伤，由你的言语来决定

当你正在历经“有意识的有能”这个阶段时，你如果使用了“当然会这样！”、“难道你不知道吗？”、“我只是运气好！”、“我总会碰上这种事！”这些措辞也没关系，但只能在你认为的好事发生时才用。当事情进展顺利时，把这些话当成是你感恩的赞叹之语。

我有个朋友总是说：“我是全世界最幸运的人——我遇上任何事都能

迎刃而解。”他有貌美的太太和圆满的家庭，他的事业成功，年届三十就成为百万富翁，身体也十分健康。你可能会说他只是运气好，他自己也同意；但我会说，是他相信自己幸运的信念，让他变得如此幸运。所以，何不试试对他有效的这个方法呢？当你诸事顺遂时，不管是多么鸡毛蒜皮的小事，都要记得说：“当然会这样！”

我们的言语有着强大的力量。当我们改变嘴里说出来的话，就会开始改变自己的人生。大约一年前，我在州际公路的内侧超车道上开车，我的时速要超过速限好几英里。在我前面的是一辆轿式休旅车，时速大约比速限慢了十英里。我心里开始嘀咕起来：“如果要开得比速限慢，他难道不知道要走外侧车道，让其他人先过吗？”几天后，我又上了超车道，前面还是一个小心翼翼的驾驶者，开车时速比速限慢了不少。我发现那名驾驶者开的又是轿式休旅车，而这次我忍不住大发牢骚，认为这种做法实在太不为别人着想了。

几天后，我载着桂儿、莉亚一起上路时，又被左侧车道一个开得比速限慢的驾驶者给拖慢了速度——你猜到了吧，又是一辆轿式休旅车。这次我则是向家人大声抱怨。随后的几周，这种状况一直反复出现，每次都是轿式休旅车惹的祸。我开始注意到车上有着某些记号或贴纸的轿式休旅车驾驶人，都是最恶劣的违规者。这些人成了我的眼中钉，我会向认识的每个人提及此事。我觉得这很有趣，只是一种巧妙的观察结论，但我也的确注意到，这种事发生的频率愈来愈高了。最后，我开始明白，是我自己判定“轿式休旅车的驾驶者，都是没礼貌又妨碍交通”的。因为我相信这个判定，所以这种事就落到我头上，而且几乎每次开车时都屡试不爽。

我想找另一种方法重新诠释这项观察，于是想到了美式赛车（NASCAR）。在美式赛车的赛程中，如果是有事故或危险发生，就会有一台定速车上场，让所有参赛者减速慢行。这些车手必须跟在定速车后面，直到前方的危险清除，再次恢复安全状态。“如果轿式休旅车是州际公路上的定速车呢？”我心想。或许轿式休旅车是要让我减速，才不会拿到罚单，甚至是发生车祸，不然就更惨了。之后，每当我在左侧超车道上碰到慢吞吞的轿式休旅车，我就开始感谢他们，称它们为“定速车”。这变成我的惯性反应，我根本忘了它们还有另一种名称，而一律用“定速车”称呼它们。“啊，前面有一辆定速车，”我会告诉家人，“我们最好减速慢行。”

有趣的是，当我改变了对轿式休旅车的称呼，我也开始感激它们让我能减速慢行，而我也发现，自己很少被堵在超车道上了。如今，我在通勤途中几乎很少被轿式休旅车拖慢速度，即使真的碰上了，我也会对它们表达谢意。

改变自己对轿式休旅车的看法，并赞扬它们为定速车之后，我就改变了它们对我的意义；它们也变成一种礼物，而非障碍。如果你开始采用可以激发心中正向能量的命名，来称呼生命中的人事物，你就会发现，他们再也不会让你烦心，还会给你实质的助益。改变你的措辞，看着自己的生命随之改变吧。例如：

不要说……	试着说……
问题	机会
必须	可以
挫折	挑战
敌人	朋友
眼中钉	老师
痛苦	信号
我要求	我会感激
抱怨	请求
磨难	旅程
你做的好事	我创造的好事

试试看吧。刚开始可能会觉得有点困难，但是请仔细观察，它是如何改变了你对人事物的看法。当你改变用语时，景况也会跟着改变。

你可以创造自己渴望的人生。在成长的过程中，我始终相信：当我们死去的时候，如果幸运，就会进天堂。有一天在读圣经时，一句话光照了我："天国近了。"而我开始这样猜想："或许我已经死了，而这里就是天堂。"我思索着，想起英国文豪弥尔顿的名言："境由心生，心可以使天堂沦为地狱，让地狱变成天堂。"或许这里就是天堂——要不然，至少我可以让它变成天堂。

向别人问起近来可好时，我曾听过有些人语带嘲讽地呻吟道："真是快活似神仙呢。"我决定把这句话，当成是自己对这个问题的真心回应。当有人向我问好时，我会不带嘲讽、诚心诚意地回复："真是快活似神仙呢。"起初我感觉不太自在，但现在这已是我不假思索的答案了。我注意到这句话让其他人露出了灿烂的微笑，同时也提醒着我，当下我就可以决定自己要快乐、还是悲伤，要置身天堂、还是坠落地狱。

你可以选择自己的言语，创造自己想过的生活。

做出明智的选择吧。

·不·抱·怨·观·念·

■喋喋不休只是在对你周遭的人们发送一个讯息：你觉得不自在，无法忍受让沉默来掌控局面。沉默能让你自省反思、慎选措辞，让你说出希望能传送创造性能量的言论，而非由不安驱使你发出又臭又长的牢骚。

■当事情不太对劲，而你说："当然会这样！"或"难道你不知道吗？"你就是在传送这样的讯息：你在等待坏事的降临。这个世界听见了，就会带来更多坏事给你。

■你有权利得到你应得的。要达到这个目的，就不要一直谈论这个问题，或是把注意力完全放在上头。你应该要从更高的层次来思量问题，看着它被解决。

■那些觉得抱怨是理所当然的人，哪里也到不了，只会在同一个不快乐的出发点原地打转。我们的焦点必须要放在我们希望发生的结果上，而不是我们不要的事情。

·不·抱·怨·行·动·

■在“有意识的有能”阶段，人顶多只能简单地做个深呼吸，而不是失控地将抱怨说出口。抱怨是一种习惯，暂停一下吸口气，就能给自己一个机会，在说话时更小心用字遣词。说出来的话要具有建设性，如果无话可说，就保持沉默。

■你可以好好表达自己的期许，而不需要抱怨现况来获取想要的结果。只要谈你的渴望，只要和可以提供解决方案的人谈。你会缩短等待的时间，让你的需求更快被满足，也更快乐。

■“当然会这样！”“难道你不知道吗？”“我只是运气好！”“我总会碰上这种事！”这些措辞，只能在你认为的好事发生时才用，把它们当成是你感恩一切进展顺利的赞叹之语。

■采用可以激发心中正向能量的命名，来称呼生命中的人事物，这样他们就不会再让你烦心，还会给你实质的助益。

批评者与声援者

> 批评要比养成技艺更容易。
> ——希腊画家邱克西

批评无法消弭问题，反而会扩大事端

批评是带着利刃的抱怨，通常是针对某人而发出，意图贬低此人。有些人认为批评能有效地改变另一个人的行为，其实，批评倒是比较可能造成反效果。我在第一章提过，我和家人住在弯道边，而令人难过的是，我家的狗金吉尔就在弯道上被撞死了。由于我们家离速限从二十五英里变成五十五英里的交接处并不远，所以车子驶过我家门前时，通常都是速度飞快，而我对这一点非常感冒，尤其是金吉尔去世之后。

真诚的分享

我不要再加入抱怨的行列

我做得很不错，渐渐不会抱怨了。我之前一连多天都通过考验，同时也发现它正在改变我的人生。我先生坚持要我停止，他说我和他相处时，不再像从前那么有意思了。我想是他认为抱怨很好玩，而我却不再加入他的行列、卷进他的牢骚了。 这让我觉得很难过。

——佚名

通常，车子疾驶而过时，我都是开着除草机在割草。我会对驾驶人大喊“开慢一点”，有时候则不只大喊，还会挥动手臂，想叫他们不要开快车。让我愈来愈火大的是，我发现他们几乎很少减速，还在飞车行经时别过头去不看我。有一辆黄色的跑车最可恶，无论我怎么高声尖叫、用力挥手，那个年轻女郎还是在我家门前危险地飞速疾驶。

有一天，我在后院割草，桂儿在前面种花，我注意到那辆黄色的跑车逐渐驶近，速度飞快依旧。我什么也没做，因为我觉得不管用什么办法叫她减速，都是白费力气。然而，当车子经过我家门前时，我注意到刹车灯亮了一下，车速放慢到了安全程度。我很惊讶，这是我第一次看到这部跑车不是以要命的速度呼啸而过。我还注意到那个看来总是沉着脸的年轻女郎在微笑。在好奇心驱使下，我关掉除草机，走到前院问桂儿，究竟发生了什么事，而让那个女人减速。桂儿头也不抬地说道：“很简单啊，我只是微笑，对她挥手。”我说：“什么？”桂儿说：“我对她微笑，把她当成老朋友一样对她挥手，她也对我微笑，车速就慢下来了。”

连月以来，我试图用批评这个女人的方式让她减速慢行。我想要让她知道，她这样开快车是错的。桂儿则用善意对待她，而她也回应以善意。我仔细想想，觉得这很合情合理。开车经过的女郎可能被除草机的声音干扰，而没有听到我的抨击，我的手势也可能只是让我看起来很蠢。对她而言，我是一个坐在除草机上发脾气的家伙，难怪她想避开眼神接触，急忙驶过。相反地，桂儿看起来则像是待她如友的和善邻居。我之前都在批评，而桂儿却以正面肯定的方式对待她。我再也没有见过那辆黄色跑车从家门前飞速驶过，反而总是减到安全速度，直到过了我们家附近才又加速。

没有人喜欢被批评。而且我们的批评往往只会扩大、却不会消弭被我们批评的事端。“批评”的意思，就是去找出某人或某事的缺点和毛病。当我们批评某人时，他们会觉得有必要为自己的行为辩解。当人们觉得遭受不公平的待遇，就会据理力争。对他们而言，批评是不公平的，所以就会竭尽所能地反击。在这个例子里，当我对年轻女郎大吼时，她便继续加速，以作为一种辩解的手段，伸张她有加速的权利。还有一种可爱又有效多了的方法，能让她减速，而桂儿已经做了示范给我看。

杰出的领导者都知道，人们对于欣赏的回应，要远比对批评的回应更为热烈。欣赏能激励人们表现优越，以获得更多赏识；批评则使人耗损，当我们贬低别人时，其实也是在默许此人往后依然故我。例如，如果我们批评某人懒散，当他们和我们接触时，便会接受自己是懒散的事实；这等于给了他们默许的权利，可以表现出与“懒散”这个标签相称的举动，懒散的行为便会反复出现。

每个人共有的头号需要，就是获得认可、受到重视，能感觉到自身的重要。即使我们天性内向，也还是需要他人的注意，特别是我们视之为重要的人。即使这种注意是负面的，像是批评，我们也会重复同样的行为，以获得自己心中渴求的注意。这种行为鲜少是有意识地发生，而是在不加思索下完成的。我们都喜欢被注意，也会以各种方式去取得注意。如果这种注意带有批评意味，我们则会向下修正，以达到批评者的负面期望。

注意会驱动行为。我再说一次——“注意会驱动行为。”我们大概都觉得，应该是行为在引发注意，其实不然。如果我们批评某人，就等于在诱使我们所批评的一切继续发生。这对你的配偶、孩子、员工和朋友皆然。在萧伯纳的剧作《窈窕淑女》中，卖花女曾对上校解释过这个现象：“你看，说真格的，除了大家都学得来的事（服装仪容和说话得体），淑女和卖花女的差别不在于举止行为，而是在于别人怎么对待她。我对教授而言永远是卖花女，因为他总是以对待卖花女的方式对我，也永远都会这样做；但我知道，对你而言我可以是淑女，因为你总是以对待淑女的方式对我，也永远都会这样做。”

每个人创造自己生活的力量都非常可观，远超过我们所能想象。我们对他人的观感，决定了他们在我们面前会呈现出什么样貌，以及我们与他们之间的关系。我们的言语会让对方知道，我们对他和他的行为有着什么期望。如果言语中带有批评，他的行为就会如实地反映我们所批判的内容。

我们都知道有些父母，只会注意孩子不理想的表现，而不去赞赏他们所拿到的好分数。当孩子把得了四个 A 和一个 C 的成绩单带回家，父母会说：“怎么会拿 C？”父母注意的焦点，就只是那一个普通的分数，而不是其他四笔优异的成绩。不久前，我女儿莉亚的成绩开始退步，而我和桂儿便把注意力放在那些难看的成绩上，企图驱策她进步。让我们惊讶的是，她的其他科目成绩反而也开始退步了。所幸我和桂儿及时领悟过来，她的成绩就只是“她的”成绩。我们开始称赞她在哪些科目上表现优异，然后只是问她满不满意自己的成绩单。如果莉亚说：“满意。”即使她的成绩低于我们认为她应该达到的标准，我们也不会干涉。没多久，她的成绩就逐渐好转了，到现在已经好几年都全部拿 A。

批评，也可能是一种自夸

“我的工作就是抱怨和批判。”我曾听一些媒体人这么说，让我觉得很难过。我在大学念的是广播新闻，而我所学到的记者职责，就是报导真相、说明正在发生的事。但有些媒体似乎觉得，他们的工作是用鞭子狠狠地抽打别人。这么做是为了让人收听新闻或购买报纸，讲求的是收视率和营业额。大众应该要取得资讯，而不是受到操控，这是非常重要的。但批评却常被用来当成是左右他人、影响他人的方法。

我不是指我们不应该有影评、书评和剧评人。好的批评者（我比较偏爱“评论”一词）可以为我们省下时间和金钱，让我们知道一部电影、一本书或一部戏，是否值得去看。事实上，我发现有位影评人喜欢的电影和我的偏好颇为接近，既然他的工作就是看遍所有的电影，再加以报导，所以我认为他的评论很有用，也很信任他。在阅读评论时，我们都看得出来这个人是在评论、还是批评。昨天晚餐时，我读到本周上映的一部新片的评论，那位影评人引用了一大堆晦涩冗长的字眼和圈内人才懂的电影资料，却绝少述及电影本身的相关内容，就好像只是在说：“你看我有多聪明？”

批评就像其他的抱怨，也可能是一种吹牛、自夸的形式，等于在表示：“我的品味绝佳，你们提供的根本不能看。”看过《全民情敌》（*Hitch*）这部电影吗？在片中，凯文·詹姆斯饰演的角色和年轻的企业女继承人交往，这位女继承人身边尽是些势利的傲慢狂。在一场宴会上，宾客谈论着餐厅、电影、戏剧和艺廊的开幕式，这些谈话一律被两个年轻人冠以“倒胃口”之名。他们说：“我们看什么都觉得倒胃口——没有一样是够格的，因为我们是如此地风雅而有涵养。”

仔细听听自己在“有意识的有能”阶段所使用的言语，检视自己是不是在批评。要弄清楚，你会让自己批评的人事物继续维持原样，且永存不灭。当初我进入这个阶段时，称它是“我才不想动手环”阶段。我会开始讲话，而一旦我注意到心里有某种批评正在成形，只会淡淡地说：“我才不想动手环。”当你抓到自己又快要失败时，就试试看——你只要说：“我才不想动手环。”

如果你快乐，就按喇叭

这个阶段还有一件有助益的事可做，就是征求一位“不抱怨的伙伴”。

找一个也在挑战不抱怨目标的人，彼此鼓励、互相打气。注意：这个人不是要像掠食的老鹰一样，紧盯着你是否在抱怨、批评、说闲话；你也不是要在他们抱怨时提出指正。如果你这么做了，你就是在抱怨，应该要移动手环。确切说来，这个人要能和你分享成功，如果你得重来，他也会鼓励你继续下去。找一个能帮你以积极的态度重塑生活样貌的人，可以成为你的“守护天使”，帮助你去发掘眼前任何情境中的光明面和良善点。你需要一个啦啦队长——在你试图放弃时鼓励你的人，希望你能挑战成功的人。

大约八年前，我认识了一个人，他帮助自己深爱的人，重新扭转了许多人原本觉得悲惨无比的人生景况。一切都始于我在路边看到的一块告示牌。

那块告示牌是由破破烂烂的厚纸板做成，钉在一根像是五金商铺给人用来搅动油漆的棍子上。当时我正要上堤道，穿越南卡罗来纳州康威市外的沃卡莫河，而我注意到了这块告示牌。它被推挤到地上，置身于杂乱的垃圾与火蚁虫的窝之间，邀我一起这样做——“如果你快乐就按喇叭！”

做这块牌子的人也太天真了吧。我摇了摇头，然后继续往前开——我的喇叭安静无声。我不屑地对自己说：“真是胡言乱语！”快乐？什么是“快乐”？我从来不知道什么叫快乐。我只知道享乐。但即使在我最享乐、最成功的时刻，我发现自己还是在担心，什么时候又会发生坏事，把我带回“现实”。我心想：“快乐都是骗人的。”生命既痛苦又充满挑战，即使事情进展顺利，下一步必定又会有什么当头棒喝，飞速地让你从“快乐的幻想”中清醒过来。“或许死了就会快乐吧。”我心想，但我连这一点也不敢确定。

几周后的一个礼拜天，我载着桂儿和莉亚开车上了五四四号高速公路，要前往“冲浪海滩”去探望朋友。我们随着一卷《最爱童谣》的录音带开心唱歌，享受共度的时光。当我们接近堤道，要通过沃卡莫河时，我又看到了那块告示牌，而且不假思索地按了喇叭。

“怎么了？”桂儿问道，“路上有什么吗？”我说：“没有。路边有个告示牌说：‘如果你快乐就按喇叭’……我觉得很快乐，就按下去了。”

那块告示牌对莉亚来说，完全是合情合理，没什么好奇怪的。孩子们对于时间、报税的责任、失望、背叛或其他成人所背负的限制与伤痕，都没有什么概念；对她而言，生命就是当下，而当下就是要快乐。下一刻来临时，还是要快乐。那就按喇叭吧，庆祝这快乐的时刻。

当天稍晚，我们在回家的途中又经过那块告示牌时，莉亚尖叫了起来：“爹地，按喇叭，按喇叭！”在那时，我稍早之前期待与朋友同欢、享受和家人相处的愉快态度，已经改变了。我开始想到，隔天还有很多工作等着我去做，而且大部分的事都很伤脑筋。我的心情一点也不快乐，但我还是按了喇叭来满足女儿。

接下来发生的事，我永远也不会忘记。在内心深处有那么短暂的片刻，我觉得自己比几秒钟之前更快乐了一点——好像按喇叭会让我更快乐。也许这是某种巴甫洛夫式（Pavlovian）的制约反应吧。大概是听到喇叭声，会让我联想起上次按喇叭时的某些正面感受。

从那时起，我们只要经过那段高速公路，莉亚就一定会提醒我按喇叭。我注意到每次一按喇叭，我的情绪温度计就会提高温度。如果以一到十的等级来标示，而我原先感受的情绪等级是二，当我按喇叭时，我的正面情绪就会再增长几级。每次我们经过告示牌、而且按喇叭时，这样的状况总是屡试不爽。我开始只要经过这里就按喇叭，即使只有自己一个人时也不例外。

有一天，桂儿和莉亚回家时，笑得说不出话来，我意识到这一定和莉亚有关，但我不想让她难堪，于是就等她进房间之后，才问桂儿什么事那么好笑。桂儿还是暴笑个不停，一边喘着气告诉我：“今天下午，我在开车时一边和莉亚说话，同时又变换车道，不小心抢了别人的路。那辆车正好在我的视线死角内，我没注意到，差点就把那部可怜的车撞到路边。”

她又大笑了起来。我还是没听到故事的笑点。

桂儿继续说："那个驾驶者气得不得了，飞速地把车开到我们旁边，又比中指、又使尽力气按喇叭。"

我们开车时都会犯错，这可能是危险的失误，所以我不但关心妻子和女儿，也关心那辆车的驾驶者。我可不认为这是什么可以开玩笑的事，我老婆一定有点精神错乱吧。"这有什么好笑的？"我决心要探个究竟。

"那个人按喇叭的时候，"桂儿继续说，她注意到我在担心，于是努力镇定下来，"莉亚指着那个人说：'妈咪，你看，他好快乐喔。'"

我过了一秒才听懂，也跟着暴笑起来。孩子的观点是多么可贵啊！多亏我们有了那次告示牌的经验，对她而言，按喇叭只代表一件事：他好快乐。

我对着告示牌按喇叭所产生的正面感受开始扩张。我发现自己会期待开到那个路段，甚至在还没看到告示牌之前，我就觉得心里很快乐。往后，我只要一上五四四号公路，就注意到自己的情绪指数开始上扬。这段不长的道路，变成了让我的情绪返老还童的地方。

快乐，就在当下、就在你的周围

那块告示牌是位于高速公路的路肩上，旁边则是一些树林，把附近的房屋与堤道隔了开来。没多久之后，我开始很想知道，那是谁放的告示牌，又为什么要放。当时，我的工作是开车到客人家里卖保险。我和一家人约好了要碰面，他们就住在五四四号公路北边约一里的地方。当我抵达的时候，这家的女主人告诉我，她先生忘了我们有约，所以要重新订时间。有那么一刻，我觉得很气馁，然而当我把车开出那个住宅区，却发现这里刚好就是高速公路旁那排树林的另一边。我沿着公路旁行驶，估计着自己和"快乐"告示牌的距离，在我觉得快到的时候，就在最近的一户人家前停了下来。

那栋房子是灰色单层的组装式房屋，镶有暗红色饰边。我爬上阳台的肉桂色台阶，来到前门时，注意到这栋房子虽然简单素朴，但照料得很不错。我开始准备着，如果有人来应门，我该说些什么。“你好，我在这树林另一边的高速公路上，看到一块用纸板做的告示牌，不晓得你知不知道这块告示牌的事？”还是要说：“你们是‘如果快乐就按喇叭’的人吗？”我觉得有点尴尬，但那块告示牌对我的思维和生活产生了那么大的影响，我想多知道一些它的事。就在我按下门铃之后，我练习的这些开场白，根本就没有机会说出口。

“请进！”那人带着温暖、开朗的微笑说道。现在我真觉得尴尬了。我心想：“他一定是在等别人，而他以为我就是那个人。”尽管如此，我还是进了门，他则和我握手致意。我解释着，我在他家附近的高速公路上开了一年多的车，而且看到了“如果你快乐就按喇叭”的告示牌。据我估计，他家最靠近这块告示牌，所以他也许知道些什么。他笑得更开怀了。他告诉我，他在一年多前放置了那块告示牌，还说我不是第一个停下来询问这件事的人。

我听到不远处有辆车狠狠按了几声喇叭，他说：“我在本地的高中当教练。我和我太太都喜欢住在这靠近海滩的地区，也很喜欢这里的人。我们过了很多年幸福的日子。”他那清澈的蓝眼睛似乎要穿透了我的双眼。“前阵子，我太太生病了，医生说他们也束手无策，只有叫她处理好私人事务，还说她只有四个月的生命——顶多撑到半年。”

我对接下来的短暂沉默觉得不安，他则泰然自若，继续说着：“刚开始我们吓坏了，然后是很生气。接着我们俩抱头痛哭了好几天。终于，我们接受了她就快要结束生命的事实。她准备面对自己的死亡。我们把医院的病床搬回家里，她就这样默默躺着。我们两人都很伤心。”

“有一天，我坐在阳台上，她则在房里试着想小睡一下，”他继续说，“她非常痛苦，很难入睡。我觉得快要被绝望淹没了，我的心好痛。然而，我坐在那里的时候，听到有很多车子正要穿越堤道去海滩。”他的眼睛往上瞟向客厅的一角，片刻之后，才仿佛想起自己还在和人说话，摇了摇头，继续把故事说完：“你知道‘大海滨’（Grand Strand）——就是南卡罗来纳州沿岸六十英里的海滩——是美国最热门的观光景点之一吗？”

“呃……嗯，我知道，”我说。“每年有一千三百多万的游客会来到这里的海滩。”

他说：“没错。那你有过什么比度假更快乐的经验吗？你计划、存钱，然后和家人出远门去，共享一段欢乐时光，棒极了。”路过的车辆按了一声长长的喇叭声，打断了他。

教练想了一会儿，才又继续说：“我坐在阳台上想到，虽然我太太快死了，但快乐可以不必随着她死去。其实，快乐就在我们周围。每天有几百万辆车子行经我们家几百尺外的地方，那里就是蕴含快乐的所在。所以，我就放了那块告示牌。本来我也不抱任何期望，只是希望车子里的人不要把眼前这一刻视为理所当然。这个绝对不会再重现，和心爱之人共度的特别时刻，值得细细品味，他们应该要好好领会当下的快乐。”

好几种不同的喇叭声，迅速而连续地传了过来。他说：“我太太开始听到了喇叭声。刚开始只是听到零星几声而已，她问我知不知道是怎么回事，我就把告示牌的事告诉她。后来，按喇叭的车子数量逐渐增加，这好像变成了她的良药。她躺在房里时，只要听到喇叭声就觉得很欣慰，知道自己不是孤单地在阴暗的房间内等死。她也享受着全世界的快乐。快乐真的就在她身边。”

找一个互相支持的不抱怨伙伴

我沉默地安坐了片刻，细细思量他所分享的内容。多么激励而动人的故事啊！“你想不想见她？”他问。我有点惊喜地说：“好。”我们聊他太太聊了这么多，我不禁开始把她想象成某个精彩故事中的角色，而不是真实的人物。我们经过走廊，来到她的房间时，我做好准备，不想让自己显露出被这位等着我的病危妇人吓到的模样。但当我走进房间，看到的却是一位似乎在装病的微笑妇人，而不是来日无多的垂死之人。

外面又传来一阵喇叭声，她说：“那是哈里斯一家人。又听到他们的消息真好，我很想念他们。”我们打过招呼之后，她说起自己现在的生活就和从前一样丰富。除了大白天，再加上一整个夜晚，她听到各种喇叭发出了数百次啁啾、鸣放、泣诉、怒吼或鼓噪的声音，告诉着她：在她的世界里还有快乐存在。她说：“他们不知道我躺在这里听，但是我认识他们。我现在只要听喇叭声，就认得出那是谁。”她脸红了起来，又继续说：“我还替他们编故事。我想象他们在海滩边嬉戏、或是去打高尔夫球。如果是下雨天，我则想象他们去水族馆参观或逛街购物。晚上，我想象他们去游乐园玩、或是在星光下跳舞。”她的声音逐渐微弱起来，就在快要睡着的时候，她说道：“好快乐的生活啊……真是好快乐、好快乐的生活。”

教练对我微笑，我们俩起身走出卧房。他默默地陪我走到门口，但就在临走之际，我突然想到一个问题。“你说医生宣判她最多只能活六个月，对吧？”

“是，没错。”他的微笑透露着，他似乎知道我接下来想问什么。

“但你说，你是在她生病之后好几个月，才放了告示牌。”他说道：“对啊。”

“而自从我开车经过看到那块牌子，已经一年多了。”我做了总结。

他说“没错。”然后又加了一句：“也希望你很快能再回来看我们。”

告示牌又摆了一年，然后有一天，它突然消失了。“她一定过世了。”我开车经过时，忧伤地想着。“至少她临终前很快乐，而且战胜了微乎其微的存活几率。她的医生应该会很讶异吧？”几天后，我又开上五四四号公路要前往海滩，而有史以来第一次，当我快到达桥边时，是感到难过而不是快乐。我再仔细检查了一次，猜想着也许是风雨终于摧毁了那块徒手做成的纸板告示牌。但它真的不见了，我觉得心头一沉。

当我接近堤道时，注意到有个东西振奋了我的精神。原本置放着小纸板和油漆棍的地方，现在有了新的告示牌。这块告示牌有六尺宽、四尺高，底色是明亮的鲜黄色，边缘还装着闪烁的明亮小灯。告示牌上则以斗大醒目的字体，写着熟悉的那句话："如果你快乐就按喇叭！"

我的眼泪在眼眶里打转。我按着喇叭，让教练和他的妻子知道我经过这里了。"那是威尔。"我想她将带着会心的微笑这样说道。

在心爱的丈夫支持下，这位了不起的女士并没有将注意力放在自己面临的现状——经由医学专家证实的现状，而是一直关注着身边发生的好事。这也使她战胜了渺茫的存活几率，得以拥抱生命、接触到上百万不同的人们。

你也可以像这样，成为另一个人的精神支柱，一个借由停止抱怨，而致力改变生命的人。找一个你可以为他打气加油、他也愿意为你这样做的人。你们俩一起努力，就可以促成改变。

·不·抱·怨·观·念·

■批评是带着利刃的抱怨，通常是针对某人而发出，意图贬低此人。没有人喜欢被批评，当我们批评某人时，对方会觉得遭受不公平待遇，有必要为自己辩解而反击，所以我们的批评往往只会扩大、却不会消弭被我们批评的事端。

■每个人共有的需要，就是获得注意、受到重视，而且会以各种方式设法去获得注意。如果这种注意带有批评意味，我们也会向下修正，以达到批评者的负面期望。

■我们对他人的观感，决定了他们在我们面前会呈现出什么样貌；我们的言语会让对方知道，我们对他和他的行为有着什么期望。如果言语中带有批评，他的行为就会如实反映我们所批判的内容。

■批评就像其他的抱怨，也可能是一种吹牛、自夸的形式。

·不·抱·怨·行·动·

■仔细听听自己在“有意识的有能”阶段所使用的言语，检视自己是不是在批评。一旦注意到心里有某种批评正在成形，就快要失败时，试着说：“我才不想动手环。”借此来提醒自己。

■征求一位“不抱怨的伙伴”。找一个也在挑战不抱怨目标的人，彼此鼓励、互相打气。这个人要能和你分享成功；如果你得重来，他也会鼓励你继续下去。他是一个能帮你以积极态度重塑生活样貌的“守护天使”，可以引领你去发掘眼前任何情境中的光明面和良善点。

Part 4

无意识的有能

▶ 臻入化境

▶ 二十一天的优胜者

臻入化境

凡所行的，都不要发怨言。

——《新约圣经》《腓立比书》2：14

让心中的抱怨工厂关门大吉

所谓的“盲眼鱼”，有好几个品种，其中大部分都可以在美国密西西比三角洲一带的石灰岩洞穴区找到。成年的盲眼鱼身长五寸，几乎没有什么色泽，且只有一个品种是有眼睛的。科学家推测，可能是多年前大陆块或水道发生变化，使它们只能受困于洞穴中生存。由于完全被黑暗包围，什么也看不见，这些鱼逐渐适应了洞穴的环境，如今则在全然的黑暗中兴盛繁衍。

经过世代的繁衍，盲眼鱼身上能保护鱼皮不受日晒的色泽已不复见，因为再也派不上用场了。同样地，盲眼鱼也不必靠眼睛来生产鱼苗。在没有光线照射、也不需要视力看东西的情况下，盲眼鱼的身体因应其生存环境的特性，也不再生成色泽或眼睛。

在你花了几个月的时间，努力做个不抱怨的人之后，你会发现自己已经改变了。正如盲眼鱼在世代繁衍之后，没有用处的器官和功能就会退化、消失，你也将发现，自己的心灵不会再制造那些你曾习以为常的愁苦洪流。因为你不说，让怨言无处窜流，你心中的抱怨工厂也就关门大吉了。你已经旋紧栓塞，水井也干涸了。

借由改变自己的言语，你已经重塑了自己的思考模式。对你来说，你已经可以“无意识”（毫无所觉）地达到“有能”（不抱怨）状态；你已经脱胎换骨，也变成一个更快乐的人。

在我们推行“不抱怨”计划之初，就决定要授予“快乐证书”，给所有连续二十一天不抱怨的成功者。我们选择颁发“快乐证书”，而非“不抱怨证书”，是因为我们知道，减少抱怨对于一个人的意识与认知，将造成强而有力的影响。不抱怨不仅会改变我们的行为，还会改变我们的心灵和生活。一旦你挑战成功了，请上我们的网站：www.AComplaintFreeWorld.org，我们会很乐意寄发证书给你，庆祝你的转化重生。

为小事感恩，为生命喝彩

在“有意识的有能”阶段——这个“后二十一天”阶段，你不再是注意伤害而喊“痛”，而是把心思都放在你想要的东西上。你也开始注意到，不只是你自己更快乐了，连周遭的人们似乎也是这样。你会吸引那些乐观向上的人们，你的积极天性将激励身边的人进入更崇高的精神与情绪层次。以甘地的论点来说，你本身就是你希望在世界上看到的改变与转化。当一切进展顺利时，你的立即反应是：“当然会这样！”当困难出现时，你不会对其他人提起，让它有扩散的机会，而是开始寻找其中隐含的祝福。而且你寻找，就必寻见。

真诚的分享

复原之路上的无怨勇士

四年前，我那做警察的二十三岁长子，在开车时发生脑出血意外。细节在此不多描述，总之这是段漫长的旅程，但一路走来，我们全家始终以信靠上帝及无条件的爱来面对。

班正在复原当中（所有的医生都说他熬不过来），也心平气和地接受自己的残疾——这对我们所有人来说，都是一项要修习的功课。而神的恩典也在他心中满溢而滋长着。

班有轻微的失语症，右半身失去行动能力，有些反应也比较迟缓，但他持续在进步着——而且他从不怨天尤人。这就是我们需要手环的原因。如果班可以无怨无艾地背起自己的十字架，我们其他人当然也行。我希望那些在复原之路上帮助过班的人，都能够拿到手环。

非常感谢您，同时要祝您幸运，能顺利完成使命，您和贵教会已经造成了莫大的影响力！

——康乃狄克州史东宁顿市，诺琳·凯波

你还会注意到另一件事，那就是当周遭的人开始抱怨，你竟然会觉得很不舒服，彷佛有一股非常难闻的气味突然飘进室内。因为你已经花了那么多时间检视自己、对抗抱怨，所以当你听见别人口中吐露出怨言时，就好比在神圣的宁静时刻里出现了嘈杂的铙钹声。然而，即使旁人的牢骚听来很不顺耳，你也觉得没有必要指正对方，而只是观察着这样的现象。因为你既不批评、也不抱怨，对方也不必为自己的行为辩解，抱怨于是很快就止息了。

你会开始为了最微不足道的小事而感恩——就连以前觉得理所当然的事也不例外。以我自己而言，还曾这样想过：“要是我最后一次梳头时，就知道这是最后一次有机会梳头，我就更能享受这段时光了。”（如果你不懂，请看看我在本书封面勒口上的照片吧。）当你稳定地处于“有意识的有能”状态，你心中的预设立场就会是欣赏与感恩。你仍然有自己渴求的目标，而且这样很好。现在，带着新发现的正面能量，你仍然渴求的目标会在你心中具体成形，而且你会明白，就算是现在，这个目标也正朝着你移动前来。

你的财务状况也可能跟着改善。钱本身并没有价值，只是一些代表价值的纸张与硬币。当你更加看重你自己和你的世界，你就会展现某种影响力，也为自己招揽更宽广的财源。大家会想给予或提供你一些以往你可能要付费购买的东西。我认识的一个人，就接受了好几种免费的专业服务，因为提供这些服务的人们喜欢他、也想支持他。同样的事也可能发生在你身上，而关键秘诀就是要认真看待任何最微不足道的小事，并且时时感恩。如果有人为你扶住门、或好心帮你提东西，都要当成是这个宇宙丰盛的祝福，而如此一来，你也会引来更多祝福。

做个积极、快乐的工作者

和积极、快乐的人相处，自然是很开心的事。既然你就是这样的人，另一种改善你财务状况的渠道，可能就是加薪或工作保障。

在职场上，我们是凭着做事的能力或缔造的作为来领取薪水；我们的所得多寡，大多取决于本身专业才能的高低。然而，一个在办公室里散播阳光和喜乐的人，则具有黄金般贵重的身价。我知道在华盛顿州西雅图的一家企业，有位接待人员名叫玛莎，她有着我所见过最开朗、最灿烂、也最真诚的微笑。她总是不吝赞美、衷心喜悦，愿意为任何人做任何事。在办公室里，你时时可以感觉到她的存在，而每个人也都发现，自己因为玛莎而变得更愉快、也更有创造力了。

前阵子，我顺道路过这家公司去探访朋友，却感觉这里有点不一样了。好像有人用了比较暗的颜色粉刷墙壁，或是照明出了什么问题——这是我站在接待区时的感觉。后来我才发觉玛莎不见了。“玛莎呢？”我问道。有人说：“她被竞争对手挖角了，薪水是我们这边的两倍多。”她四处张望了一会儿，才又追加一句：“那家公司赚到了。”玛莎快乐昂扬的性格所散发的热力，影响了这家公司的每个人；而她的离职，则使全体员工的快乐程度和生产力都降低了。业务员说，当玛莎不在场接电话时，客户的抱怨不仅增加了，也变得更为激烈。

你的态度，也就是你内在思维的外在表现，决定了人们和你之间的关系。不只是人，连动物也是如此。我在写这段内容时，我们家的两只狗正激动地对着驶入社区的 UPS 快递卡车吠叫。他们之所以吠叫，不是要阻止那位快递司机把车停在我们家门口，而是希望他会停在这里。这位快递司机不像其他怕狗、或是不想理狗的快递员，他决定要记住这条路上每只狗的名字，甚至还带零食给它们吃。这听起来可能很蠢，但我们家的狗真的很爱这位司机。他的用意很单纯，就是想做个快乐而能提供帮助的人。比起 UPS 播放了上千次，问着“我们能为您做些什么？”的电视广告，这位司机的贴心服务，更能博取我们对这家快递公司的好感。

如果他有志于管理工作，可以想见，这位快递员有一天将成为 UPS 的领导者。我们都希望身边围绕着能让每一天都不同凡响的人们，而这些人也最有可能在未来获得晋升。

将不抱怨的美德传承下去

成为不抱怨的人，还能获得另一份最重要的礼物，就是你在当下和未来对家庭造成的影响力。无论是好是坏，我们通常都会拿身边的人作为自己的榜样。之前我们也曾讨论过，我们会被他人的能量曳引，特别是我们认定的权威人物，例如父母。

我还记得我爸爸在厨房忙碌的模样。他每次做菜，都会拿一条擦碗盘的抹布挂在左肩上，而且称它为“左肩烹饪巾”。他总是挂着这条烹饪巾，这样要从炉子上端起热食、或是要擦掉手上的东西时，就能派上用场。现在，只要我进厨房做菜，你也会看到我挂着自己的“左肩烹饪巾”，而且绝不会在右肩上，一定是在左肩。爸爸以前这样挂，现在我也这样挂。或许我爸爸也是看他爸爸这样做，就跟着挂起来了——谁晓得呢？我只知道，这是我从他身上学来的习惯。他从来不曾刻意把这独特的作风灌输给我，但他的身教确实发挥了效果。而我也明白，无论有意还是无心，我随时随地都在对莉亚进行传承。

我发现，在我们还未进行不抱怨的生活行动之前，我都在教导莉亚——全家人的晚餐时间，就是抱怨和八卦时间。我做了她的坏榜样，而一般人也是如此。而现在，我感到非常欣慰，我们在晚餐桌上谈的尽是喜乐的福分和光明的远景。这才是我想传承给她的，而她也将以身作则教给她的孩子，世世代代绵延下去。把全家团聚的时间变成一段欢欣、快乐的时光，而不是在抱怨当天如何诸事不顺。我确信我们的生活会更加美好，因为我们不是每天都在寻求（也因而找到了）负面的事件或遭遇，以确保当天晚餐时有话题可聊。

身为一个不抱怨的人，你也可以花更少的心力，就招致更多你想要的东西。还记得我们教会里那位带来一堆抱怨清单的姐妹吗？在我处理过几张清单后，我才明白，无论我做了多少，她都能挑出更多的毛病。不知不觉地，我打从心底强烈抗拒她所要求的任何事，而且也开始讨厌她，因为我们怎么做她似乎都不满意。她提出的建议即使再好，我们也束之高阁，因为我觉得要是做了，只会惹来更多抱怨和批评。当我不再理会她，而且拒绝讨论她对教会的不满和责难，她就不再把抱怨清单拿给我了。

有意思的是：当她停止这样的行为，她先前提出的每个建议，我们几乎都慢慢开始采用了。不是因为她抱怨，而是她停止抱怨了，我们才采纳她的建议。我们会做这样的改变，是因为我们觉得这些改变合情合理。但之前有好长一段时间，我们却连考虑都没有，就把这些建议搁置一旁，因为我们对她的要求有着负面的反应——我们觉得被攻击了，于是便以忽略她的要求来作为回应。

现在，你是个更积极的人，会谈论自己想要的事物、而不是抱怨不要的东西。大家都想和你共事或为你工作，而你会缔造更高的成就、得到更多的收获，远胜过自己梦想所及。给它一点时间，同时仔细观察，这一切就会发生。

不要让抱怨操控你、支配你

“那我所强烈关注的社会议题呢？”常有人会这样问我，“如果我不抱怨，要怎样才能造成积极的改变呢？”再重申一次，改变源自于不满，只要有人像你一样，发现事情现况与理想状态之间有所落差，改变就会发生。不满只是开端，却不能成为结果。如果你抱怨某种状况，你或许可以吸引其他人跟着你嘀咕、抱怨，却发挥不了多少作用。然而，如果你能开始描绘挑战不复存在、落差已经填补、问题也获解决的光明愿景，你就可以振奋人心，促使人们做出积极、正面的改变。

在《灵魂的座位》（*The Seat of the Soul*）一书中，畅销作家盖瑞·祖卡夫（Gary Zukav）写道：“抱怨是一种操控的形式。”我有个朋友是另一个教派的牧师，他的所属教会找来了一位顾问，要帮助他扩展教会。顾问说：“找到他们害怕的东西，用那个东西激怒他们，他们就会对别人抱怨这种状况。这样会让他们团结一致，找更多人进来。”这套方法似乎有违我朋友正直的人格，他认为自己的教会应该是去帮助有需要的人，而非激怒一群暴民。他打电话给另一位牧师同事，询问这种恐惧和愤怒的技法，在他的教会里实行的成效如何，另一位牧师说：“非常好。带来了好多新朋友。问题是他们是一群惊惶又愤怒的人，一天到晚都在抱怨——现在我已经被他们整得焦头烂额了。”后来，我的朋友辞去了这个教会的资深牧师职位，成为医院的牧师。他现在活得很正直、也很快乐。

前几天晚上，我和家人在看罗伯特·普瑞斯顿（Robert Preston）主演的经典电影《音乐人》（*The Music Man*）。在片中，普瑞斯顿饰演肆无忌惮，讲话有如连珠炮的推销员——哈洛·希尔教授，负责兜售乐团用的乐器。他来到爱荷华州，向他的老友——由巴迪·哈克特（Buddy Hackett）饰演——问道：“这城里有什么东西，可以让我用来激怒大家？”哈克特告诉他城里刚送来了第一张台球桌，普瑞斯顿便开始宣扬，玩台球会彻底败坏道德，使全镇陷入恐慌。当然，要解决台球游戏所招致的“道德败坏”和“集体歇斯底里”问题，就是让年轻人全都加入乐团。希尔教授将乐器和制服卖给每个人，因此扭转了颓势。他为了自身的利益而煽动抱怨的焰火，操控了城里的人民。

祖卡夫说得很正确。抱怨想要操控你的能量。既然你已经是个不抱怨的人，当有人想使用负面的言语来试图操控你，你就会警觉到，而且设立安全的界线来保护自己。当你听到这样的言论，你知道那是抱怨——而只要是抱怨，就和麻烦脱不了关系。

处理你的感觉，但不要去解释问题

有人会说：“可是有些精神科医师相信，抱怨是健康的。”我说过，偶尔抱怨（表达哀伤、痛苦或不满）的确合情合理。向实际帮得上忙的人表达自己的哀伤、痛苦或不满，确实是健康的——只要你的做法，是去设定未来期望的结果，而不是拿过去的往事攻击人就好。

和心理学家或其他咨询人员谈论生命中的挑战与困难，以借此度过这些难关，也可能是健康的做法。好的心理学家能赋予这些事件意义，并针对未来的理想生活提供希望和建设性典范。然而对朋友抱怨——通常被称为“发泄”，可能只是让自己放纵负面情绪的藉口，将招致愈来愈多的问题。更别说是和态度消极的人们为伍，更容易近墨者黑。

有时候，我们都需要“处理”生活中发生的事件，才更能掌握当前面临的情境。“处理”和“抱怨”是不同的两回事。“处理”是分享你对已经发生的事件有何感受，而不是去重塑这些事件。如果老板对你大吼大叫，你可能想和另一个人谈论这个经验，分享自己的感受。“她对我大吼大叫时，我觉得又惊讶又难过。”当你在“处理”某项经验时，要确定自己说的话都是聚焦于你的感受，而不是你对这件事的解读和说明。使用诸如以下的措辞：

● 生气 ● 难过 ● 高兴 ● 快乐 ● 愤怒● 害怕 ● 欢喜

“你这么做，让我很愤怒。”这句话里包括了你的经验，而且也正在处理这个经验。“你这样做，让我觉得你是个混蛋。”就只是责难，却在言语攻击之前放上了“我觉得”。你的感觉就是最好的指标，显示出你本着最理想的自我来过人生的成效如何；和另一个人讨论自己的感觉，不旁述背景故事或是谁说了什么之类的情节，也是很健康的事。

即使是寻求治疗专家的协助，不要耽溺于任何痛苦的经验太久，也是很重要的。一项心理学研究发现，去谈论神经质的症状，确实会让这些症状加剧、变多。好的治疗专家会知道，该花多少时间和精力来处理过去，帮助你运用已经发生的一切，创造更令人向往的未来。

现在，你正坐在驾驶座上，要驶向你一直梦想打造的未来。不仅如此，只要坚持这样的意念，只讲述你希望如何发展的结果，你就能在短期内达成目标，比你原本以为要耗时费年的速度快上许多。

史蒂芬·迪亚兹（Steven Dietz）的剧作《小说》（*Fiction*）中，有一个角色论道："作家不喜欢写作，他们喜欢写作完成的结果。"同样地，人们也不喜欢改变，却喜欢改变后的模样。你已经付出了意愿、时间和精力，不断地移动手环，而且一再重新尝试。你是一个新造的人，你已经改变了。奥利弗·温戴尔·霍姆斯（Oliver Wendall Holmes）说过："被新观念拓展过的心灵，绝不会再缩减为原本的规模。"你已经成功了。

如果你在阅读这一章时，还没有成功地做到二十一天不抱怨，就让本章作为这一天即将来临的应许吧。你可以做到的。在下一章，你将听见完成二十一天不抱怨挑战的人们有何心声，以及这项活动对他们所蕴含的意义。

·不·抱·怨·观·念·

■努力做个不抱怨的人之后，你会发现自己改变了。因为你不说，让怨言无处窜流，你已经重塑了自己的思考模式，脱胎换骨变得更快乐。

■你已经是个更积极的人，会谈论自己想要的事物、而不是抱怨不要的东西。你会吸引那些乐观向上的人们，也会帮助身边的人进入更崇高的精神与情绪层次，大家都想和你共事或为你工作，而你会缔造更高的成就，远胜过梦想所及。

■当进展顺利时，你的立即反应是："当然会这样！"当困难出现时，你不会对其他人提起，让它有扩散的机会，而是开始寻找其中所隐含的祝福。而且你寻找，就必寻见。

■当周遭的人在抱怨，你也觉得没有必要指正对方，而只是观察着这样的现象。因为你既不批评、也不抱怨，对方也不必为自己辩解，抱怨很快就止息了。

·不·抱·怨·行·动·

■认真看待所有微不足道的小事，并且时时感恩。如果有人为你扶住门、或好心帮你提东西，都要当成是这个宇宙丰盛的祝福，如此一来，你也会引来更多祝福。

■把全家团聚的时间变成一段欢欣、快乐的时光，而不是在抱怨当天如何诸事不顺。这样我们的生活会更美好，也能把不抱怨的美德传承下去。

■“处理”和“抱怨”不同。“处理”是分享你对已经发生的事件有何感受，而不是去重塑这些事件。当你在“处理”某一项经验时，要确定自己说的话都是聚焦于自己的感受，而不是你对这件事的解读和说明。

■不要让抱怨操控你、支配你。如果你不满某种状况，就应该开始去描绘挑战不复存在、落差已经填补、问题也获得解决的光明愿景，以促使人们做出积极、正面的改变。

二十一天的优胜者

为了享受拥有自我的特权，付出极高代价也不为过。

——尼采

“但是，抱怨难道不健康吗？”

当我为“不抱怨”运动接受采访时，媒体通常会把我与一些肯定抱怨能促进健康的心理学家相提并论。每当遇到这种情况，我都会告诉他们，我不是要改变别人。如果有人想要抱怨，祝他们成功！说得更清楚一点，如果有些事情需要纠正，我并不赞成保持沉默。不要克制压抑、不要闷在心里，只要确定你是在陈述事实，而不是让你的话语隐含着“你竟敢这样对我？”等负面意义就好。

说到健康，我不禁要怀疑，有些心理学家是否以为自己的工作就是倾听人们抱怨，而不想坏了自己的生计。正如我之前提到的，好的治疗专家应该是要借着重新诠释过去的创伤事件，来帮助你治愈心理阴影，以拥有更快乐的现在和更光明的未来。

我不是心理学家，我甚至从未在电视上扮演过心理学家。我在这方面的经验，是来自于我弃绝了抱怨所造成的人生蜕变，而许多人给我的分享也让我深获启发——他们在不抱怨之后，都变得快乐、健康多了。对我来说，如果抱怨能让我们健康，那我们国家——美国——的人民，就应该是全世界最健康的人们。然而，医疗系统堪称全球最庞大的美国，每年的心脏病死亡人数，要比其他百分之九十三的国家还高。美国人还面临着高血压、中风、癌症与其他各种疾病（disease）的威胁——“disease”这个词拆开来看，就是“不舒服”（dis-ease），你发现了吗？

路易斯维尔大学（University of Louisville）的心理学家麦可·康宁汉博士（Micheal Cunningham, Ph.D.）指出，人类偏好抱怨的倾向，可能是从先祖在部落遇难时所发出的一种警戒性呼叫进化而来。“哺乳类动物是一种会尖叫、哭闹的物种。”康宁汉博士说：“我们会声张自己的烦扰，以取得帮助、或是寻求众人支援来进行反击。”如今，我们已不需要用激烈的抱怨来自我防卫，但抱怨还是在演化过程中保存了下来，这是因为就如之前所讨论的——我们仍想从抱怨中获得心理上与社会上的助益。

当我们抱怨时，就是在说：“事情不太对劲。”当我们经常抱怨时，就是持续活在“事情不太对劲”的状态，因而增加了生活中的压力。试想若有人经常对你说着：“注意啊！”“小心喔，会有坏事发生。”或是“从前发生过不好的事，就代表往后会有更多坏事降临。”如果有人不断指出你的周遭潜藏着危机与陷阱，你的生活难道不会倍感压力吗？当然会。

所以，如果你经常抱怨，那个按响警铃的人就是你自己。你是在借由抱怨加重自己的压力；你在说着“事情不太对劲”，而你的身体也会随着压力出现相应的变化。谈到集体的压力，我想起了我大学母校里的军校生——每当低年级生在路上遇见高年级生时，都要做出“挺直立正”的动作。所谓的“挺直立正”就是：军校生必须将双臂贴住身体两侧，缩下巴、绷紧身体，像是准备要作战的状态。

而抱怨的时候，我们的心思专注于不对劲的地方，我们的身体也会跟着有反应——我们不是“挺直立正”就是全身紧绷。我们的肌肉会纠结成块，心跳加速、血压升高。你觉得这样健康吗？

二〇〇六年二月在富比士网站上发表的一篇文章指出，美国销售量最多的药物排行榜中，前七名——没错，就是这样——全都是用来治疗因压力过重所恶化的疾病。光是二〇〇五这一年，美国在治疗忧郁症、胃痛、心脏病、气喘与高胆固醇的药物上，就花费了三百一十二亿美元。

你也许会认为："好，我了解抱怨会增加压力，而压力会导致心脏病、忧郁症及胃痛，但可不包括气喘与高胆固醇。"——真是这样吗？二〇〇五年十一月的《健康心理学》期刊（Health Psychology），发表了伦敦大学学院（University College London）的心理学家史戴托（Andrew Steptoe）及其同事所做的研究，详细检视了压力对于胆固醇的影响。在这项实验中，史戴托博士与助手们让一组受试者处于充满压力的环境中，并测量其胆固醇指数。在历经压力事件之后，他们发现受试者的胆固醇指数都明显上升了。压力的确会升高胆固醇。

至于气喘，美国医疗网站WebMD的哈菲尔德（Heather Hatfield）说："当我们的焦虑（压力）程度开始往上爬升，气喘症状可能会急剧加重。"压力让气喘快速恶化，而抱怨则会提高受压的程度。

我认为，抱怨并不健康，事实上，抱怨还有害于健康。但先别太在意我的说法，我想要以"二十一天的优胜者"——完成二十一天不抱怨挑战的人们——所分享的心得，作为最后的总结。

以不抱怨回应生命中的挑战

——乔伊斯·卡西欧（作家）

如果一年前有人问我："你是经常抱怨的人吗？"我会马上回答："喔，不是，我不是。我很少抱怨。"然而，更恰当的答案应该是："对，我是个会抱怨的人，但我完全没注意到自己有多常抱怨，而且我的牢骚还有那么多。"

我完全没注意到自己有多常抱怨，是因为我脑海里有一套〇～十分的抱怨程度评级标准——十分代表“一直抱怨”，而〇分代表“从不抱怨”。根据这套标准，我觉得自己不太需要再改进，因为我不认为自己有十分、或是超级爱抱怨，而比较像是中等程度的抱怨者——可能是五分，或者情况比较棘手时，就是六分。然而，我完全没有察觉，这种评分方式也无法显示的问题就是：无论我的抱怨程度是高是低，对我与我的人际关系都是有害的。

在二〇〇六年夏天，我第一次明白自己有多常抱怨。我在二〇〇四年创立的事业，在那时似乎快撑不下去了。我身边最亲近的人都怀疑我是否能成功克服难关；我感到气馁、忧郁而消沉——主要是对我自己的表现。我与别人的谈话内容总是耗人心神，因为我把大部分的精力都花在为自己的事业处境辩解，并且一直强调我所承受的负面经验和辛劳艰苦。

最后，我对自己的言谈厌恶了起来，于是决定以一种安静的隐退方式，让自己休息一下。我需要远离每一个人。我每天写日记，然后到了七月底的某一天，我开始写下我的话语对自己造成的伤害，因为它们并没有对我或任何人给予正面肯定。我了解到，抱怨只是在描述哪些事情让我觉得很烦扰，而不是直接表明这些问题并加以解决。我也把抱怨当成借口，来决定要不要采取某些行动。我第一次明白，抱怨是如何阻碍我做出人生中深具意义的决定。基本上，抱怨让我无法与别人进行直接坦诚的沟通，也包括和我自己。

反讽的是，就在同一个星期，有一位威尔·鲍温牧师，在我不知道的情况下，给了我们的教会一些“不抱怨”手环，请大家来实践连续二十一天不抱怨的运动。当我几周后回到教会得知此事，觉得非常兴奋，便马上开始戴起手环。

我要很高兴地向大家报告，我真的做到连续二十一天都没有抱怨了。直到今天，我仍然继续戴着手环，除了时时提醒自己之外，也代表对这个运动的支持，它正改变着许多人的生命。

自从我实践二十一天不抱怨之后，发生了什么事呢？

- 我的人生变得更充实、更快乐。
- 我的事业也出现前所未有的光明前景。
- 我的人际关系变得更正面，生活中和人际上的冲突也变少了。

我仍然继续面对着许多充满挑战性的事件和情境，但与过去不同的是，我已经改变了对事情的反应方式，而这也逐渐改变了结果。如今，我与自己和他人的沟通都变得更加直接无碍。不抱怨改变了我的人生，而任何愿意尝试的人，都将获得这样的改变。

不抱怨带来健康与欢乐

——凯西·派瑞（代课老师）

我在四月二十四日完成了二十一天不抱怨的挑战。去年七月，当鲍温牧师第一次介绍这个运动时，我就开始戴上紫手环。在这个过程中，我曾经放弃又重新开始好几次。光是要做到一整天不抱怨，就花了我好几个星期。直到二〇〇六年十月，当我丈夫也开始戴上手环时，练习不抱怨就变得容易多了，因为他的加入，让我们可以彼此支持，一起面对挑战。

这项挑战拓宽了我的视野，让我认清自己的抱怨，也使我注意到自己的思想与言语。一旦我明白自己真正在意的焦点是什么，就能改变角度，来看待自己、别人和我每天所遭遇的各种处境。我一直在转化，从每天反复叨念着“我好累”“我睡眠不足”或是“时间永远都不够”，变得睡眠安稳、而且心情愉快。

当我改变了注意的焦点，保持积极的态度就变得容易多了，生活中正面思考的雪球愈滚愈大，我的心情也继续愈来愈好。现在我睡得好多了、也更有活力；我觉得比较快乐，也愈来愈能放松。我和家人的关系也改善了，在我们平日的对话，称赞要多过于埋怨，我们的家变成了一个平静安适的所在。

完成挑战并非易事，要做到不抱怨的第一天，必须花费相当的时间与心力。但当你改变了习惯与思考，就会变得容易得多。而不停尝试是成功的关键。对我来说，这项挑战不只是让我停止抱怨，也使我把抱怨转化成感恩，为自己拥有的福分所庆幸。我会去注意好事，而不是只看到有什么应该抱怨。

请叫我“阳光先生”

——唐·派瑞（桥梁设计师）

我太太在去年七月展开不抱怨的挑战，当她告诉我这件事时，我觉得很有意思。我注意到她改变了很多，因此在二〇〇六年十月，我也开始戴上紫手环。八周之后，我才达到一整天不抱怨的目标，到了二〇〇七年四月十八日，我终于完成了二十一天不抱怨的挑战。

在过程中，我发觉抱怨会严重影响自己的心情，让我以相当悲观的角度看待许多事情。知道别人对我的负面态度做何感想时，我觉得非常惊讶。有一天工作时，老板问起我戴的紫手环，我告诉他这是为了要挑战不抱怨，他高兴地说：“唐，当你吼人骂人的时候，还真是蛮可怕的。”当我把这件事告诉家人，他们也同样觉得，当我在看报或看电视发火臭骂时，的确很吓人，很多时候他们都真想逃开。

现在我了解到，自己的愤怒与抱怨，都是源自于我对工作没有安全感。由于我不确定是否能把工作做完，我会对愿意倾听的人抱怨工作量太多、或是完工期限快要逼近了。万一我无法完成工作，是否就意谓着我的工作能力不够好？因为我对工作又害怕、又生气，所以就只好抱怨。但如今我明白，要做的事总是很多，我只要尽力去做就好了。

这份领悟让我得以面对一个事实：我无法控制工作上及生活中的其他领域会发生什么，而抱怨也无济于事。我发觉当我愈少抱怨，我就愈不担心。放下过度的忧虑，让我更能享受家居时光，也更能纯粹地放松自己了。

不抱怨运动帮助我改善了工作上的人际关系和家庭生活，让我变得更快乐。我的负面反应带着毒害人心的扩散因子，但我新学到的正面态度则具有疗伤止痛的感染力量。它所带给我的快乐只会愈来愈全面。现在，我的老板都叫我“阳光先生”呢。

拓展幸福的空间

——玛西雅·达拉（教会办公室主任）

鲍温牧师在教会中邀请我们实行二十一天不抱怨的运动，所以我在七月二十三日开始戴上不抱怨手环。当时我想：“这有什么难的呢？我是一个乐观的人，我有幸福美满的家庭，我也热爱我的工作——我可是在耶稣教会联盟工作呢！二十一天……太简单了！”

然后我戴上了手环，才真正注意到，从我口中竟然说出这么多负面的言语！这个发现真令我惊讶。一次又一次，在话才说一半时，我会停下来问自己：“我真的要继续讲下去吗？我的话能带来任何正面的效应吗？”而一次又一次地，我的答案都是：“不。”因为不停换手，所以我磨坏了两个手环，最后在十一月中完成二十一天不抱怨的挑战。

现在我仍戴着手环（就像戴戒指一样），提醒自己：言语是有威力的，我有责任明智地选择它们。我已经了解，这不是要把情绪闷在心里，戴着一副阳光女孩的面具。过去这几个月里，我必须要处理一些个人与家庭所遭遇的困难，但每当要说话之前，我会先想一想，然后在言语中表达出正面的意念和期许。我们是可以用积极的态度去处理棘手情况（与人物）的，而且最后的结果总是好得多！现在，就算我每天工作很忙，一切似乎都进行得更加顺利了。一些我常花时间相处的“朋友们”也离开了，因为我没什么好抱怨的，和他们之间也就没什么话好说。这也拓宽了容纳祝福的空间，我的平静感受正与日俱增，真是奇妙！

发现内心深处的良善

——马提·波因特（电脑技术人员）

自从我展开二十一天不抱怨的挑战，在四个月内对我帮助最大的就是：我更能接受和我价值观相左的人、以及我无法掌控的事件。我比较容易把事情想开一点了。我发现自己渐渐疏远了一些喜欢批评与挑错的朋友，去接近一些会往好处想的乐观朋友。而最美好的收获就是：我结交了好些志同道合的新友伴，如果不去接受这二十一天的不抱怨挑战，我可能永远也不会和他们相识。

做到二十一天不抱怨之后，我发现了自己内心的良善，这是我从来不敢相信的。虽然没有人能一直表现完美（我承认自己偶尔也会故态复萌），但在这二十一天的挑战中，我已经学会不要太在意人与环境的缺陷，所以也更容易发现自己内心的光明面了。

当我写到这里时，我九十三岁的母亲正躺在家里的床上，等着跟随她已逝的父母与许多她深爱的人，步入生命的终点。她的体重大约只剩下三十六公斤，而且一个多礼拜都没有进食了。母亲是如此虚弱而无助，这样的情况一直让我感到非常痛苦，而我也一直拼命压抑着自己对上帝的抱怨。直到我开始实践这项运动，从中学到了许多功课，情况才有所转变。而我记得其中一项功课就是求助，因此我向上帝祈求帮助。

昨天，我突然被一股洞察力所唤醒：上帝赐给我母亲一副强健的身体，为她服务了九十三年，带她走过许多地方、生养三个孩子、演奏乐器、打毛线衣、说明与书写自己的想法、做各式各样想做的事情。直到现在，即使她的身体已渐渐衰老，仍然忠心地为她的灵魂提供居所。如今，我已能为此而赞美主，并以感恩的心接受他对我母亲临终岁月的安排。

我去拜访安养院牧师的时候，亲身体验到了不抱怨运动将如何改变这个世界。当我向牧师说明自己正在挑战不抱怨，她的双眼开始闪现光彩，我都还没把话说完，她就要索取五十个手环，送给安养院的同仁们。她说，尽管安养院的同仁对临终者都有服务的热忱，但他们毕竟还是不折不扣的平凡人。她认为他们如果能更专注于付出正面的心力，就更能把握机会，提供更好的服务。

六个月以前，我完全没想到，这项二十一天不抱怨的挑战将如何改变我的人生，但它真的改变了我，也影响了我周遭的人。

从严格的老板到耐心的老师

——盖瑞·希尔（行政主厨）

去年秋天的某个恬适午后，我与好友鲍温牧师在堪萨斯州北部的他家附近骑马，他和我分享了他所提倡的不抱怨运动有何进展。我马上就对这个想法很感兴趣。

在我担任专业主厨的职业生涯中，我觉得自己必须一丝不苟——严格地要求自己与部属，持续烹调出高品质、有创意的菜肴，为口味各异的风雅顾客们提供最优质的服务。

三十多年来，我一直都在专业厨房工作，而我的管理模式，已经从严谨而层级分明的传统欧洲做法，改变为人性化而富效率的“教练”风格。鲍温牧师推行的运动，对我而言是一种全新的概念，我也无法预料它会造成什么效果。具体一点来说，从二十一天不抱怨的挑战中“毕业”之后，我更懂得如何与部属沟通了。现在我会更留意自己的措辞，同时认为自己所扮演的角色，更应该是一个厨艺高超的老师，而不是老板或经理。运用更愉快而不带压力的话语来沟通，让我与周遭的人们都节省了很多心力。

我相信不抱怨运动，是按照吸引力法则来运行的。当我的思想与言语更趋于感恩，同时积极去寻求解决方案，就能引发或招致更多类似的事物。

如今，我仍然戴着手环提醒自己，并练习用这唯一的方法来面对每天的工作负荷——以最正面的方式极度感恩。如果我快忍不住要批评时，我会暂停下来，努力用更富教育性或指导性的方式来表达自己的意思，而人们也觉得我比较肯定他们了，也更能把我的话听进去。我看待事物的观点因此而改变，也脱离了压力与忧虑的羁绊，感受到真正的自由——这是挑战过程中会产生的副产品之一。我觉得自己很有福分，也非常感恩。

抱怨就像吵架，一个巴掌拍不响

——杰克·瑞恩（服饰店业者）

当我开始尝试二十一天不抱怨之后，才发现要避免抱怨真是一大挑战。

我是自己创业，开设了一家男装店。我觉得经营这项事业很有乐趣，在我服务客户与卖家的时候，也认识了很棒的一群人。很多卖家都是流行杂志中常见的光鲜活跃的设计师，有些甚至是大家梦寐以求想结识的顶尖名人。

然而，就像我们常听到的：“事情总有不为人知的另一面。”当人们每天都要为了工作而互动、接触时，好像都拼了命想为眼前的工作找出完美的处置方式，小小的问题往往会酿成巨大的事件，因而毁掉人际关系、引发争吵辩论，至少也会让两方都受挫、沮丧。我想我们都同意这样的心态并不健康，也是我们都想要避免的。

我相信我能持续二十一天不抱怨，所以我戴上了紫手环。我发现，要不是因为我的工作、妻子、几个儿子、司机、工作伙伴、部属、供应商、教会，我的猫、狗、朋友、顾客、银行理财员，还有我所接触的人——我也许有机会做得到。

我开始注意到问题的源头——那就是我自己！当我在追求成就时遇上障碍，我总想怪罪哪个人或哪件事。我也开始注意到，我常常听见别人在抱怨，而他们抱怨的事情，在我看来顶多是鸡毛蒜皮的小事，而且都是因为他们自作自受所引起。或者，他们也会抱怨一些根本无法掌控的事，但在这种情况下抱怨，也是回天乏术。在我一边不断换手而磨坏手环的同时，我也发现，我已经厌倦了听别人抱怨、也让自己不开心的状态。

光明终于来到，照入我的心中，使我明白：别人的抱怨会惹恼我，而我自己的抱怨也会让他们不高兴。我不再有借口，说自己为何做不到二十一天不抱怨了。每当有谁在发牢骚时，我便开始保持沉默。而当我自己想抱怨时，我则开始去寻找可能的解决方案、或至少去接受现状。情人节那天，我刚好和事业合伙人各自带了老婆一起出差采购，而我终于在行程中达成了二十一天不抱怨的目标。

我发觉，当我停止抱怨时，我也比较少听到周遭人们的抱怨。如果我听到了抱怨，也会明白这些抱怨不是针对我，人们只是想借此弄清发生在自己身上的事。我也比较少去论断他人了。寻求解决方案或接受现状，让我觉得压力减轻了，在工作上与家庭中也能得到更多收获。减少抱怨和怒气之后，我和妻子、家人、同事的关系都获得改善，我变得更快乐了。

在人们发泄怒气时保持沉默，我等于让他们找不到听众，而能去省思自己的言论。我们可以说，抱怨就像吵架一样，一个巴掌是拍不响的。紫手环甚至能帮助那些不戴手环的人——一旦没有听众，他们也发现自己能更心平气和地处理眼前的问题，同时继续向前迈进。

停止抱怨就像在冥想中保持沉静，会更容易听见上帝对我们说的话。

为下一代树立新典范

——瑞克·席尔维（大学教授）

在我展开这段探险之际，如果有人先告诉我，完成二十一天不抱怨的挑战要旷日费时，我一定不会相信。我从不认为自己是那种爱说闲话或抱怨的人——或许我会挖苦人，但绝不是爱抱怨的人。然而，一旦我开始注意自己的行为，我就发现抱怨经常“露出丑恶的嘴脸”，阻止我克服这项挑战。

所以，我开始运用自己毕生所学的灵性知识来武装自己，要彻底根除生活中的抱怨。每天我都会感恩三次，庆幸自己能参与这项不抱怨的体验，并且想象着这项体验将显现的成果。我也会使用肯定的言辞、或是引述积极的语句，让我一整天都能精神振奋。我的目标，是要把那些深植于潜意识的讨厌特质转移到意识层面，这样我就可以设法根除它。我相信这也是整个不抱怨挑战中的一部分过程。除非我察觉到自己拥有、也在表露这些特质，否则就不可能开始加以清除。慢慢地、却也是确实地，我终于能以更轻松自在的态度，释放心中的这些抱怨与八卦。

这项不抱怨的练习，让我能更乐观地看待人生。我也更了解，负面思想会妨碍我平静地面对自己与他人。我亲身体验到，自己和伴侣、家人、同事与学生的关系改善了许多。我变得更有耐心，也比较不会急躁处事。当政客一直要提供给我灵性成长的机会时，我发现自己也更能放松，不会让情绪随着他们的行为起舞。请不要误会，我仍然坚持着自己的信仰，但我已经能用更高层次的形式来表达我的立场。

我决定再来挑战一次二十一天不抱怨。这一次——除了不抱怨、不说闲话、不挖苦人之外，我将努力去除恐惧和缺乏安全感的思想。往后，我也许还是会自我防卫、有负面想法，但我会继续在思想与言行中，以诸位“不抱怨”成功者为效法的榜样。

对我而言，这个经验可以引用萧伯纳的话来总结：“生命对我来说，不是一截短蜡烛，而是炫丽的火炬；我必须把握机会，让它燃烧得极尽灿烂，再传承给下一代。”成为一个不抱怨的人，我们等于提升了标准，为下一代树立新的典范。

不要用抱怨来解闷

——汤姆·欧益（“不抱怨的世界”业务顾问）

我是电视影集《我爱露西》的戏迷。我最喜欢的一段情节，就是看瑞奇·李卡多(Ricky Ricardo)每天走进门时，大喊：“嗨，露西，我回来了。”我结婚头几年时，也会这样如法炮制：“嗨，米思嘉，我回来了。”但曾几何时，我更常对妻子说的话，竟然已经变成：“嗨，米思嘉，我回来了，而且我的头（或背、脚、胃）痛得要命。”

抱怨已经成为我的一种生活方式，我希望借此得到他人的注意，让自己的观点被接受，或者就只是用来打开话匣子。我总以为自己是个积极、快乐的人，直到二〇〇六年七月的一个星期天，我从教会返家，告诉太太关于二十一天不抱怨的事。我非常兴奋，还跟她说，我将是教会中第一个完成挑战的人，她只是微笑着说：“二十一天吗？——我倒想先看你做到二十一分钟不抱怨呢。”接下来，大约六分钟之后，我才发现这真是毕生一大挑战。当时我和太太坐在沙发上，接着我突然说："哇，外面真是热，害我头好痛。"她看着我，然后又看看我手上的手环（我换了两次，因为我在一句话里抱怨了两次！)。其实是那六分钟的沉默简直要让我抓狂，我必须打开话匣子，说点话来解闷。我想要得到注意，而且以为这样是最好的方法。

这就是我的第一次挑战——学习如何不带抱怨地展开对话。一旦我不抱怨这个了，我又会抱怨别的。抱怨孩子的房间一团乱——请问，这样能使青少年的房间更快变干净吗？抱怨天气——我能拿它怎么办？抱怨的项目愈来愈多，但抱怨的次数也同时愈来愈少，而我也了解到，这些思想和言语对自己与他人有多少负面的影响。

在花了五个月努力练习二十一天不抱怨之后，我终于做到了！我头痛的次数减少了吗？没错，因为我明白了自己的头痛原本就没有那么严重。现在我认为自己的身体健康硬朗，而且一直在疗愈之中。那我快乐吗？当然啰！当我不再抱怨孩子的房间脏乱，而是去分享他们的希望与梦想之后，我们全家的晚餐时光也变得更美好。不屈不挠地完成了二十一天不抱怨的挑战，你说我高不高兴呢？除了美满的婚姻和我深爱的三个孩子之外，这是我生命中最棒的收获了。

上帝啊，你真是幽默

——凯瑟琳·波姆（护士）

当我收到手环时，我很快就发现，要维持一整天不抱怨是非常困难的。周末还可以，但工作日就做不到了。即使我很热爱我的工作，但就像其他工作一样，我还是有组织与行政上的事务要处理。

五个月之后，我看到有人领取"快乐证书"，便真正下了决心。我请所有的同事一起协助我戒除抱怨，阻止我加入抱怨的讨论。大家都很配合，如果他们察觉到我即将参与负面的谈话时，我会拉一下紫手环，然后我们就一起改变话题。

两个礼拜过去了，一切似乎都很顺利。在度过特别难熬的一天后，我才发现应该请医生们也加入我的小小计划，因为有个医生实在让我很火大。隔天，所有护理人员都要开车穿过市区，帮忙把整间医院的医疗记录从旧电脑系统搬移到新的电脑系统，而且完全没有操作说明可参考。这是份苦差事，而我和两个同事终于做完之后，就一起去吃午饭，还抱怨了两个小时。这顿午餐让我的二十一天挑战必须重新开始——又要重来了。我重新来过一次，坚持到了第二十天，当我准备要开始值班时，那个不喜欢我、当班时从不跟我说话的护士走了进来。然后是那个让我白忙活十四天的医师也出现了。只剩一天了，我却要当面对抗两项最艰难的挑战。我笑着说："上帝啊，你真是幽默，而我愿意接受这个挑战。"那一天，我不但没有抱怨，还变成工作表现最好的一天。

不抱怨的生活终于释放了我

——派崔西亚·普拉特（老师）

当我开始挑战二十一天不抱怨时，心想着："这很简单嘛！我很少抱怨——而且我是自己一个人住。"没想到我花了四个月，才完成这项任务！

我年轻的时候，曾经被父亲与叔叔性侵害，我借着喝酒、嗑药与不健康的男女关系，来压抑被虐的伤痛。十八年前，我戒了毒瘾，开始努力疗愈心里的伤痛，然而我还是在低落的自我价值感与忧郁情绪中苦苦挣扎。我不知道要如何停止负面的想法。我试过自我肯定训练、心理治疗，也阅读自助书籍，还是徒劳无功。别人会告诉我："你就不要那样想啊。"但我实在不知道该怎么停止。而努力过着不抱怨的生活，才彻底释放了我！

刚刚开始练习不抱怨，我一天里就要换手环好多次，然后是两天换一次，接着我可以维持七天，再来大约是十四天。就在本地报纸登出一篇关于这项活动的报导时，我的挑战也陷入了胶着状态。我的几个学生告诉我，他们的父母在报上看到了我的名字，想要知道我为什么会参加。我于是和他们分享这篇文章，而他们也想试试看。当然啰，在二十五个四年级学生监督之下，我于是就继续挑战下去了。

在练习不抱怨的过程中，我所遭遇的困难之一，就是我会更去注意别人说了多少负面话语。我会感到生气、并且批判别人。有几次我都很想逃开，但这不是办法，也无法教会我解决问题。因此，我学着做个更好的倾听者，努力去理解别人话语背后要传达的讯息。

举例来说，当同事在抱怨他教的班级时，我不会与之附和、也不会沉默不语，而是提供类似这样的意见："听起来真是很让人沮丧。要是我遇上你这种状况，我想我会这样试试看。"而当我继续进行这项挑战，我发现自己的人际关系品质也有所提升了。

但至今我所得到最棒的礼物，就是不再有忧郁症了！每一天，我都享受着喜乐与满足，觉得平静而安详——这是我年轻时就一直祈求实现的愿望。当然，我的生命中还是有挫折，但我不再抱怨，我会为眼前的情境所赐予的礼物而感谢上帝。而自从我选择不再抱怨之后，我也想起了自己对爱的定义：无条件地接纳，并且着眼于光明面。

这些优胜者的感想，是否让你深感共鸣？听了他们的故事，你是否也想让自己的人生有类似的转化或改善？你也可以让这一切发生在你的现实人生中，只要你能有系统地根除猖獗蔓延的抱怨，让它远离你的生活。借着一次又一次移动手环，直到成功为止，你就会真的成功。

·不·抱·怨·观·念·

■当我们抱怨时，就是在说：“事情不太对劲。”当我们经常抱怨时，就是持续活在“事情不太对劲”的状态，因而增加了生活中的压力。

■如果你经常抱怨，那个按响警铃的人就是你自己。你是在借由抱怨加重自己的压力；你在说着“事情不太对劲”，而你的身体也会随着压力出现相应的变化，因而危害健康。

■我们无法控制工作上及生活中的其他领域会发生什么，而抱怨也无济于事。当你愈少抱怨，就愈不会担心。放下过度的忧虑，也让人更能纯粹地放松自己。

·不·抱·怨·行·动·

■如果有些事需要纠正，无须克制压抑、闷在心里或保持沉默，只要确定你是在陈述事实，而不是让话语中隐含着“你竟敢这样对我？”等负面意义就好。

■多去注意好事，而不是只看到有什么应该抱怨，并且为自己拥有的福分所庆幸，生活中正面思考的雪球就会愈滚愈大，心情也愈来愈好。

■不抱怨运动，是按照吸引力法则来运行的。说话之前先想一想，在言语中表达出正面的意念和期许，同时积极去寻求解决方案，就能引发或招致更多类似的事物。

■在人们发泄怒气时保持沉默，等于让他们找不到听众，而能去省思自己的言论。一旦没有听众，他们也会发现自己更能心平气和地处理眼前的问题，同时继续向前迈进。

■虽然生命中还是有挫折，但请为眼前情境所赐予的礼物而感谢上帝，无条件地接纳，并且着眼于光明面。

【结语】

己立立人，己达达人

> 为了助人改正而告知别人的错误与缺点，不能与抱怨混为一谈。我们也不能为了防止抱怨，而容忍不良的品质与行为。告诉服务生：你的汤是冷的，需要加热——只要你专注于绝对中性的事实，就不会有自我中心的问题。“你竟敢把冷掉的汤端给我？”——这就是抱怨了。
>
> ——托利，《一个新世界》

摆脱以怨养怨的恶性循环

本书的最佳结论，就是一开头所引用的这句灵修导师托利的名言。向可以帮助你改善处境的人提出意见，就不是抱怨；但如果你是对着自己或其他无关之人，责难或悲叹当前的状况，那就是抱怨。而抱怨将会招引更多你不想面对的结果。

如果你因为一碗冷掉的汤，而用言语攻击一名服务生，他或许会帮你换碗热汤，但他也可能在愤怒之际，在你碗里放些你不想知道的东西。当一个人遭到抱怨或批评时，他会觉得受到攻击，而第一反应往往就是自我防卫，这样的防卫通常是以回击的形式表现出来。就算这种现象不会发生，在你的抱怨中，你也对世界传递出自己是受害者的讯息，而你这么做，也将会为自己招引来更多的加害者。

抱怨经常是一种让自己受到注意的方式。每一个人都想要被认可，但经常抱怨的人之所以想要引人注意，可能是因为他们的自我价值感低落。

他们会向周遭的人抱怨，借以显示自己有不凡的品味与教养，特别是他们对某个领域不太有自信之际。他们或许也会藉由抱怨，来合理化、具体化自我的设限，以逃避生命的拓展、成长与改进。

抱怨也许是想引起注意，但它也是一种讯息，在向宇宙宣告“有哪里不太对劲”，于是善意、中性的宇宙也会送给你更多的“不对劲”。当有人开始抱怨，他们等于是无意识地送出了要接收更多抱怨的指令，如此一来，负面循环便会永无休止。

要摆脱这种负面循环的方法，就是停止抱怨，在好事发生时表达感激。在每个人的生命里，都有许许多多的事可以感恩。为了提醒自己，我每天起床后会写下五件我所感恩的事。我发现除了想着自己感恩的事，如果把它们写下来，更会让我这一整天都沉浸在感恩的氛围中。

你讲了什么话，就会表露出什么模样。说些负面和不快乐的事，你就会接收到负面和不快乐的事。说一些感恩的事，则会为自己引来更多喜乐之事。你惯常的说话模式反映出你的思考方法，而这也造就了你一天的现实生活。不论你有没有察觉到，你每天都是按照自己所设计的路线在迈进。结果可能是喜悦，也可能是痛苦。

不要留给负面想法任何余地

小时候，母亲曾跟我说过一个面包师傅、陌生人和贪心店老板的故事，这是我最爱听的故事之一。在这个故事里，陌生人来到小镇寻找食物与过夜的住所。当他问起贪心的店老板与老板娘，是否愿意收留他这个旅人时，老板与老板娘便回绝了。

然后，陌生人走进了面包店。店里的面包师傅身无分文，连制作面包的材料也少得可怜。然而，他邀请陌生人进来，与他分享粗劣的食物，还让他当晚睡自己的床。第二天早晨，陌生人向面包师傅道谢，并对他说：“今天早上你做的第一件事，你会一整天都做个不停。”面包师傅不太明白陌生人的意思。不过，他决定为这位客人烤个蛋糕，让他带在身边。他检查一下所剩的材料，有两颗鸡蛋、一杯面粉，还有一些糖与香料。他开始烤蛋糕，但令他惊讶的是，当他用掉愈多材料，剩下的材料就愈变愈多。当他用掉最后两颗鸡蛋时，竟又多出了四颗鸡蛋。他翻转面粉袋，把剩下的面粉摇出来，倒满量杯，当他把面粉袋放回地上时，袋子里竟又装满了面粉。

遇到这么天大的好运，他快乐得不得了，于是开始烘烤各式各样的美味面包。很快地，镇上充满着烤面包、饼干、蛋糕与派的香味，购买面包的客人大排长龙。

当天下午，贪心的店老板来到店里，看到疲倦却开心，赚了许多钱的面包师傅。店老板问：“你今天怎么会有这么多顾客？好像镇上的每个人今天都买了你的面包，还有人不只买了一次。”面包师傅便将陌生人的事，以及陌生人在早上给他的神奇祝福告诉了店老板。

贪心的店老板与老板娘冲出了面包店，往镇外跑去。他们跑着跑着，终于找到他们昨晚曾经拒绝帮助的陌生人。他们说：“可敬的先生，请原谅我们昨晚的鲁莽。我们竟然没有帮助你，一定是昏头了。请你回来我们家住一晚，让我们有这个荣幸能热诚接待你。”陌生人一语不发，跟着他们回到了镇上。

他们回到店老板的家之后，陌生人享用了奢侈的餐食、上等的美酒与精致的甜点，还睡在豪华的床上。次日早晨，陌生人即将离去时，店老板和老板娘雀跃地等待着他的神奇祝福。当然啰，陌生人对他们的接待表示感谢，然后说：“今天早上你做的第一件事，你会一整天都做个不停。”

店老板与老板娘急忙把陌生人送出门，然后冲进自己的店里。因为相信会有大批顾客上门，老板于是拿起扫帚开始扫地，好应对突发的排队人潮。为了确定有足够的零钱可以找钱，老板娘则开始在柜台算钱。就这样，老板扫地，老板娘算钱；老板继续扫地，老板娘继续算钱。他们发觉自己根本停不下来，一直到太阳下山。

面包师傅和店老板都得到了相同的祝福。面包师傅以正面、慷慨的心态开始一天的生活，也获得相当的富足。店老板以负面、自私的想法开始一天的生活，结果毫无所获。祝福是中性的，你创造生活的能力也是中性的，你打算怎么使用，就会获得相对应的成果。

请记得，若有人批评你、攻击你，那是因为他们恐惧、没有安全感。他们觉得自己处于弱势，因而用尖刻的话语来壮大自己，其实他们觉得自己弱小无比。他们将自己的恐惧与不安投射到他人身上；他们会伤害人，是因为他们自己也正在受伤。

如果我们想改善这个世界，首先就要疗愈灵魂中的失调状态。改变我们的言语，最终就能改变我们的思想；改变我们的思想，就能改变这个世界。当我们停止抱怨，就是移除了宣泄负面想法的首要通道，我们的心灵会发生转变，我们也会快乐许多。不让负面想法有任何表达的余地，我们的心灵就不会继续产生这种想法。

当你的嘴巴停止表达负面思想，你的心灵就会转而制造其他更快乐的念头。你的心灵就像是一座意念工厂，随时都在运作，若是负面的想法缺乏市场，工厂就会重建改组，开始生产快乐的念头。

不抱怨的磁场，将引来更多平安喜乐

我们的外在世界，就是自己内心世界的反射；我们与别人的关系，也源自于我们与自己的关系。你对别人不可能比对自己还好，一切都是从你自己开始。在《圣经·马太福音》七章三节中，耶稣说："为什么看见你弟兄眼中有刺，却不想自己眼中有梁木呢？”如果你在别人身上注意到一大堆可抱怨的事，你或许得反省自己，检查一下自己的眼中是否有梁木。

当你达成连续二十一天不抱怨的目标时，你便戒除了抱怨的瘾头，成为康复重生之人。戒酒者说，无论他们已经保持清醒多久，只要和酗酒的人泡上一段时间，就又会开始喝酒了。如果你身边的人都喜欢抱怨，那么你得扪心自问，这些人是不是被你招引来的。当你已经成为不抱怨的人，而他们还是继续抱怨，就让自己远离这些人。如果他们是你工作上的同事，就换部门或换工作吧——世界会支持你沿着积极的新道路前行。如果是朋友，你会明白自己对这段友谊的认知已经超越了从前。即便他们是你的家人，也最好要尽量限制这样的相处经验。

不要让消极的人们，剥夺了你对理想生活的追寻。培养一个习惯要花二十一天，你也可能花二十一天又重拾旧有的习惯；所以要注意你周遭的人们，因为你可能被影响而再受他们主导。好好照顾自己，同时要提防苦毒、爱抱怨的人。如果你不照顾好自己，就可能再度沉陷于负面思想的泥沼中。而且请记得，远离那些爱抱怨的人，或许也可以激励他们检视自己的生命、并获得成长。

帮助他人的最好方法，就是过着不抱怨的生活，成为不抱怨的榜样。当你开始身体力行，也要同时去爱身边的人们。我认为爱的最佳定义，是丹尼斯·威特利医师（Dr. Denis Waitley）所说的：“爱是无条件的接纳，并着眼于光明面。”当我们决定接纳各种人事物，并从中发现其光明面时，我们会体验到越来越多的良善与美好，因为我们的关注，将使这样的期许在生活中实现。

这意味着我们不需要设法让其他人停止抱怨，相反地，我们要让自己变成不抱怨的人，同时向往着没有抱怨、也不见抱怨之人的美好生活。我们的磁场会吸引快乐、健康的人来接近我们，而非此族类的人们，在我们身边就会觉得不舒坦而离开。

用新的方式来使用旧的措辞，是不抱怨生活中的重要议题。当好事发生时，不论多么微不足道，你都要说："当然会这样！"因为你知道，自己是可以吸引好事靠近的磁石；你甚至可能带着会心的微笑来成就这个经验。你曾经在雨天的商店门口找到停车位吗？请说："我只是运气好！"你曾经忘记向停车计时器投币，结果回来之后，发现自己的车窗上竟没有夹着罚单吗？请确信："我总会碰上这种事。"如果有人为了什么当面抵抗你，你要说："谢谢你教导我慈悲。"刚开始这么做，你可能会觉得很蠢，但每当你在生活中使用肯定、有力的话语时，你就像是铺上一层层的砖瓦，为更多的喜乐与丰实奠定基础。

在你的世界发挥你的影响力

大家跟我说起不抱怨的紫手环时，都会用"风潮"这个词来称呼。肯·哈库塔（Ken Hakuta）在《如何自创风潮》（*How to Create Your Own Fad*）一书中，将流行定义为"今天每个人都想要、明天就没有人要的东西"。如果是这样，那紫手环也许是一股风潮。很显然地，从我们每天收到的上千封索取信来看，似乎每个人今天都想要紫手环。当大家问我，我觉得来函索取的数量在何时将到达极限，我通常都会回答："一到六十亿就没办法了。"——也就是全世界一人一个。事实上不可能有那么多的。紫手环在未来可能会成为二十一世纪前十年里的一桩小小事件，但变得"不抱怨"却不是风潮，而是人类意识形态的转变，这种意识也会继续存在。精灵已经跃出了神灯，多亏了这个简单却深刻的道理，让世界再也不复原本的面貌。

我们正与儿童心理学家合作，要为孩子们设计"不抱怨"的学校课程。我们致力于打造不抱怨关系的典范、建立不抱怨的工作场合、不抱怨的教会等。我们当前的目标则是要鼓励全球各国的领袖，能将每年的某一天，定为“不抱怨日”——不是假日，而是类似美国本地的“美国大戒烟日”（Great American Smoke-Out），让大家体验一下，没有抱怨、批评和闲话的一天会是什么感觉。美国和加拿大已经在推动，要将感恩节的前一天定为“不抱怨日”，这个想法也很合情合理——在度过了没有抱怨的一天之后，直接进入感恩的一天。抱怨的相反词就是感恩。

如果你被打动了，就请联络贵国的参议员、众议员、国会议员、总统及其他领袖，然后大声疾呼，让这件事发生。让我们唤起世人对这股转化力量的认知，让每个国家及其人民，能把不可思议的集体能量，都聚焦于解决方案，而不是问题之上。

在拉里·麦克默特里（Larry McMurtry）所写的小说《寂寞之鸽》（*The Lonesome Dove*）中，有个主角是名叫葛斯·麦可瑞的假道学牛仔，他在自己租车行的招牌底下刻了一句拉丁文格言：“Uva Uvam Vivendo Varia Fit.”麦克默特里没有解释这句格言的意思，而且还把词拼错了——我想这是要显示牛仔对拉丁文的理解有限。正确的拼法是：“Uva Uvam Videndo Varia Fit.”而这句话的意思是：一棵葡萄树看见另一棵葡萄树变色，就会跟着变色。换句话说，也就是一棵葡萄树会让另一棵葡萄树也跟着成熟。

在葡萄园里，当一棵葡萄树开始成熟，便会散发出一种其他葡萄树也能接收到的振动频率、酵素、香气或能量场。这一棵葡萄树在向其他葡萄树示意：该是改变、该是成熟的时候了。当你在言语及思想上，都颂扬着自己和他人最崇高、最美好的一面，你只要表露原本的自我，就能向周遭所有人示意，该是改变的时候了。你甚至连试也不必试，就会唤起人们的意识。

曳引是一种强而有力的原则。我想这也是人类为什么喜欢彼此拥抱的原因。当我们拥抱时，即使只是短暂的刹那，我们的心也会互相曳引，我们会提醒自己：地球上只有一个生命，一个我们共享的生命。

如果我们不刻意去选择自己要过什么样的人生，就会跟着其他人的脚步浑沌度日。我们常跟着其他人随波逐流，却没有发现自己在依样画葫芦。我父亲年轻时经营我祖父的一家汽车旅馆，那家旅馆的对面是一家二手车行，而我爸爸设法和车行老板达成了一项协议。汽车旅馆晚上的生意若很冷清，我父亲就会去车行，把十几辆车移到旅馆的停车场。不用多久，汽车旅馆就会充满付费的旅客。经过汽车旅馆的人会推论，如果停车场空荡荡的，这家旅馆一定不太好；但要是停车场停满了车辆，经过的人就会觉得这是适合住宿的好地方。我们都会跟着别人走。而现在，你已经成为一个在领导世界走向和平、体谅和富足的人了。

昨晚大约凌晨三点，我被我们牧场上嚎叫的那群土狼叫醒。刚开始的嚎叫声是起自一只小狼，然后才扩散至整群土狼。很快地，我们的两只狗吉布森和玛奇克也加入了嚎叫的行列。不久，我们邻居的狗也开始嚎叫，最后嚎叫声从四面八方涌来，传遍山谷，附近的狗都加入了。那些土狼制造了正在扩散的涟漪。没一会儿，我又听见嚎叫声从几英里外的各处传来，而这一切皆始于一只小土狼。

你是个什么样的人，将在你的世界里造成影响力。以往，你的影响力可能都是负面的，因为你有抱怨的倾向。如今，你则在为所有人设立乐观的典范、打造更美好的世界。你是人性大洋中的一道涟漪，在世界上引发着回响。

你自己就是一种祝福。

·下卷·

关系决定命运

【前言】

为什么“关系决定命运”

他人即地狱。

——萨特

人是关系中最大的难题

他人是上天赐予我们最好的礼物，但也可能成为我们最大的挑战。你可以给自己做个问卷调查，拿出一张纸，把你正面临的问题和挑战都写下来，只要是让你产生负面情绪、担忧、困扰的事都可以写在这张纸上。

然后，问自己：“里面有多少问题是和别人有关的呢？”这时你会发现，你所面临的困扰，多半与他人有关。不论是要和你的爱人有更深层次的交流；还是要说服某个同事，让他认同你的看法；或是让你的孩子收拾他们的房间；或是让商店导购了解你的需要……生活中大部分问题，都能通过与别人建立成功的、有价值的关系得以解决。即使是那些大规模、全球性的问题也不例外。

我们同他人的各种关系，可以提高自身的生活品质，也能带来无尽的压力；既能给我们带来欢乐，也能带来痛苦；既能带来安逸和谐，也能带来矛盾冲突；既能带来喜乐平和，也能带来不安挣扎。

或许你觉得自己是关系中的受害者，无力去改善它们；或许你觉得自己正被困在消极、不快的关系当中，无法解脱。但事实并非如此，你既非受害者，也没有被困，你完全可以改变你与家人、朋友、同事，甚至是萍水相逢之人的关系，并从中享受到极大的乐趣。

你学习这些新技巧的过程，就会有很多人为你所吸引，他们会觉得你热情、无私、乐于助人、讨人欢喜等等，在别人眼里，你具备很多高贵的品质。同样，你也能在现有关系中，将对方身上的这些美好品质引导出来。不要再去抱怨别人如何对待你了，这样你就会创造出很多正向的经历，给自己带来神奇的转化。

我们用思维创造了生活，而语言又反映了我们的思维和想法。大多数人都觉得自己积极乐观，可事实上并非如此。有时，人们觉得自己已经努力朝好的方面想了，可实际上，大多数人依旧悲观沮丧，他们不断地抱怨就充分证明了这一点。这种消极思考的倾向，最终导致了各种令人不快的关系。

多产的推理小说家阿加莎曾如此写道：“人们从不知道自己有何不寻常的东西或习惯。”正如她所说，很多事情，尤其是人们习惯性抱怨之事，从未被足够重视。据我从那些接受了“不抱怨挑战”的人们了解的信息看，一般人平均每天要抱怨15~30次，但他们却毫无察觉。而我们的“不抱怨”紫手环，正是帮人们设了一个陷阱，以“逮住”自己的抱怨。

我们曾登上奥普拉秀的舞台、美国各大主流电视网络以及世界各地的重量级媒体。国内、国际几百家报刊都报道了我们的故事。许多出版社，在他们发行的杂志中附上紫手环，将其赠送给读者。这一做法，不仅帮助我们更广泛地传播了“不抱怨”的理念，分发了更多的手环，也让他们杂志的销量大增。

很多公司同我们接洽，想用他们的产品帮我们分发紫手环。也有很多公司将他们的场地无偿提供，用来举行“不抱怨运动”。很多人给我写信或发邮件，向我提出各种各样的问题，为了回答这些问题。

每天我都会从google收到很多提示，告诉我又有人开设了博客，讲述自己在接受“不抱怨”挑战后的各种经历。我受邀到很多会议和活动中，为各类集团发表主题演讲，从联邦机构、世界20强企业，到学校、教堂、医院以及各类民间组织。虽然这一切出乎我的意料，但取得的成绩，让我十分感动和荣幸。

最让我感到满足的是，看到有那么多人都敢接受这个挑战（这真是个很大的挑战），坚持连续21天不抱怨。我们的网站www.AcomplaintFreeWorld.org上有一个链接，参与者通过它就能让我们知道，他们已经成功完成21天不抱怨的挑战。我们收到世界各地的消息，证明很多人已经将“不抱怨”变成了一种习惯。

抱怨是所有不愉快关系的共同特点

有一天，我乘坐飞机去给几百名企业领导者作一个有关“不抱怨团体”建设的演讲。飞机还没起飞，我正好利用这段时间思考我的“不抱怨”计划。就在那一刻，我好似灵光闪现，突然想明白了一件事：几乎所有的抱怨都建立在关系之上。

抱怨大部分都是针对其他人的——一个和你有某种关系的人。这种关系可以很正式，例如婚姻关系和工作关系；它也可以不太正式，例如和你隔壁房客之间的关系。它可以很短暂，比如与萍水相逢之人的关系；也可以延续数十年，比如我们同家人的血脉关系。

因为我是个牧师，所以经常会有人向我寻求建议。而每次他们所面临的几乎都是关系的问题。在这些咨询、探讨的过程中，我发现抱怨和自己有关系的人，不但能引发各种矛盾，还会使已有问题进一步恶化。随着对这一主题更深入地探索，我发现人们已就抱怨对关系的负面影响，做了很多调查和研究了。

早在1938年，心理学家路易斯·特曼（Lewis Terman）就在他的研究中得出这样的结论：幸福的夫妻和不幸的夫妻最大的区别就在于，不幸的夫妻更多地将伴侣形容为爱争辩的、尖刻的、爱唠叨的，也就是说，不幸的夫妻更爱抱怨。而抱怨是各种不愉快关系的共同特点。

你或许会想：“有些关系真的很让人苦恼，所以为什么不抱怨呢？”这样可以让我们把不良情绪都释放出来，不用再把愤怒都憋在心里，这不是很好吗？可事实正相反，抱怨并不能带给我们安宁和解脱。在书里，我们会详细地讨论关于“释放”的故事。

或许，为了不让自己在关系中苦苦挣扎，我们可以放弃它们——让自己一个人自力更生、孑然一身不也很好吗？起码不用再忍受萨特所说的“他人即地狱”了。

很遗憾，我们没有这个选项。我们需要同他人建立关系，关系不是件可有可无的东西，它是一种“必需品”。

我们不但想要和他人建立关系，更渴望与他人进行交流和沟通。如果儿童在性格形成时期缺乏关爱，就会造成他们的生长迟滞（Failure to thrive，简称FTT）。在这种情况下，他们的身体就很难以正常、健康的方式生长发育。据马里兰大学医学中心（University of Maryland Medical Center）的研究显示，情感缺失是引发这种生长迟滞现象的主要原因。

其实，这种关系缺失影响身体状况的现象，在各个年龄段都会出现。调查表明，老人要比年轻人更常去看医生，身体的衰老是原因之一，但一个更重要原因是：可以同他人交流，得到照顾和关注。这些老人同时代的亲人、朋友大部分已故，他们的生活就成了全无人际关联的情感荒原。而医生和理疗师，为老年人提供了他们一直非常渴求的关系刺激。

人类经常会研究黑猩猩，试图通过对这些进化近亲的研究，更深入地了解人类的本性。在类人猿的世界里，关系的必要性更为明显。美国国立卫生研究院（National Institutes of Health）的研究发现，黑猩猩之间也需要进行社会性互动，并且建立关系。科学家们总结说："虽然野生的黑猩猩会在一天的某个时段独处，但它们从本质上还是一种社会性动物，长时间与其他同类分离，对它们来说是一种折磨。"

关系是一种需要，可以让我们有机会同他人分享自己的经历，享受其中单纯的乐趣。除此之外，关系还能带给我们很多东西。

不久前，沃尔特里德陆军医院（Walter Reed Army Hospital）的医生们研究发现，在参加战争，但并未受伤的士兵中，大约有17%的人患上了创后心理压力综合症（Post-traumatic stress disorder，简称PTSD），可令人惊奇的是，在那些参加了战争，并受了重伤（失去一只手臂或一条腿，严重烧伤、瘫痪等）的士兵中，只有4%的人患上此病。

这些数据让医生们很意外，因为他们本以为那些经历了战争的残酷，并遭受重伤的士兵患病几率要大得多，为何竟然比根本没受伤的士兵低十几个百分点呢?

研究者最终发现，原因都在于"治疗"的差异。不过我们指的不是心理疗法，而是物理治疗，特别是沃尔特里德陆军医院物理治疗的安排，在这一过程中起了决定性的作用。受伤士兵会聚在一个很大的房间里，努力地同伤痛作斗争，希望自己能过上正常人的生活。他们在接受日常治疗时发现，很多人的伤势比他们的还要严重。那种想要恢复健康的愿望，会使病人间产生一种强烈的共鸣。他们相互鼓励，为彼此加油打气，并会为别人的一个小小进步而兴奋不已。这种在身体恢复过程中建立起来的关系，会帮助他们治愈精神上的创伤。

所有财富，都能从关系中获得

关系也是我们获取物质性资源的一种渠道。每个人都有自己的希望和梦想。你可以花上几分钟，去想一想你企盼的那些东西，问问自己：“如果有机会让我实现愿望，我会先实现哪一个呢？”

现在，请思考一下，其实你想要的东西不是需要他人辅佐，就是掌握在别人手里。或许你想要一个关心你、支持你的人和你共度一生，而这就是一种关系；或许你想要辆新车、一个大房子，或者其他什么奢侈品，你就要为他人服务赚到足够金钱去买这些东西，这也是一种关系。与他人的关系可以让我们拥有自己一直在追寻、渴望的东西，而我们必须学会如何与他人相处，才能实现自己的愿望。

在《百万富翁的智慧》（*The Millionaire Mind*）一书中，作者托马斯·史丹利（Thomas Stanley）告诉我们，他曾采访了数千名白手起家的百万富翁。当问起这些人，什么才是积累财富最重要的技能时，94%的富翁都会把与他人融洽相处的能力看得极为重要。事实上，他们觉得，从创造财富而言，能够与他人融洽相处比拥有过人的智慧更重要。你与他人相处的能力将会产生各种关系，这些关系本身要比金钱更有价值。

你有能力改善一切关系

抱怨会扭曲、削弱，有时甚至会破坏那些对我们的幸福安宁至关重要的关系。当我们开始抱怨时，就会忽略对方曾吸引我们的品格，转而把注意力集中在对方的缺陷上面。

我妻子桂儿曾就职于一家公司，她办公室的女员工们每月都要举行聚会，用她们的话说，是在实施一种“群体疗法”。所谓的“群体疗法”，就是在附近找家墨西哥餐馆，喝上几杯玛格丽特，然后借着酒劲，大声地抱怨形形色色的男人们。主题只有一个——男人都是狗。不用说，这些女人都没能和某个男人维持快乐、持久的关系。

现在，你可能会想，她们之所以会有这样的抱怨，是因为和男人间的关系有些不尽如人意。她们只注意到了关系中的消极面，女人相互间的“同情”，只会将问题夸大。在花了一晚上去抱怨生活中的“狗男人”之后，这些女人回到家里，禁不住就会把那个正坐在La-Z-Boy（一个沙发品牌）沙发上的男人看作一条“老黄狗”。她们的预期，都建立在头脑中的偏见上，认为男人就是狗，而这些女人的丈夫或男朋友们，也会感觉到她们的不满，真的会像她们预期的那样（有时比预期的更糟糕）对待她们。

我曾认识过一位非常有名的牧师，他跟我说：“要是不用与人打交道，牧师还是个很棒的职业。”和别人打交道，可能会是一种充满了痛苦和悲伤的斗争，但也可以不是这样。法国杰出的哲学家、剧作家萨特曾说过一句很经典的话，那就是——他人即地狱。这句话虽有些悲观，但萨特却因此为大家熟知。他在晚年时，曾作过如此解释：“大家都以为，我想用这句话说明人与人之间的关系都是有害的，如地狱一般，人们都在勾心斗角。其实，我想传递的是一种完全不同的观念，如果你同他人的关系遭到歪曲和损害，那么他人就会变成，也只能变成生活在地狱里的人。”

你能够纠正所有扭曲的关系，将其置于一个更稳固的基础之上，你有这个能力。只要你能接受新的观念，并愿意用这些观念去创造新的经历，就可以做到这一点。在每一章结尾的地方，都会有一部分以“不抱怨行动”为题的文字，我会设置一些练习，以助你更深入地思考从书中学到的知识。如果你能花上几分钟，把答案认真地写下并践行，肯定会大有所获。

如果你已准备好，要把那些地狱般的关系变成和谐的关系，把互相侮辱的关系变成一种“不抱怨的关系”，那么，就从现在开始吧！

Part 1

你决定着“关系”的走向

- 改变关系的途径
- 人无所谓好坏，思想使然
- 一切改变，由你开始
- 正向评价，打造愉快关系
- 你的评价只对自己有效
- 分辨和评价的差异
- 改善关系的秘密

> 个人观点总有一定的局限性。
>
> ——维特根斯坦

改变关系的途径

Relationship（关系）一词来源于 relate，而 relate 则来自于拉丁语 relatus，意思是“重述、再现”。因此，我们也可以这样认为，我们同他人的关系，都是建立在自己对别人的描述和再现基础之上的。也就是说，我们在内心如何向自己描述对方，给其下了什么定义，对彼此间的关系起着决定性的作用。

从小，我就有个梦想，要成为一名 DJ。大学一年级时，我在家乡南卡罗来纳州哥伦比亚市的一家电台找了份工作。我十分热爱它。经过几年的努力，我被提拔为台里的制作指导。而我的主要工作，就是为一些知名 DJ 播放的商业广告做合成音效。

就在这个时候，我认识了 DJ 菲尔。他比我大二十多岁，有着一副深沉又极富磁性的嗓音。在上司安排我做制作指导之前，一直都是他在担任这一职务。菲尔的嗓音真叫人难以置信，听他的节目就像欣赏一场管弦乐演奏——性感，却又如此铿锵有力。他对制作广告也很拿手，似乎有什么秘诀，总能为那些广告挑选最合适的音乐。但无论如何，属于菲尔的调幅广播时代已经结束了。那时我们台里开始使用调频设备，而菲尔却不懂这门新技术。他的广告在调幅广播里听起来很好，可是到了声音更丰富、音域更广的调频广播里，就变得干瘪无力。

一开始，我还在为能够给儿时的偶像制作节目而兴奋，可是没过多久，我和菲尔的合作就开始出现问题。他总是告诉我，甚至是告诉任何能够听他抱怨的人，说我的作品粗制滥造，不合乎要求。他不喜欢我挑的音乐，不喜欢我制作的拷贝，不喜欢这，不喜欢那，看上去我做什么他都不喜欢。

时间一长，我对这位偶像的欣赏就彻底变成了愤恨。一开始，菲尔批评我时，我还能低下头，小声说句“对不起”，可到了后来，我就奋起反抗了。我会坚持自己的观点，并且指出他的不足。很快，我们的争吵就升级成了一场互相批评、侮辱的“竞赛”。我们的制作室四周都是玻璃墙，并且隔音效果超级好，这样一来，每次我们吵架都成了无声的“现场直播”。其他员工都能看到我们站在那里，脸红脖子粗，而那些极尽侮辱的言语只有我俩能听到，现在想想真是滑稽啊。

一天，我们又开始了一场“竞赛”。就在我们争论不休时，菲尔瞥了一眼墙上的钟，说：“我没时间跟你在这儿废话了！现在，我要去和朋友共享午餐！”他气呼呼地大步走出制作室。我的目光却没有离开他，透过玻璃墙，我看到他去了楼下的大厅，一个和他年纪相仿、但我从没见过的男人正在那儿等候。那人看见菲尔，脸上立刻洋溢出热情的微笑，快步走过去给了他一个拥抱。

当我看着他们一起走出电台大门时，我有些愣了，呆呆地坐在那里。我简直大吃一惊：“菲尔居然会有朋友？他那么古怪，怎么可能有朋友！”这么说可能有点奇怪、刻薄，或许还有些自大，可是我真的从来没想过他会有朋友。什么人才会喜欢他啊?

晚上我躺在床上还思考着这件事。为什么别人见到菲尔就眉开眼笑,而我却只会发怒呢?嗯,菲尔是个古怪的家伙!就是这样,不用再想了。但我还是忍不住,“如果菲尔真是个古怪的人,那为什么在别人眼里他魅力十足呢?”

很显然,菲尔跟其他人的关系和跟我之间的完全不一样。这是因为,菲尔在心里对我的“再现和描述”是“与众不同”的。对于其他人,菲尔会在心里再现他们的优点和长处,而他的朋友们也会在心里描述他积极的一面。可我却正相反,经过这么多次争吵,每当我一想起他,头脑里就有个持续、消极、指责的声音在向我大喊:“菲尔是个讨厌的老顽固,是个彻头彻尾的古怪家伙!”我就是这样向自己描述他,结果在我眼里,菲尔就真的成了这样的人。

我经常被问到这样一个问题:“我该如何去改变别人?”我同菲尔的这段经历给了我答案。很多年之后,我见到了诺姆·海德尔(Norm Heyder)先生,我很崇拜他,因为他好像天生就知道如何去改变别人,这是一种不可思议的本领。就算在激烈争吵的情况下,他依然能冷静地陈述自己的观点。而且,当别人强调自己的想法时,他也能平心静气地仔细倾听。虽然诺姆和其他人不是总能达成一致,甚至都没有共同的立场,但到最后他们却能成为朋友。有些人怒气冲冲地来找他,离开时却已经心平气和、满意而归。就算遇到十分顽固、甚至有些刻薄的人,他也能发现那些人理智而善解人意的一面,并把这种信息传递给对方。我曾经问过诺姆,为什么他能做到这些。他却告诉我:“要想改变一个人,首先,你就要改变自己对他的看法——这是改变别人的唯一途径。”

关系或沟通,不仅仅是指两个人之间表面上的简单互动,它更为复杂和深奥。沟通为我们提供了描述他人的最初“素材”。而他人也会感觉到我们对他的看法,进而根据我们的看法作出相应的反馈,这些都是在潜意识里一瞬间完成的。我们一直都在重复着这种行为。

首先，想想你十分欣赏的一个人，这个人什么地方吸引你？当你看见他或者想起他时，心里会如何描述这个人呢？一些美好的词汇，比如真诚、乐于奉献、善良、谦虚、乐观、无私、快乐、博爱等等，是否会在你脑海里出现呢？

接下来，再去想一个让你十分厌烦、听到他的名字就恨得牙痒痒的人。他可以是任何人：前配偶、老板、邻居、政治领袖、某个名人，或者是同事，反正是你不喜欢的人就行。然后问你自己：“我是如何向自己描述这个人的呢？”要坦诚一些，不管答案是什么，都不要刻意地去检查或评价它们，让这些想法自由地从头脑中迸发出来。这时你再问自己，讨厌他们什么呢？是他们很粗鲁，还是坏心眼、自私、武断、冷漠、不道德、自以为是、愚蠢、痴呆或者懒惰？

现在，思考一下这个问题：会不会你最珍惜、最喜欢的那个人，却是其他某个人心里最讨厌的呢？而你心里的那个讨厌鬼却是别人最珍惜的好朋友呢？甲之蜜糖，乙之砒霜，为何会出现这种状况呢？

人无所谓好坏，思想使然

最近，我参加了一个为期数天的大型研讨会。在我发言时，有一位女士一会向我提问，一会又针对我的演讲指手画脚。要知道，我只有六分钟的时间，这样一来，根本不能把准备的东西都展示出来。而且，每次被她打断后，我都想不起刚才自己讲到哪里了。在接下来的几天里，不管谁来发言，这位女士都是这样，随意打断别人。而这些发言者也都跟我一样，被弄得心烦意乱、精神沮丧。我发现，自己已经不知不觉这样描述她了：没礼貌、自私而令人气愤。

研讨会结束后，我来到机场，并在机场的外卖店买了些食物，准备在上飞机前把晚餐解决掉。可是那时所有的桌子上都有人，我有点傻眼。一位女士看见我站在那里，就邀请我到她身旁的一个空位上坐下。我当时没认出她是谁，但她告诉我，作为她最好朋友的嘉宾，也参加了这次研讨会。她用了好长时间来描述她那位好朋友是多么慷慨、善解人意、关心他人……她给我讲了很多那人的感人故事，告诉我她朋友做的工作是多么无私和博爱。

啊！你无论如何想象不到，我这位晚餐伙伴所说的最好的朋友，居然就是那个老是打断我发言、让我觉得她很没礼貌、自私又让人气愤的女士！听了她朋友的一番话，我真的对这位女士有了新的认识。我开始重新在脑海里构建她的形象，渐渐地我对她的抵触情绪也不那么严重了。其实，如果当时我（或者别的演讲者）能悄悄告诉她自身的感受，并让她在随后的问答时间再提问或发表评论，问题可能早就解决了。

你经常会向自己描述不同的人。明白这一点，就能帮你把很多复杂的、具有一定挑战性的关系分解开来。

想想某个你很讨厌的人，问问自己：这个人会不会有爱他、欣赏他甚至是珍惜他的朋友和家人呢？如果你是个诚实的人，那答案肯定是“有”；再问问你自己：那这个人的妈妈/爸爸/爱人/姐妹/兄弟会怎么形容他呢？在你的头脑里勾画一位这个人最大的支持者，再设想一下对方会怎么跟自己描述你很讨厌的这个人。

哦！这真的很困难。我们的头脑和思维一点也不愿意往那儿去想，迫不及待地要把这个人直接抹去。他们是“坏人”，我们是“好人”，这么分类方能让我们感觉舒服一点。

但是为了拥有一种“不抱怨的关系”，我们就必须明白，我们与他人的关系，最终取决于自己心里给对方的评价。不过你不必非要从描述对方开始，你只要记得将那些复杂的关系拆解开来，并且经常审视自己对关系对象的看法就可以了。

在《哈姆雷特》一书中，莎士比亚写道：“世上本无所谓好与坏，思想使然。”你可以想象一下，其实别人怎么样，都是你一厢情愿的看法。一个人并没有什么好坏之分，只是我们的思想让他们变成了好人或坏人。

所以，我意识到菲尔就是菲尔，也无所谓好与坏。我和他朋友所认识的菲尔是同一个人的不同“版本”罢了。

带着这种新的认识，我敲开了菲尔办公室的门。他从打印机上抬起头，轻蔑地看着我。我先开了口：“菲尔，你像我这么大时就开始干电台这一行了，是吧？”

“这还用问……”他不耐烦地说：“我做这行的时候你还没出生呢。”

“哼！他在讽刺我没经验！”我在心里对自己说。但转念一想，那个“好人”菲尔是不会说这种不友善的话的，我是来见“好人”菲尔的。我深吸了一口气，问道：“那你刚开始做这行时是什么样的呢？”

菲尔疑惑地看着我，想搞清楚我是不是来找茬的。

没等菲尔邀请，我就自己坐到他对面的椅子上了，并且努力给了他一个微笑。嗯，好像他也对我微笑了呀！慢慢地，他开始跟我分享那些“逝去的好时光”，给我讲了那么一两件过去的趣事。

一开始还有点像冰川在融化，速度缓慢，可是没过多久，我就迎来“春天”了。话题一旦打开，还真有些停不下来。菲尔接着给我讲了很多非常有趣的故事。他告诉我，他工作过的第一家电台连录音带都没有，只能用一卷一卷的录音线。如果想要对哪部分录音做修改，就得用香烟把线熔化，把不满意的部分弄掉，然后趁热再把线接起来。“我想这也是我一直戒不掉烟的原因吧。”他一边说着一边摆了摆手，那只手里似乎总夹着一根点燃的云斯顿（Winston），“知道了吧？香烟和电台是密不可分的！”

四个半小时——我在菲尔的办公室里呆了整整四个半小时！他给我讲了很多著名 DJ 的幕后故事，他们可都是我儿时的偶像啊！我并没有假装很感兴趣的样子，那根本没必要，我是真的被那些故事给钩住了；我并非为了让菲尔高兴，而是发自内心地为那些故事所吸引。我发现和菲尔之间多了一座“桥梁”，那就是电台——我们都深爱着的事业。将近晚上十点，我和他才想起看看时间，原来我们竟聊了这么久！第二天还有工作要做，得去准备一下了。

在我们的对话里，我不仅修补了与同事的关系，还让自己心中的偶像免遭毁损。

从那以后，一切都发生了变化。我才发现，每次菲尔给我提建议，都不是在怀疑我的能力。有时他的语气会有些说教的意味，但我的态度却不一样了。我会有些同情他，知道他只是沉浸在过去的时光中，一时无法自拔。结果，我发现我不需要再为自己辩护，证明自己的实力，取而代之的，我会询问他的意见和看法，更重要的是，我学会了倾听。我改变了对他的看法，结果可想而知，我们的关系也改善了。

你想改变别人吗？你做得到的。问题的关键不在于我们能不能改变别人，而在于我们愿不愿意做一些积极的沟通。健康、愉快的关系不是利用各种手段去操纵别人，这种靠耍心机，玩手段得来的东西是不会长久的。

想要建立一种“不抱怨的关系”，不在于你学习如何去做这样的事，而在于学习如何去成为这样的人。

想要改变别人，你先得改变你自己心里对他的看法，一切转变都要从这里开始。

一切改变，由你开始

这本书中的一些观点，你以前可能听了很多遍了，觉得这种方法很幼稚，很天真。而且，或许一直有个声音在问你，为什么你要去改变？那声音在你耳边说：“有问题的不是你，而是别人！”这在我认识的一位女士身上得到了充分体现。她曾经发邮件给我，告诉我她和丈夫之间有些问题。我回信给她，建议她做些改变，以改善他们的夫妻关系。她很气愤地回复说：“为什么我要去改变？那我丈夫呢？他那些行为就由他去吗？为什么不要他去改变呢？！”

这位女士不明白，很多时候，她的行为来源于对自己丈夫形象的“再现”。就像菲尔在他朋友眼里和在我眼里是完全不同的一样。这是为什么呢？因为不同的人会对同一个人有各式各样的看法，并根据这种看法做出相应的反馈，决定用什么态度去面对这个人。而对方也会感觉到这种态度，做出反馈。

在你所有的关系里，有没有什么共同之处呢？在与他人的每一次关联当中，有什么是一直不变的吗？答案就是——你。“你”是每一种关系中最基本的要素，把“你”从关系中抽离出来，那这种关系也就不存在了。如果你能通过改变对别人的看法去改变你们的关系，那么关系的基本动力也会发生变化。你可以花上一辈子的时间去等待、去抱怨，坚持认为别人毫不领情，白费力气去改善关系，最后一无所获；你也可以试着去改变对他人的成见，慢慢地你就会发现，你们相处得越来越愉悦，那么你就会投入更多的精力，努力为双方的关系创造出新的奇迹。

总之，你对别人的态度，最终决定了别人对你的态度。

最近，我去了趟德克萨斯州，住在奥斯汀市的一家宾馆里。这家宾馆和我以前住过的有些不一样，我要通过两道门才能进入房间。第一扇门在宾馆主廊那里，进了这扇门一直走，就会来到一个狭小的休息室里，在这儿还有两扇门，一个是我房间的，另外一个是我隔壁房间的。

每天我都要进进出出几次，而且每次我都是推门就走，没有用手去拉一下，反正门上有弹簧，它们自己会弹回去的。有一天，我下午6点出门，去参加东道主的招待会，同样，这一次我也没有刻意地去关门，只是随意地让两扇门自己弹回去。就在我快走到电梯门口时，我听见背后有个女人在大喊："你是我见过的最不体谅别人的人！"我回头循声望去，惊讶地发现她是在说我！她接着喊道："你整天故意把那两扇门摔得咣咣响，快把人逼疯了！咣！咣！咣！没完没了！你怎么那么不体谅人，那么没礼貌！"

接着，她又说了不少挖苦的话，还抓起门把手，很夸张地向我演示应该如何正确地开关门。她一边很慢地演示一边说："看到了吗？这很简单：开——关，开——关，开——关！"

我小声嘟囔了几句道歉的话，看她气得一跺脚回了房间，真是莫名其妙。

按下电梯按钮，我开始思考和这位女士之间的关系。就在几分钟前，我们从未谋面，之间毫无关联。不过在她心里却早有芥蒂。对她来说，我就是那个"没礼貌、不体谅人的讨厌鬼"。从她刚才愤怒的样子可以看出，她早就在心里给我定性了。她一直在心里强调我是个什么样的人，当最终见到我时，这种愤恨就爆发了。

在电梯里，我发现自己也开始"再现"她的形象了。就在从 6 楼乘电梯直达 18 楼这么短的时间里，我已经找了一大堆词来形容她了：愤怒、严厉、苛刻……我还真期待晚上回去的时候，按照她的要求给她表演一下的，不就是开——关，开——关嘛！哼！她觉得我一直在摔门，那么好，我就让她瞧瞧什么才是真正的"摔门"！

我的血压和愤怒跟着电梯一起升高……

当我到达顶层，步出电梯的时候，停了下来。我意识到自己对这种抱怨关系还是不能免疫。在我心里，已经对这个女人有了很深的成见，并且还打算顺应自己的想法，给她一点教训。说实话，这种想法真的很强烈。我真想故意摔门让她听听，气气她。虽然我知道最后只会让自己更尴尬，但还是觉得只有这样才公平，我为什么要被她冤枉？既然她那么想，我就真的那样做好了。可是，这样做我心里就舒服了吗？我们之间的关系就会改善吗？答案当然是否定的。

这不是我想要的结果。不管她怎么对待我，我还是要选择其他的方式来解决问题。我会努力地去改善我们之间的关系，首先要做的就是改变我对她的看法，我要告诉自己一些关于她的不一样的事情，为她找一些“理由”。

接着，我就开始思考她这种行为的原因了。如果她前一天晚上一直都在医院照顾重病的儿子或女儿，那会怎么样呢？她精神压力这么大，还没有好好休息，一听到关门声当然会变得歇斯底里了。或者，如果她刚刚发现丈夫背叛了她，又会怎么样呢？她只不过是想在我身上发泄一下心中的怒火罢了。

女邻居根据我们相处的经验，自己创造了一个关于我的“故事”，把她心中对我的看法强加到了我的头上。但是我不一定非要以牙还牙。要改变你对他人的看法，首先要做的就是试着向自己讲述一些关于此人的不同事情。

设想是破坏关系的白蚁。

——亨利·温克勒

因为第二天我要做个演讲，向一些人讲述“不抱怨的生活”的重要性。这真有点好笑，那位女士居然向我这个“不抱怨的人”抱怨了这么多。越想越觉得好笑，我已经忍不住笑出声来了。现在，这位女士已经从“敌人”变成了我的“盟友”了，因为她为我的演讲提供了很好的范例和素材。我不再强调我是对的，她是错的，也不再想着怎么报复她了，而是试着说服自己去理解她，改变自己对她的看法。

所以，等到晚上我回去的时候，我把两扇门都轻轻地关上了。

第二天早上，我正坐在外面喝咖啡，那位女士的丈夫走了过来。他自我介绍了一下，接着表示了他对我的感谢，这不仅是因为我昨晚轻轻地关了门，也因为我没有跟他的妻子争吵。“她最近压力很大，”他说，“以前她不是这样的。真的很对不起。”

尽管一开始，我出于本能反应，要把这位女士形容成一个易怒、恼人、小气的泼妇，但是事实真的和我为她编造的故事一样。这不正是我们都想看到的吗？

正向评价，打造愉快关系

你和他人的关系，全部都来自于你对他人的描述和再现。关系其实是你对他人评价和看法的一种外在的表现。这不是什么新现象，而是从人类出现以来就一直存在的事情。事实上，有一个很古老的故事，早就证明了评价他人是我们天生的“嗜好”。

圣经里说，亚当和夏娃一同生活在天堂里。你想想，这可是一对生活在极乐世界中的夫妻呀！但是后来发生了一些事情，让他们离开了这所乐园。

在故事里，上帝告诉亚当和夏娃，可以随意享用伊甸园里的一切，除了一样——不可以吃智慧树上的果实。这可不是普通的树，它能让人分辨善与恶。那么偷吃智慧树的果实意味着什么？善与恶又如何区分呢？

亚当和夏娃忍不住诱惑，犯下了原罪，被赶出天堂。什么是原罪呢？评价就是原罪。我们一旦认为哪个人是不好的，立马就会在头脑中存储这一想法。而且我们会一次又一次地向自己强调那些“他是坏人”的证据。之后，在每一次与这个人的互动中，我们都会带着这种想法与他交流。这种建立在负面看法上的关系，是不能在天堂中存在的，因此亚当和夏娃就被赶了出来。他们有了评判善恶的“智慧”，就不再属于天堂了。

有一个古老的故事，讲的是两个部落的人住在一个大峡谷的两端。他们想架一座桥，把两个部落连接起来。可是峡谷两端的距离太长了，两边的山崖又高又陡，没人能爬得上去，要在这样的地方架一座桥简直难如登天。这时，其中一个部落里的某人想出了一个办法。他把一根细绳系到箭上，并在箭杆上绑了一张纸条，然后把这支箭射到了对面山崖上一个开阔的地方，好让对面部落的村民容易发现它。

对面的村民真的发现了这支箭，他们打开绑在箭上的纸条，上面写着："把这箭上的细绳系到一根线上，我们会把它拉回来。”这样，第一次射箭者拉回一根线，接着是一根细绳，之后是一根纱线，再之后是一段绳子，一根比较重的绳子，更重的绳子……到最后，他们终于有了造桥需要的缆绳，可以在上面架桥了。两个部落最终被连接了起来。

其实，人与人之间的关系也是这样形成的。“往回拉”代表我们所见所闻；“拉过去”代表对方眼里我们所思所想。这样来回几次，这种相互影响的活动就使我们头脑里一些先入为主的概念不断加强了。就像两艘潜艇发出声纳，然后根据对方的位置调整航线一般，我们不断地“再现”并做出反应。

这是个自主而持续的过程，我们根本意识不到自己在这么做，它也不受我们的控制。这就解释了为什么你已经在和别人争吵，却不知道是怎么开始这场“战争”的。自己同自己的交流，会让我们产生各种各样的想法，这些想法会迅速繁衍，最终决定了我们同别人的交流方式。

一般，我们会认为“关系”就是人与人之间的互动。但事实上，这些互动只不过是关系的一种表现形式，并不是关系本身。真正的关系是两个人头脑里的再现和重述，是那些被拉来拉去的细线、细绳、丝线、绳索和缆绳。

我们是否赋予了这种互动一些积极或消极的意义，决定了我们在互动中对对方的回应。这些交织在一起的内在交流，可以成为我们通向愉快关系的牵引线，或者，也可能成为勒在关系“脖子”上的索命绳。

你的评价只对自己有效

1946 年，维克多·弗朗克（Viktor Frankl）出版了他的经典著作——《活出意义来》。这本书讲述了弗朗克在纳粹集中营的一些经历。他发现，那些能够在纳粹暴行下幸存的人，都有一个活下去的理由。他们的生活一直都有意义（meaning）。虽然，他们失去了亲人，要忍受肉体上的折磨和无休止的监禁生活，但如果一个失去自由的人还有活下去的理由，如果他们觉得自己的生命还有意义，那么，他们就很可能在这足以摧毁一个人的苦难中生存下来。

我们一直都在以这样那样的方式追寻着生活的意义。正是那些有意义的事情，让人类的思想得到前所未有的发展。我们在追寻那种即使身在集中营都不曾被放弃的生活意义吗？或者我们还在不懈地追问别人为何会如此对待我们？这时，我们的头脑就成了一台制造意义的机器。

单词 Mean 有很多含义。它最基本的含义是“意思、意图”，比如“What does this mean?”（这是什么意思？）或者“What do you mean by that?”（你这么说是什么意思？）等。Mean 的另外一个含义是“不友善的”（unkind）。很多时候，我们在向自己描述别人某种行为的意义时，都会用到“不友善的”这层含义。我们会观察别人的行为，并且赋予这种行为一定的“意义”。通常，我们都会认为他们所表达的是一种“不友善”的“意思”(mean)。

我们的“意义制造机”（头脑、思想）断定了一件事，那就是——别人是不友善的。

20 世纪 70 年代，心理学界出现了一个崭新的领域——“叙事心理学”（Narrative Psychology）。叙事疗法认为，人们通常会创造一些“故事”，在这些故事当中寻找活下去的理由，并在这一过程中，逐步形塑和认同自己的身份。叙事心理学先锋丹·麦克亚当斯（Dan McAdams）说过：“我们都是故事的讲述者。我们一直在把生活中一些零散的、令人迷茫的经历连接起来，赋予它们一定的连续性。”也就是说，我们会把生活中的一些事件，演化为一个有意义的故事，讲给自己听。

我们会接受自己创造的这个故事，并认为它是真实的。这时，我们就会努力地去寻找一些经历，不断加强这个故事的正确性。如果我们觉得哪个人曾对我们不够友善；或者我们的配偶、老板、商店的店员，以及一些处于类似位置的人，曾对我们不友善；甚至某个人跟曾对我们不友善的人长得很像，我们都会往最坏的地方想。这时，我们会进入一种防御状态，做好“战斗”的准备。而对方也会觉察到你的敌对情绪，真的会像你想象的那样来对待你。这个是自动而不受控制的过程。它发生得如此迅速，以至于双方都不知为何如此，但彼此的反应会进一步加强这种敌对气氛。

你有没有这样的经历？——你遇到某个人，而且一看就知道，他不喜欢你。我们经常会遇到这样的情况，某些人对我们怀有很大的成见，并且肯定地认为，我们就是这样。而我们也能从他们的态度、行为当中感受到这种成见。不管我们做了什么，都只是在加强他们对我们的这种错误评价。这种事真的很让人不舒服，一点也不公平。我们觉得自己被冤枉了，认为自己受到了诋毁和攻击。

那么，一个人在觉得自己受到攻击时会做些什么呢？他会“反攻击”！他会用自己的思想和假设作为一种“武器”，开始一场精神上的战斗。他会把所有消极因素归结到对方头上。为了让自己觉得公平，他会不自觉地在头脑里编造一些故事，贬低对方。他觉得，只有那些内心阴暗，行为卑劣的人，才会把别人想得那么糟糕。他会这样想，“他不喜欢我？哼！肯定是因为他太蠢了，蠢到只能呆在这个小便利店里当个收银员，连份正经的工作都找不到！”就这样，错上加错、你来我往之后，事情朝着最坏的方向发展了。

对于你生命中的每一个人而言，你都在扮演着圣诞老人的角色。你来决定他们是“淘气”还是“乖巧”。可是，你的评价只对自己有效，别人没必要和你持同样的看法。你对他人的评价只不过是自己创造的故事，说实话，它们甚至比“圣诞老人”更梦幻。

我不是说你不应去分辨对自己最有利的东西。为了我们物种的生存和延续，分辨什么是健康的、有益的，什么是有害的、危险的，是很重要的事情。现实有时会让人感到伤感，有一些人为了所谓的“挑战自己”，会做出一些不正当的举动，他们变得很好斗，富有攻击性，没人敢和他们接触。对于这样的人，我们应该怀有一颗怜悯之心，知道他们肯定是受了很深的伤害才会变成这个样子的。被别人伤害的人，也会去伤害别人；受伤的人才会伤人。

“怜悯”（compassion）就是“对肉体上或精神上遭受折磨的人表示同情，并强烈地希望他从痛苦中解脱出来。”这是一个内在的过程，是对别人痛苦和烦恼的理解。但是“怜悯”并不是去改变或“拯救”别人。你可以向别人伸出援手，但这不意味着你要伸出手去让他咬，这不是怜悯。每个人都有自己的路，没人是为了让你改变他而来到这世上的。总是试图去干预别人，以为这样就能让他从痛苦中解脱——这并非真正的怜悯。

分辨和评价的差异

你可以去分辨别人的出现能否帮你的灵魂得到升华，能否帮你感受更多的欢乐和人间的美德，能否让你发现自己的内在美和更多不平凡的事。但是，如果他们帮不上你，也要祝福他们，不能对其妄下定论。

分辨和评价是不一样的。分辨，是让你测定什么东西能够保护你、满足你，并给你带来快乐和幸福。而评价，来自于你内在的需求，你要通过评价来证明你所做的决定是对的。评价只不过是在为你的决定寻找一种证据。当你发现自己的决定可能不正确的时候，你就会用评价和愤怒掩盖内心的不安，让别人以为你是对的。法国小说家和剧作家雨果这样写道：“激烈尖刻的言辞背后，都隐藏着一个虚弱的理由。”当你觉得自己的理由不够充分或者苍白无力时，你就会尖刻地指责别人，企图用这些激烈的言语来证明自己是对的。在现实的关系里面，经常会发生这样的事情。

“新年”是个很有意思的概念。在脑海里我们创造了一个关于新年的故事，并且坚信，就像日历所显示的那样，人们会在每年的 12 月 31 号那天，伴着午夜的钟声，从一年跨到另一年。我们会带着各种美好的期望，举行盛大的欢庆仪式。“新年快乐！”我们向每一个人喊道。我们相信，在未来的 365 天里，生活会有很大的改善，大家都在期待着那些美好的事情。新年真是太棒了，就让它快些到来吧！在美国，我们会用阳光、快乐的婴儿来象征新的一年，而用干瘪疲惫的老人象征萧条逝去的旧时光。我们总想让旧年快点结束，好去迎接新的一年。

讽刺的是，即将结束的这一年，正是我们在 12 个月前为之大肆庆祝的那一年，现在它就像一条烂鱼一样，被我们扔到了垃圾桶里。

12 月 31 号和一年中的其他日子，比如 5 月 10 号，有什么不同呢？一年和另外一年又有什么不一样呢？它们之间的不同，只是在于我们为其创造了不一样的故事，我们赋予了它们不同的意义。我们告诉自己，新的一年代表了希望，我们应该去欢庆这美好的未来。然而，当过了几个月的时候，关于我们生活的那些老故事就闯进来了，它们就像潮水一般，将那些新年的渴望和期待统统压碎、淹没……就这样，一直到下个新年来临……我们一直在重复着这个过程。

我们每个人，都是叙事心理学中活生生的例子。心理学家丹·麦克亚当斯进一步阐述了这个观点：“从青春期开始，我们就开始为自己创造一些很有戏剧性的故事。这当中，我们会有选择地发掘出一些经历，也会刻意忽略甚至忘怀一些经历。”而塔迪亚斯·戈拉在他的著作《懒人启蒙指南》中，是这样描述的：“你所说的话，只对你自己或是同意你观点的人起作用。”

改善关系的秘密

如果你真的想改善你和别人的关系，就必须要承认，“你”才是各种关系中最主要的因素。你和别人的关系是你对他人看法的一种反映。你可以向自己讲述一些关于别人的不同的故事，试着去改变对别人的看法，把别人列到你的“乖孩子”名单里。这样，你和他们之间的关系也会得到改善。

几年前的一天，我和妻子桂儿外出同朋友吃晚饭。聚会结束后，我们开着各自的车一起回家，我开在前面带路。虽然桂儿就在我后面不远，可是我却很难从后视镜里确定她的位置，不知道她是不是紧跟着我。因为她的车灯太暗了，根本照不了多远，这让我很担心她的安全，万一别的车看不到她怎么办？

我们到家后，我就告诉桂儿刚才的担忧，那样很不安全。她也说因为车灯太暗，很难看见前面的路，还告诉我说这种状况持续了快一年，而且更奇怪的是，它们是一点一点变暗的。

“我本以为车灯要是坏了的话，它会一下子就熄灭了呢，没想到它会像现在这样一点一点地变暗。”桂儿说。我跟她一样，从来没遇见过这样的事。所以我们认为问题肯定很严重，不仅是灯泡坏了，估计这部车的发电系统也快坏了。

第二天，我们就把车送到附近的修理厂去维护。取车的时候，我问修理工要给他多少钱。

神奇的是，他居然说：“不要钱。”

“不要钱？！”我问，“为什么啊？”

“灯泡和发电系统都没坏。”他解释说，“只是你的头灯太脏了。”这说法有点让人难以置信，桂儿是个爱整洁的人，总是把车清洗得非常干净，她还经常拿这个来炫耀呢！修理工看到我脸上迷惑的表情，说：“您妻子的车装的是弹跳式的车头灯。她在夜间开车时，会把头灯打开。而车灯一旦弹跳出来，一些小飞虫啊、灰尘啊、还有其他脏东西就会粘到那上边。”

“可是她每周都会洗车啊，”我说。

“你看，除非她洗车时把头灯打开，它们才会弹跳出来，要不然她是无法清洗头灯的。时间一长，车灯上的脏东西越积越厚，光线很难透过来，所以呢，在你们看来，车灯就越来越暗了。”

想想那些对你来说很有挑战性的关系吧，它们又何尝不是这样呢。表面上看，你觉得自己已经尽力了。可能你在面对那个人时，会有意识地朝他微笑，或许你也做了很多事情，想尽办法让他高兴……但是实际上，这些都是没用的。你虽然认真地清洗了汽车的表面，可是头灯还是不能发出光亮，因为你忘记了去清洗它。问题不在于事物的表面或外在，而在于事物内部。你会在一段时间里，不断地向自己讲述关于那个人的故事，时间一长，你就觉得他就是你想的那样。可是别人不一定也这样认为，你对他的看法，只是你一个人的观点。你可以改变你所创造的故事，进而改变你们关系。

现在，你可能要问：“你是不是在建议我，要不断地问自己，我是怎么向自己描述遇见的每一个人的？”是的，完全正确。

“可是，总是一个劲地问自己对别人的看法，不会让我发疯吗？”不会的，因为你已经疯了。其实，除了“思维混乱”之外，“疯狂”（crazy）还可以有其他更好的定义。

这是可以让你更清醒、更理智地看待别人的第一步，更重要的是，它可以让你和别人的关系更和谐、更愉快。

伟大的精神导师和作家一行禅师曾这样写道："你种下一株莴苣，如果它长得不好，你不会责怪莴苣，而是会找一些其他的原因：可能是因为没有足够的肥料或水，也可能是阳光不够充足，总之你绝不会责怪莴苣。但是，如果我们和朋友、家人的关系出现了问题，我们却只会责备别人。其实人与人的关系就和莴苣一样，只要你精心呵护，都可以有很好的结果。责备根本不会有什么积极的作用，争吵、劝说也是一样。这是我的经验之谈。如果你能明白，并且也愿意这样做，那么你就会去爱别人，之前不好的关系也会得到改善。"

·不·抱·怨·观·念·

■要想改变一个人，首先，你就要改变自己对他的看法——这是改变别人的唯一途径。

■你经常会向自己描述不同的人。明白这一点，就能帮你把很多复杂的、具有一定挑战性的关系分解开来。

■一个人并没有什么好坏之分，只是我们的思想让他们变成了好人或坏人。

■想要建立一种“不抱怨的关系”，不在于你学习如何去做这样的事，而在于学习如何去成为这样的人。

■你可以试着去改变对他人的成见，慢慢地你就会发现，你和对方相处得越来越愉悦，那么你就会投入更多的精力，努力为双方的关系创造出新的奇迹。

■当你觉得自己的理由不够充分或者有些苍白无力时，你就会尖刻地指责别人，企图用这些激烈的言语证明自己是对的。

■你所说的话，只对你自己或是同意你观点的人起作用。

·不·抱·怨·行·动·

■选择一个和你关系很好，相处融洽的人，写下你对他的看法。

■再选择一个和你有矛盾的人，写下你对他的看法。

■思考一下，你认为不太好相处的那人个，他的朋友们对他有什么样的看法。想象他最好的朋友、母亲或者崇拜者会怎样描述他，并把这些也写下来。

■下次你再和这个人产生矛盾时，积极地让自己去欣赏他、崇拜他，试着把他归结到你的“好孩子”名单里。

■不管什么时候，只要你在和别人相处，都要问自己：“我是如何向自己描述这个人的？”

Part 2

当不同世界碰撞时

- 向自己的内心提问
- 别把“不同”视为“不一致”
- 永远不要为现实争辩
- 开心或愤怒，精彩二选一
- 释放你心中的仇恨
- 宽恕就是给予
- 制定标准，才能避免分歧
- 成功沟通“三步法”
- 关系中的“吸引力法则”

事实和真相是最重要的，你与事实争辩的结果，就是你自己吃亏受苦。

——拜伦·凯蒂

向自己的内心提问

一天早上，我一觉醒来心情好得不得了。我几乎是蹦跳着来到厨房，给自己煮了点咖啡。厨房的窗开着，我站在那里，尽情地呼吸着早晨清新的空气。马儿们在吃草，小鸟在捉虫子，多么美丽的画面啊！心情真好！我又到外面喂我们的小狗。我爱抚着它们，和它们玩了好一会儿。

我回到屋子里，给自己倒了杯咖啡，开始了清晨的祈祷。我还有一整天的工作要做，不过似乎时间很充裕。我沉思了一会儿，然后去锻炼，回来后给自己做了早餐；吃完早餐之后，回复了一些邮件；打了几个电话，洗澡，穿上外衣，最后开车去上班。一切都进行得有条不紊，这真的让人很舒服。我是那么的开心、快活。

一整天都是这样，轻松、愉快。我悠闲地处理好每一件事情，和朋友、同事们的互动也很让我满意。回到家里，妻子女儿都在等着我，我和她们一起度过了一个愉快的夜晚。嗯……这真是美妙的一天。

可是第二天早上醒来时，24 小时前还围绕着我的某些神奇力量，一下子都消失了，就好像被人拔了电源插头一般。我感到不安和忧闷。喂那些宠物简直成了一件繁琐的差事，只会让人心烦，它不再是一种乐趣了。一整天我都觉得时间不够用，每件事都不能按时完成。我觉得没法和别人清晰地交流，一点小麻烦也会让我发疯。真盼着这一天早些结束。

为什么会发生这种变化呢？在第一天和第二天之间没有发生什么糟糕的事，只是我在这两天的情绪有所不同而已。我不知道是什么原因把我从头一天善良的“好好先生”，变成了第二天的“暴躁狂人”。我并没有改变生活规律，吃饭、运动都和前一天一样。我也像往常一样补充营养，可是为什么会这样呢？我一直在思考着这个问题。我把第一天和第二天作了比较，似乎哪里出了问题。

这种事真的很常见。不管你有没有注意到，你肯定都有过这种经历。其实，发生改变的是我们自己，第一天的你和第二天的你是不一样的。这种状态上的改变，受很多因素的影响，睡眠时间和质量、食物的种类和数量等等，都可以影响你的外在面貌；同别人的互动、交流也可以改变你的情绪和状态；就连天气也会让你的心情和行为有所变化，甚至你做梦的内容在一定时间里，也会对你产生影响。

某天早晨，我像往常一样醒来，却发现我那一向乐观、好脾气的妻子心情似乎很差。我问她怎么了。她生气地看着我，说：“你骗了我！”天！这真是意外，我脸上布满了震惊的表情。还没等我否定她的控诉，她就补充道：“昨晚我做了个梦，梦见你欺骗了我。对不起，我知道那只不过是一个梦，可是无论如何，我就是无法忘掉它。”

古希腊哲学家说过，“人不可能两次踏进同一条河流。”河流是一直在流动的，当你站在河边，你面前的水已经不是几秒之前你所看到的水了，当然也不是几秒之后你将要看到的水。河水一直在流动，你所说的“河流”一直都在这里，但河流里面的河水却一直在流动、变化着。人也是这样，每一天、每一刻，我们都在发生着或细微或巨大的变化。

而这些变化所产生的影响，可以在我们与他人的关系中体现出来。如果一个人总是不断地变化，那么他和别人的关系也会建立在一个不断变化、重新排列的基础之上。就像地壳板块的运动一样。这种关系可以给你带来很多美好的、不可思议的新发现，也可以是一场十级大地震，摧毁一切，带来巨大的破坏。

很多打算结婚的年轻人都会来向我寻求一些婚前忠告，我经常会把这个古老的格言讲给他们听："男人娶了女人，认为她永远都不会变。女人嫁给男人，认为她可以改变这个男人。可是，他们都错了。"

变化是一直持续，无法避免的。我们如此，别人也是一样。我们永远也不可能停下来。如果我们能为这种变化感到惊喜，而不是把它看作关系的威胁的话，它就会为我们的关系创造出新的境界。不必非要到关系之外去寻找新的经历、新的关联、新的意义和新的成长，就在我们现有的关系当中，你就可以找到梦寐以求的东西。

通常，在一段关系结束之后，人们都会作出这样的解释，"我们不合适了。"虽然成年之后，我们身体各部分会停止发育，但是只要我们还活着，精神就会一直成长下去。它会重塑我们的性格和品质，让我们以新的面貌示人。每个人都是不同的，当人们发现他们已经"不合适"时，他们不会再像从前那样，只会注意到对方吸引人的一面；现在他们开始关注彼此的不同了。如果最初让他们走到一起的原因发生了变化，就算有时这变化会带来很多美好东西，就算对方变得更加令人欣赏，他们也会觉得难以接受。当有人问起视效艺术家查克·克劳斯（Chuck Close）他和妻子的关系时，他会告诉你，"我结婚40年了，这不仅仅是一段婚姻——到了这个时候，我已经拥有了四五段完全不同的婚姻。人们都希望自己和配偶能够以和谐一致的方式相处，希望现在有新的理由要和她（他）在一起。但是这理由和你最初想要和她（他）在一起的理由是完全不同的。"

男人在挑选领带的时候，肯定会先看看自己的西装。他要看看这套西装里都有什么颜色和图案，而他自己又想要突出哪几种。然后他就会选择一条合适的领带，来突出这些特点。那么领带的颜色要跟衣服中的每一种颜色都搭配吗？当然不要，那样看起来会十分造作，一点吸引力也没有。领带的颜色和款式，一定要为着装的整体效果起到画龙点睛的作用。

想象一下，一位男士搭配了一套西装领带之后，穿着它去上班。吃过午饭之后，他会照照镜子，看看自己的衣服是否依旧整洁。这个时候，他开始注意到领带和西装的颜色有些冲突，可早上他还觉得很合适呢。即使现在这领带的大部分颜色和西装还是很配的，他的注意力却会停留在突兀的地方，怎么看都觉得不满意。

我们与他人之间的关系发生了变化，是因为我们在变，别人也在变。当这一切发生时，我们有两种选择：一个就是把精力都放在彼此间的不同上，而另一个就是回头看看，仔细想想一开始时，是什么让我们觉得彼此很相配，再去寻找共同点。就像西装和领带一样，你现在觉得它们不匹配了，但是通过这样的思考，或许可以试着寻找一种新的组合方式搭配它们。你之前之所以没发现这种新的搭配方法，是因为那时它还不存在。

还记得我在这章一开始时提到的那个故事吗？第一天的时候我还轻松欢快，隔天我却变得烦闷压抑。其实这两天本身并无不同，只是我不断比较才让第二天显得如此让人难以忍受。在那天里，我一直反复地问自己一些问题，比如：

“我今天是怎么了？”

“为什么我今天没有昨天感觉那么好呢？”

“我怎么才能像昨天那样呢？”

我一遍一遍地问自己，这无疑让第一天和第二天之间产生了一种消极的对比。在我心里，第二天是“不好的”“错误的”“令人沮丧的”……而上面的那些问题，又进一步加强了这种印象，让我本来就很糟糕的心情更加烦闷了。

我曾经参加过一场研讨会，一位与会者在发表演讲时问我们：“吸引别人注意最好的方法是什么？”所有的参加者都静静地坐着，等待他的答案。他重复了一遍，“吸引别人注意最好的方法是什么？”我们都对这个问题很感兴趣，十分期待答案的揭晓。可他还是没有回答，只是又重复了一遍，“吸引别人注意最好的方法是什么？”这次，大家才觉察他原来是想让我们来回答这个问题，所以观众们开始喊出一些可能的答案。但这位演讲者却没有理会这些反馈，还在重复着，“吸引别人注意最好的方法是什么？”直到几分钟之后，我们才反应过来，原来他已经将答案告诉我们了！他不是一直都在用他的行动向我们展示了答案吗？我们中的很多人都只关注于问题的本身，让思维偏离了正常的轨道，所以当答案已经揭晓时，也没有察觉到。“这个问题的答案是什么？”大家都想知道。而答案就是那个演讲者一直在重复做着的事情——提问。我们提出问题，才会去思考这个问题，关注这个问题。

在和别人交往的过程中，什么是你关注的焦点？你是不是经常问自己，是什么让你接近或离开这个人？你喜欢他什么，又讨厌他什么？他的哪些优点让你欣赏，你又希望他做何改变？你怎么才能让他高兴？或者为什么他会让你伤心？

在第一章里，我们讨论了关系是如何反映你对一个人的评价和描述的。那么是什么在控制这种描述的过程呢？就是你问自己的关于对方的那些问题。

你有没有问过自己，为什么领带中的某些颜色和衣服不匹配？又有哪些颜色和衣服是相称的？你喜欢这种搭配吗？

别把“不同”视为“不一致”

我得承认，在和桂儿交往的前几年里，我一直都认为，她在很多方面都应该做出改变。我经常问自己一些问题，比如：“我喜欢坐过山车、玩壁球、潜水——她为什么就不能像我一样多些冒险精神呢？”“我是个外向的人，喜欢把什么事都说得很透彻——她为什么不能像我一样能言善辩呢？”这些问题让我觉得，桂儿应该改变自己。

实际上，我是把“不同”和“不一致”混为一谈了。单词“compatible”的意思是“能够以一种和谐一致的方式共存并发挥作用”。想要有和睦协调的关系，你和对方不一定非要有很多共同之处。事实上，当你不再把彼此间的不同看作关系障碍时，是可以创造出和谐的，所谓“互补”说的就是这个道理。一首动听的歌曲，是歌唱家用不同的声调演唱出来的。不同的声调才创造出和谐的旋律，要是一首歌只有一个调子，那也就不是歌了。

不要把“不同”和“不一致”混淆在一起。如果你正好遇见类似的问题，那么就请你用心想一想，反复地问自己：“我们怎么才能以一种和谐一致的方式相处下去呢？”答案可能就在你面前。

人们总是这样认为，和自己有关系的人，比如家人、朋友等，就应该和他有相同的性格和爱好。如若不然，那么他们间的关系肯定就存在问题。这是因为大多数人都有种不安全感，需要向别人证明自己的价值和重要性。一旦他们的兴趣和品位不能得到认可，他们就会怀疑自己的价值，担心是不是哪里出了问题。

曾有一对夫妻来向我咨询。在同他们的对话中我发现，他们的性格和爱好差别极大。他很外向，喜欢社交活动、远足、滑雪和火车模型。而她呢，非常内向，喜欢读书，玩猜字谜游戏，爱听音乐，还会练练瑜伽。他们有三个孩子，一家人过得很快乐，可美中不足的是，他俩一点共同爱好也没有。

妻子承认很享受现在的日子，但总是抱怨丈夫不能参与到她喜欢的活动中来。而丈夫回应道："她要我做什么我都乐意，可她就是不开心。"丈夫说他已经告诉妻子无数次了："不管你要我做什么，我都会全力以赴的，只要你说出口。"

她看着他的眼睛，然后又跟我对视了一下，接着就低下头去盯着自己的脚尖，说道："我不是要强迫你做那些事，我只是希望你能和我有点共同爱好。"她把两人的不同看作了一种不和谐。我建议他们可以尝试着去参加一些新的活动。也许这样，两人就能找到一点共同爱好了。如果还是不行的话，那么就请给她你的时间和关怀——这是一个人能给予别人的最好的礼物。

每个人都有自己的风格，都是独一无二的。把别人的特点看作错误，只会危害到你和他们的关系。我们需要做的，就是去欣赏彼此的共同之处，对于彼此间的不同，也要欣然接受。这样你想要的和谐关系就能建立起来了。

在同桂儿一起生活了这么多年后，我开始学着去关注她身上的优点。比如，桂儿是个干净整洁的人，把我们家打理得一尘不染，井井有条。她总是在清理、粉刷或者栽种些什么东西。她整天围着屋子转，有时真想让她停下来，大家一起去骑骑马、打打高尔夫、游游泳或者看场电影什么的，可那简直太难了。很多年里，我都在问自己，"为什么她这么爱干净啊？为什么她不能暂时放手，去享受一下人生的快乐呢？"受了这些问题的控制，我把关注的焦点，都集中在了她所缺失的东西上。

可是之后发生的一些事，却让我改变了观点，开始懂得欣赏她的这种"洁癖"。

一天晚上，我、桂儿还有几个朋友一起到另外一对夫妻家作客。这对夫妻看起来什么都不缺：他们住在一处高档小区里，房子很大也很气派；他们的孩子漂亮可爱，好像随时都准备好让劳拉爱什莉（Laura Ashley Kids'，一个童装品牌）的摄影师来拍童装广告一般；夫妻二人都是那种非常有魅力的人，丈夫高大健康，有着很坚毅的方下巴，一双蓝色的眼睛，一头棕色的卷发，英气逼人；妻子身材修长，金发碧眼，完美的鼻子加上一口洁白整齐的牙齿，足以让任何整形医生感到骄傲。

一进他们家的门，我就想起约翰尼·卡森主持的一期《今夜秀》(The Tonight Show)。那次喜剧演员乔治·戈布尔（George Gobel）作为当天的最后一位嘉宾出场。在他之前，还有两位当时的大明星鲍勃·霍普（Bob Hope）和迪安·马丁 (Dean Martin)。戈布尔看了看霍普和马丁，然后开玩笑说："你们有没有过这种感觉？——世界是一件黑色晚礼服，而你却是一双棕色皮鞋？"嗯，在这对夫妻的家里，我感觉自己就像一双棕色皮鞋，和整个环境格格不入。

聚会的中途，我需要去下洗手间，那位漂亮得让人眩晕的主妇告诉我："走廊一直走到底，左边最后一个门就是！"我走到了走廊最里面，却不小心打开了右边的最后那扇门——那里是夫妻俩的卧室。天！我简直被自己所看到的一切惊呆了！这个屋子太肮脏了！我说的不是"不整洁"，而是"肮脏"。床上没收拾不说，各种颜色的衣服堆得满地都是，最恶心的是，地上居然还有几坨狗粪！那股恶臭真是让人无法忍受！

我们刚来他们家时，我还在问自己："为什么我们没住在这么好的小区呢？"说来有点惭愧，我还问过自己："为什么我没娶到这么漂亮的老婆？"（说不定桂儿也在把我和这家的男主人作比较呢）而当我偶然闯进他们的卧室，看到了这令人作呕的一幕之后，想法彻底改变了。"我怎么会对桂儿爱干净的好习惯那么不满呢？"我是个多么幸运的人啊！虽然桂儿的"洁癖"比较严重，但总比他们这种表面上的风光好得多。

顺便说一下，这对夫妻后来离婚了。就在那次聚会大概一年多之后，他们大吵了一场。正是那种努力要向外界展示完美形象的压力，最终导致了两个人的分手。

永远不要为现实争辩

每一时刻的我们，都是不同的。河水一直在流动，不可能两次踏进同一条河流。我们都是一直在“流动”、成长和进化的存在，因此，我们的关系也会随着这些变化而变化。每个人都活在自己的世界里面，这个世界在不断地变化发展，而且会按照他们的观点进行重塑。你是不是在问自己一些问题，它们能引发你对变化的欣赏，也能让你对这一不可抗拒的过程咒骂不停。你是不是一直在问自己，是什么让你对某人喜爱、欣赏，或者是什么让你对他愤恨不已？

我们的生命，是一个不断发现和成长的过程。各种各样的经历，让我们有了衡量情感的新标准。一个人在不同的时间里会有不同的变化，要让自己去欣赏他的这种变化，而不是一味地感叹：“他怎么会变成这样？”也不要把自己的意志强加给他，这样，我们的关系才会达到一个新的高度。

因为我们每个人在特定的时间里情绪差别很大，每个人都有独一无二的观点和想法。所以，我们所做的最坏的事情就是因为“现实”同别人争辩。但是在很多焦头烂额的关系中，人们却经常这么做。

我女儿莉娅 12 岁那年，我和她一起去迪斯尼乐园玩了一星期。期间有一次，我打电话到迪斯尼的主题饭店订了位，之后我们就到一个景点去游玩。就在排队的时候，莉娅问我：“我们晚餐定的几点？”

“七点。”我回答。

“你告诉我六点半啊。”她说。

“没有，我没那么说。”我微笑道，“是七点。”

“那你为什么告诉我是六点半？”她一边说一边转过身看着我。

“我没有。”我的微笑开始消失了。

“你有，爸爸。”

“我没有，伙计。”

“你有。早上我们在宾馆阳台上的时候，我问你我们今天几点去吃晚饭，你说的就是六点半。”很明显，她的音调升高了。

“不，我没有。”我也增大了音量。

“你有。”

“我没有。”

“你有。”

“我没有。”

接下来是没完没了的争论。

我们到这个“世界上最快乐”的地方来玩，现在却为了争论谁说的“事实”更准确而大动肝火。真是讽刺！

我禁不住又向自己提问了：

问题：在我和莉娅的对话里，什么是我们争论的主要焦点？

答案：我们晚餐预定的正确时间。

到底是我说错了还是她听错了，这很重要吗？当然不重要。可是我们却发现自己不知不觉地开始了一场毫无意义的争论。为什么会这样？因为莉娅一直在问自己这些问题，例如：

“为什么爸爸一开始告诉我的时间，和现在告诉我的不一样？”

“他怎么了？”

“他为什么不承认自己错了呢？”

而我也在向自己提问：

“为什么她老是跟别人争辩？”

“她怎么能这样跟自己的爸爸讲话？”

“为什么我跟她说话时，她总是心不在焉？”

听听别人的对话，你会发现，他们都在为现实无休止地争论着。他们都在试图证明自己的说法才是正确的。为现实而争论是导致失败的主要原因。每个人都生活在自己的世界当中，虽然这个世界会因为个人的变化而不断转变，但他们还是认为，只有自己的世界才是唯一的、正确的现实。对他们来讲，那就像是一种不动产。一旦我们企图证明自己的观点是对的，而别人的观点是错的时候，最终都会以争吵收场。这样只能让问题变得更复杂，让双方都受到伤害。

随着争吵的不断升级，我和莉娅都开始变得很生气，说话的语气越来越差。好在我的幽默感还没彻底消失，知道在这个虚幻的世界里为现实争论是件多么可笑的事情。在我们的快乐时光还没被彻底毁掉之前，我先熄灭了“战火”。我说：“可能是我说错了，也可能是你听错了，但不管怎样，我们的晚餐都定在 7 点。”

听了这话，莉娅在愤怒的“指控”中停了下来，转过身去接着排队。不过还是不认输地背对着我嚷了一句：“你说的就是六点半。”不过这次，她言语里的火药味没那么强了。

“如果我真是这么说的，那么对不起。”我说道，微笑又回到了我的脸上。

请注意，我并没有简单地说一句：“对不起，你是对的，我是错的。”我有自己的记忆，同时也尊重莉娅的说法。这样事情就会朝着更重要的方向发展——让我们俩玩得开心。在任何关系中，无论是夫妻关系，同事关系，兄弟姐妹关系，让双方都有愉快的经历，不正是这些关系的底线吗？又有谁不希望能与他人快乐地、开心地交流呢？

约翰·列侬（John Lennon）曾经一语双关地说过："现实总是留给想象极大的空间。"为何这么说呢？因为现实是个相对的概念。你有你的"现实"，而别人也有他们自己的"现实"。它们是独立的、截然不同的，而且也是在不断变化的。你要习惯这种"现实"。

"现实"不一定总是正确的，就算在法庭上也是如此。很多调查研究都表明，目击证人的说明是一场审判中最不可靠的证词。他们在描述所发生的一切时，会把自己的想法、情绪、偏见、感情以及其他很多因素掺杂进去，从不同角度掩盖了事实的真相。

如果你曾经历过交通事故，就会知道这一说法是多么正确。就在事故发生几分钟后，你和另一个目击者开始向警察讲述事发经过。这时你会发现，大家的记忆迥然不同。你们都在现场，也都是从自己的角度阐述事实。但是到最后，警察能做的，只是去分辨你们谁的说法更可信，或是看怎样组合证词，才能让案件更合情理。目击者似乎都在证明自己所经历的就是"真相"。可这时"真相"已经离"现实"很远了。因为，现实总是留给想象极大的空间。

约瑟夫·坎贝尔（Joseph Campbell）说过："现实是英语中唯一一个总是应该被加上引号的单词。"所谓"现实"都是相对于说明它的人而言的。为了当下的"现实"而争论，对双方来说，都是件很可悲的事。我们都生活在自己的世界里，当不同的世界交汇到一起时，关系也就形成了。如果我们坚持认为——自己的世界才是唯一正确的，那么实际上，我们是在为所处的关系制造麻烦。

我有个很特别的爱好——喜欢在下午没事时，溜出去看场电影。有时我选对了场次，整个放映厅里就只有我一人。我很享受这样的时刻——一个人坐在空阔的场子里，让我觉得自己很像电影院的老板。

几年前，在连续工作了几周之后，我决定让自己好好休息一下，就偷偷地跑到当地的一家电影院去了。我在观众席的正中给自己找了个好位子。灯光渐渐暗下来，我很开心地发现，电影院里只有我一个人。可就在开始播放片头字幕时，一对老夫妻走了进来。这家电影院里有 400 多个空座位，可他们偏偏坐在了我正后方的位子上。

现在，我需要讲述一下我这些年的“影史”。虽然没什么可自豪的，但我过去真的是个“秩序监察员”，要是有人敢在电影播放时说话，我会毫不犹豫地给他们一记“眼刀”；要是他们不予理会，我就会“嘘”一声，提示他们保持安静；如果他们依旧聒噪，我就只好去请电影院的经理了，这虽然有点尴尬，但是过去我一直都这么做。我并不为此感到骄傲，只是习惯了看电影时享受安静。有趣的是，当我不那么在意是谁破坏了我的“安静法则”时，却发现周边说话的人越来越少了。可能那些“没修养”的人也是被我的挑衅行为激怒的吧，我越是阻拦，他们就越要讲个不休。

我们接着讲上面的故事。电影一开始，那对坐在我正后方的老夫妻就开始侃侃而谈——很大声地说个不停，他们哪里是在聊天，简直就是在“喊话”！有几次我真想“嘘”一声，让他们安静下来。我甚至还想过去找经理。可是最后压下心中怒火，告诉自己：“我老了的时候说不定也这样呢！”“不要去找麻烦了，跟他们发火又能怎样呢？还是好好欣赏电影吧。”有时他们的声音太吵，我就会跟自己说：“电影院这么大，不行我就坐到别的地方去。”这么一来，我就把他们的声音屏蔽掉了，饶有兴致地看完了电影。

散场时我站起来想要离开，这时我才第一次看清他俩的样子，他们真的很老了。那位老先生慢慢地从椅子上站起身，我才发现，他戴着助听器。这时老人又转身去搀扶他的太太。她也很老了，和老先生差不多的年纪，连站起来时都有些颤抖。她一边起身，一边拉开了一根伸缩手杖，那是一根顶端是红色的盲人手杖！这一刻，我突然明白他们为什么会在看电影的时候讲话了。

在我的“现实”里，他们没有一点看电影时应具备的礼仪，那么多空座位却偏偏坐在我身后；在我的“现实”里，他们一直都对屏幕上明摆着的场景做些空洞的评论，那些谈话真的毫无意义；在我的“现实”里，我比他们“有素质”，因为我并没有因为他们的行为大声抱怨。我理所当然地认为：“像他们这么大的年纪，应该懂点礼貌才对！”

这就是我的“现实”。可是现在，当我看清这对夫妇的样子时，现实却出现了另一个完全不同的版本。我看到了他们的世界——那个令我感到意外的现实。那些讽刺挖苦的想法早就一扫而光。我看到了他的助听器，还有她的盲人手杖，明白了他们之前的谈话并不是什么没头没脑的闲聊——她几乎什么都看不见了，他就把那些场景用自己的语言描述给她听；而他几乎什么都听不见，她就把那些他听不到的台词复述给他听。

我已经忘了那天看的是哪部电影，可我永远也不会忘记那对相爱的老夫妻，互相搀扶着微笑走出电影院的样子。

开心或愤怒，精彩二选一

佛说：“眷念是一切痛苦的根源。”我们每个人都生活在自己的世界里。这个“世界”完全是由我们自己创造出来的，所以我们会对它有很深的依恋。表面上看，我们的“世界”和别人的“世界”并没有什么不同，但实际上，每个人的世界都是独一无二的，我们用思维创造了一些意义和关联，并把这些赋予到自己的世界当中。我们的世界是由我们的想法排列而成的一个连续性的故事。它看起来很真实，可实际上只不过是一个故事，一个传说，一个寓言——是完完全全的虚构。

每个人所处的世界，都会影响他与其他人的关系。为了更深刻地理解这一点，你可以想象一个分离舱似的房子正漂浮在太空中。它宽敞明亮，质朴舒适。而这个太空屋就代表着一种潜在的“关系”。促使你们来到这个“太空屋”的因素有很多，任何能让你们相遇的事物，都可以成为这种关系的起因——也许你在洗衣店门口排队时，他就站在你旁边；也许你上课时他就紧挨你坐着；也许他是你的同事；或者由共同的朋友介绍你们相识……不管是什么原因让你们走到一起，你们已经被聚拢到这个叫做“关系”的太空屋里了。这屋子有几面白色的墙，上面空空如也。不管你们在这里停留多久——几秒还是一辈子，都无关紧要，最重要的是，你们已经来过这个舒适、洁白、纯洁无瑕的“太空屋”了。

虽然你们已经来到了一个新的天地，可都还眷恋着自己的“故乡”——自己原来的那个世界。而且你们都带了一大堆照片，它们代表了你们喜欢和讨厌的东西。随着双方在这种关系中相处时间的延长，两个人都开始用照片来点缀房间，它们代表着你们相处的经历和对彼此的看法。如果你在对方身上发现了一些你喜欢的东西，就会往墙上钉一张让你感到开心、舒服或安全的照片；如果你觉得对方很无礼或不怀好意，你就会钉一张代表着你受到伤害、威胁或愤怒的照片。这样时间一长，原本空无一物的墙上，就会钉满了各种情绪的照片。不仅如此，当别人贴上新照片的时候，你也会毫不犹豫地贴上一张，去反馈他照片里的内容。渐渐地你会发现，你已经不再去关注对方了，只是按照那些图像来决定自己的感情和行为。

随着时间的推移，你和对方之间的关系开始反映墙上那些图片的内容。现在，你所看的不是对方的行为，而是你俩贴在墙上的那些照片。你们不再是这个原始环境里的精彩、独一无二的个体，成了两个机器人，只会机械地接受外界的刺激，作出反应。你该怎么做呢？从“太空屋”里弹出来，摔得粉身碎骨？最好的方法就是让自己明白，现在所发生的一切都是那些照片的结果，你们都在持续、无意识地参照里面的内容，最终导致了这种结局。

当别人对你不满时，你可以对自己说一句：“那只不过是他挂在我们关系里的一张照片罢了。”或者“那只不过是他挂在自己脑子里的一张照片罢了。”这样做，会让你从坏情绪中解脱出来，让你卸下“武装”，驱散那种想要以牙还牙的冲动。这句话将各种经历去人格化，包含着强大的力量。

当别人对你不满，在你们的关系中悬挂了一张诋毁你、轻视你的图画时，请你也悬挂一张画去回应他们，但是要挑选一张理解宽恕的图画，让对方知道你理解他们所面临的困难，能够体谅他们的作为。

你有没有注意到，在一些宾馆里，人们不仅要挂一些图画，还会用螺丝把图画固定到墙上。我们也是一样，不仅在所有的关系里都张贴了图画，甚至还把图画牢牢地固定在“墙上”。如果它们只是一种“仇恨的标记”，时刻向你提醒那些不快的经历，那么你就可以考虑把它们拿走或替换掉。总是去看那些消极、痛苦和有害的图画，只能加重你在关系中的痛苦和不适。

当你和对方发生了摩擦，让你感到愤怒和不满，那么就有义务去释放这些情绪。这正是宽恕的精髓所在。宽恕可以定义为“放下仇恨”，它是一个内在的过程。它要求你将那些对过往消极经历的能量都释放出来。你不需要跟对方说什么，只要把你脑海中的那些“图画”拿走就可以了。

想要宽恕别人，第一步要做的就是问自己，那些愤恨和不满会给你带来什么好处？在神恩还未展现，疼痛依然深刻的时候，问自己，是哪些经历让你成长，为你指明了方向。然后开始学会感恩，去感谢那些伤痛。

一开始，你的思维可能会拒绝这样做。宽恕不是件容易的事，但是它却能让你在关系中寻找到快乐和成功。

释放你心中的仇恨

用你的宽恕忘掉过去的一切。在很多关系中，一方对他在之前关系中积累的怨恨耿耿于怀，在建立了新关系之后，还把这种怨恨投射到新的关系对象身上，使当下的关系越变越糟。在这样的情况下，就应该把那些图画从墙上拆下来，放下它，烧掉它，总之，请释放你心中的仇恨。

我们把单词“resentment”（仇恨）拆开，就得到了一个新词“re-sendment”（重新发出）。当你心怀仇恨时，你就是在“重新发出”这种消极的能量，并把它作用到自己身上。不愿宽恕就好像扔出一个沾满污物的回旋棒，它在飞行的过程中，会沾上更多的脏东西，可是最后它还是要回到你手里。仇恨越深，作用在你自己身上的消极能量就越强。当你紧抓着仇恨不肯放下，它不会伤害到别人，相反，只会伤害你自己。

最近，我认识了一家人。他们曾捡到一只被遗弃的小暹罗猫。在这之前，他们家已经有一只猫了，不想再养其他的宠物。但是这只可爱的小猫还是触动了他们的神经，让夫妻俩忍不住把她带回了家。他们问自己两岁大的女儿，要给小猫取个什么名字，小女孩说：“Marvel（奇迹）”。就这样，Marvel 成了这个家里最受宠爱的一员。

像其他小猫一样，Marvel 好奇而爱玩闹。一开始，她还是一只“居家猫咪”，虽然有很少几次，她会冒险到室外走一走，可是一旦她觉得害怕或受到威胁时，就会迅速跑回屋里，躲到安全的地方。全家人都很喜欢她，甚至有点溺爱了。而作为回报，她会依偎在小女孩的枕边睡觉，还有趴在妈妈怀里，帮妈妈“按摩”，常常一按就是几个小时。

住在街对面的男人也养了宠物——两只很大而且精力旺盛的杜宾犬。两只狗就住在他家院子的围栏里，但是大部分时间都呆在自家的车库里。每天，主人把它们从院子带到车库的时候，都会把项圈和链子拿下来，让它们享受一下“自由”。

一天，就在两只狗去车库的路上，它们看见了 Marvel。那时，Marvel 正安静地坐在门前的台阶上，仔细地清洗小爪子。两只狗一下子就窜了过来，它们的狂吠声让Marvel害怕得要命，她发疯一般奔跑着，躲避两只“怪兽”的劫掠。小猫拼命跑到屋子后面，跳到木制的平台上。就在那两只大狗马上就要跳上台阶袭击 Marvel 时，女主人赶来了，她一把将小猫抱进怀里，将其救了下来。

那位男邻居也跑来了，他很尴尬地把狗抓了回去，把它们牵到车库里关了起来。女主人又怕又怒，要不是她来得及时，Marvel 肯定已经被那两只狗咬伤了。她对邻居大吼道：“把你那两条该死的狗看好！要不然就等着给兽医院送钱吧！”她颤抖着把小猫抱在怀里，回到家中。

几星期后的一天早上，这位太太被一阵她描述为“令人眩晕”的声音吵醒了。她戴上眼镜，跑到窗户那里一看，天呢！那两条杜宾犬又来了，它们正把 Marvel 叼在嘴里拔河呢！可怜的小猫嘶叫着，徒劳地抓挠着想要挣脱出来，她已经血肉模糊了！看到这一切，女主人愤怒了。她飞跑过去，奋力把那两条狗赶走。她哭泣着轻轻抱起受了重伤的小猫，开车带着她去了兽医院。而杜宾的主人呢，再次把两条狗关进了围栏，震惊却沉默地看着女主人开车消失在街道尽头。

“医生已经没办法了，”这位太太告诉我，“我们只能哭着让 Marvel 离开。”那些天，全家人都沉浸在失去 Marvel 的悲痛里。而这时，杜宾的主人给他们发了一张便签，上面写着：“我为你们小猫的离去感到遗憾。我会付兽医费的。”邻居的道歉一点也没有减轻这家人的痛苦，他就像在进行一桩交易，觉得只要付了钱大家就扯平了。

女主人走到街对面，给那位邻居送去了 475 美元的兽医账单。她回忆说：“我把账单送到他那里，他露出一副很轻蔑的样子。我很愤怒，跟他吵了起来。他说是 Marvel 自己跑出来让狗追的。我们不停地朝对方大吼，最后我怒气冲冲地走了。”

几天后，兽医办公室打来电话说账单还没有付清。女主人还在生气，无法也不想再去面对她的邻居。“算我们倒霉，把账单付了吧，”她说，“不值得跟他那种人理论。”

付出的人拥有最大的控制权。

——克里斯汀·马多尔（Christine Mador）

“在一年半的时间里，我和这个男人常常怒目相向。虽然我们住得很近，几乎扔块石头都能砸到对方，可我们却从不说话。”这位女主人跟我说，“我每次出门前，都要先看看他是不是在外面，我可不想遇见他。如果哪次我们碰巧一起出门，都会转过脸去不看对方。这让我感到不舒服，可是在怒气的驱使下，又觉得这样做很对。我曾试着去忘怀这段经历，可是无论如何都做不到。这种愤怒就像气泡一样不断在我体内爆发。我发现我的脾气开始变坏，就连跟自己的丈夫和儿子也没什么耐心了。”

国庆周到了，而 Marvel 也已离开他们 18 个月了。这位女士下决心要做些什么，打破现在这种糟糕的局面。“我强烈地意识到自己该摆脱这一切了。”她说，“我不能再惩罚他了，因为这也是在惩罚我自己。每次我看见这个男人都会想到 Marvel 的死。”她不确定下一步该做些什么，只能顺应自己最自然的想法——烤了一炉她拿手的巧克力曲奇，把它们放到一个大碗里，并且打了一个漂亮的蝴蝶结。就这样，她拎起碗，艰难地走到街对面，那个男人正在那儿修剪花草呢。

“还和往常一样，”她说，“我的邻居依旧别过脸去不看我。我朝着他走过去，脑子里反复播放着一首歌。那首歌是约翰·梅耶尔（John Mayer）的《*Say What You Need to Say*》。歌里是这么唱的‘像一个人的军队一样行走，和脑海里的阴影战斗，让生活一如往昔，知道忘记是最好的选择，但是，如果你可以，那就说出你要说的话。’”

男人像一只被困在角落里无处可逃的小兔子，不得不抬起头来看着她。女人微笑着把礼物递给他。其实，她还在碗里放了一张小卡片，上面写着：“国庆节快乐！我很遗憾因为 Marvel 的离去，没能和你成为很好的邻居。”

“一开始他有点愣了，”她告诉我，“可是一会儿之后，他就露出了如释重负的表情。我肯定他心里也很过意不去。”女人转过身，轻快地穿过马路，回了自己的家。事情总算解决了。她卸下了心里的包袱，摆脱了这种痛苦的折磨。而小 Marvel 也可以安息了。

“从那之后，我们的关系好多了。每次见面也能热情地打个招呼，说些‘嗨，最近怎么样？’或者‘今天天气不错！’之类的话。他永远也不会成为我最好的朋友，但是，我没必要非去讨厌他。”这位女士放下了她心中的仇恨。这样，那些失去爱猫的悲伤记忆和对“凶手”主人的仇恨就不再折磨她了。

宽恕就是给予

著名作家拉瓦纳·布兰科维尔（Lawana Blackwell）曾这样写道：“宽恕可以说是一种自私的行为。因为它会给宽恕者带来无限的好处。”我们都有很多人要去宽恕。不管什么时候，你只要一想起某人或者一听到某人的名字就会感到愤怒、沮丧或痛苦，那么你就会明白，所谓仇恨，就是在重温痛苦的经历。这些情绪和你所有的关系一样，都被保存在同一个地方——你的头脑里——只有在这里，你才能把自己从仇恨中解脱出来。你背负着痛苦，你在挣扎，你正在用这些消极的情感和想法侵蚀着自己的灵魂。可你只是在伤害自己，而不是你所仇恨的人。19 世纪美国著名牧师哈里·埃莫森·福斯迪克（*Harry Emerson Fosdick*）说过：“憎恨别人，就好像为了赶走一只老鼠而把自己的房子烧掉一样。”你需要的不是烧掉你情绪上或精神上的“房子”，而是去宽恕，去原谅。

有一个很好的方法，可以让你学会如何去宽恕别人——坐在一个安静、舒适的地方，闭上眼睛。然后开始深呼吸，让你的胃（注意：不是胸膛）随着你的呼吸而收缩、扩张……同时，想象自己正置身于一个很大很豪华的剧院里，静坐在观众席第一排正中间的位子上。这是个古典而华丽的所在，主座位区上方悬挂着豪华的大吊灯。而这么大的剧院里，却只有你一个人，这时一种超然感和愉悦感油然而生……（让自己一直深呼吸，直到你感觉自己真的坐在这样一个大剧院里）请注视你的前方，那里是用天鹅绒幕帘装饰的舞台。灯光渐暗，只有一盏聚光灯在奢华的幕帘上，投射出一个巨大的光环。

坐在这儿，紧盯着这个光环，再深吸几口气。然后，想一个和你关系不太好的人（开始时最好不要想那些感觉糟糕透顶，或者你长期强烈仇恨的人，要选一个只是让你有点讨厌的人。学会去宽恕也要有一个过程，就像你的人生一样，先要学会爬，之后才能走。）

整个过程都发生在你的头脑里，因为你的仇恨也存储在这个地方。

一切准备就绪，接着想象这个人正从幕帘后一步步走到聚光灯下。他衣着光鲜，却很得体；他微笑着，看起来很满意的样子。他手里拿了一块木框的黑板，那上面空无一字。这时请你微笑着对他说：

“××（这个人的名字），现在我已放下了对你的仇恨。欢迎你走进新的一天，我会忘记过去，重新看待你。你让我明白了很多事情。感谢上帝让你出现在我的生命里——这是他赐予我的礼物。”

之后，在这个人露出优雅的微笑时，为他鼓掌。当你觉得你已经顺利完成这部分的练习时，就在想象里邀请他坐到你身边来。在成功原谅这个人之后，再重复此过程，去原谅别人。

现在，你曾经的敌人变成了坐在你身边，关心你、支持你的盟友。而这就是让你去宽恕别人的动力。

我曾用了一个周末的时间来做这个练习。这真是个强大的、具有改造作用的过程。我在脑海里一个接一个地想着不同的人，我很惊讶地发现，竟然对这么多人心怀怨恨。我还觉察，其中有些人我目前还无法宽恕。如果我不能邀请他们坐到我身边，无法让他们成为我真正的朋友和精神上的导师，那么我就会道歉，请他们给我一点时间，先到后台的休息室里小憩。而我会接着把其他人一个个地在脑海里形象化。过了一会，坐在我周围的盟友越来越多，有了他们的支持和鼓励，我会把那些还在后台等我的人请出来，试着去宽恕他们。如果这时我还是没有准备好，我会再让他们回到后台休息，直到我彻底放下的那一天。

在做这个练习时，不要去评价你为何无法谅解别人。这就像在清扫一间满是蜘蛛网的阁楼，不能也不必太心急。要获得解脱是要花费时间的，也只有时间才能让你彻底解脱。

宽恕（Forgiving）就是给予（for-giving）。它是你送给自己的一件礼物。

当你可以看透那些痛苦的过往，并且真诚地跟对方说一句“谢谢你给了我这种经历”时，你就知道自己已真正原谅此人了。

如果你不想影响相互间的关系，就不要在关系里悬挂图画。如果有哪个人的消极图像在你脑海里闪过，那么就让它接着“闪开”吧，不要把它挂在“墙上”。即使对方的行为让你觉得他对你很怨恨，也要提醒自己：“那只是他们关于我的一张图画，仅此而已。那是他们的看法，不是真实的我。”

你或许会想：“如果我那么做了，不就是在伪装自己吗？我想在关系中展现真实的自我，而这不是真正的我。”事实，要和所发生的事件联系到一起才能成为事实，它是一个相对的概念。据圣经历史学家研究发现，现存最古老的新约手稿残本其实就只有一段文字，只包含了约翰福音第 18 章第 38 节（John 18:38）的内容。在这段里，彼拉多（Pilate）问耶稣：“真理是什么？”（这也是这一章的中心主题）这是个多么讽刺又多么深奥的问题呀！在最古老的基督教著作当中，人们就在询问如何才能得到一种不可否定、毋庸置疑的真理，可是世界上并没有这种东西啊！所谓的真理和事实，只不过是来自于个人世界的片面观点而已。

在轰动一时的大制作影片《骇客帝国》中，尼奥（基努·里维斯饰）问孟菲斯（劳伦斯·菲什伯恩饰），他们所处的帝国是真实的吗？孟菲斯回答说："什么是真实？真实该怎么定义？如果你指的是触觉、嗅觉、味觉和视觉，那只不过是大脑解析的一组电信号罢了。"

我们所有的经历都要通过大脑来解析，而就在这个解析的过程中，"不同"产生了。如果我们企图向外界宣告，只有我们的说法才是"真实"的，那么这种"不同"就会转变成阻碍关系发展的难题。

你可能会想，如果能有计算机一般的头脑，我们就能解决很多冲突。因为计算机客观又有逻辑性，既不会贬低别人也没有那么多繁琐的关系。事实，也许并非如此……

几十年前，人们给一台第一代语言解析计算机布置了一项任务，让它把一句很常见的英文习语"Out of mind, out of sight."（眼不见，心不烦。）译成西班牙语，再译成德语，然后译成法语，最后再回译成英语。这台没有任何感情色彩、又对人类的历史、观点和关联毫无概念的计算机，在接收了这一系列指令之后，按照字面意思，最后将这句话译成了"Invisible, Insane."（隐形的，疯狂的。）很明显，它和原意截然不同。

从关系刚刚建立时开始，就没有所谓的"真实"，那只不过是一种观点而已。不要为了"现实"同别人争论不休。只要简单承认你和他有着不同的观点或记忆就可以了。那种想要证明自己正确的欲望一直在教唆你，让你去和别人争斗，毁损彼此间的关系。即使你暂且赢了一时，却无法享受长久的安宁。短暂的胜利，只是让你为下次争斗做好准备。而只有拒绝争斗，才可能不再遭受他人攻击。

制定标准，才能避免分歧

如果你处于一个比较权威的位置，比如说，你是一个孩子的家长或是位老板，那么在一些可以衡量的问题上，你对现实的描述就会取胜。你可以发出指令，但一定要做一位仁慈的指挥者。在这样的情况下，你要制定一个大家都接受的行为标准，并要求、监督所有人践行。清晰、准确地向别人传达你的期望是很重要的，不要想当然地认为别人会知道你在想什么。

如果你的一个雇员总是迟到，你可以去跟他讨论、争吵——到底谁的手表显示的是正确的时间。告诉他，只要他还来上班，你的时钟就是“官方时间”，这是合约中商定的标准，得按照它的时间开始工作。如果他做不到，那么好，让他走人，反正你的公司不适合他。

友谊的最终考验是分歧而不是握手。

——亚历山大·潘尼（Alexander Penney）

一个十几岁的孩子觉得自己的房间很干净、很整洁，但你可能不这么认为。如果真的发生了这样的分歧，那就说明你们的沟通存在问题。你要为房间的干净程度制定一个可接受的标准，然后就此标准和孩子达成一致。比如：地板上没有脏衣服，床铺平整，玩具和各种物品都放在合适的位置……房间只有达到此标准，才算干净。

我就认识一对夫妇，他们在和儿子相处时遇到了这样的问题。每次让儿子打扫房间，他用不上半小时就宣布“清扫完毕”，然后跑出去找朋友玩。可这对夫妇走进儿子房间一看，总忍不住怒气大发。有好几个月，夫妻俩都吼着儿子去打扫房间。可是他们发现，越是抱怨，儿子就越是不愿打扫。夫妇俩觉得儿子不尊重他们，儿子呢，也觉得父母在干涉他的生活，吹毛求疵。

还好父母及时发现了双方的分歧。儿子并非不尊重他们，他真的觉得房间已合乎标准，只不过那是他自己的标准。这回，儿子进入了父母的房间，他们问儿子："这房间你觉得舒服吗？""嗯……"他说，"床收拾得很平整，连个褶子都没有；梳妆台上没有乱七八糟的东西；衣服和书没有散落一地。"

"好，"妈妈说道，"现在我们去你房间看看，比较一下。"之后他们让儿子描述两个房间有何不同。之所以让儿子亲自讲述，是因为不想让他觉得大人是在责备和抱怨。有了父母的卧室做参照，儿子房间的整洁程度高下立现。父母说道："现在我们帮你把房间打扫干净，让它看起来更舒服。"大功告成时，爸爸问儿子，"现在你感觉怎样？"他们听着儿子的回答，说道："很棒，下次我们再请你打扫房间时，如果它达不到这标准，你就不能出去会朋友、玩电脑、发短信闲聊，明白了吗？"儿子同意了，而且从那以后，争吵就没再出现过。

成功沟通"三步法"

所有问题都是沟通的问题。如果你深入观察，就会发现，几乎所有的矛盾都是由误解引发。沟通双方有义务用一种清晰而有条理的方式传达自己的信息。一味地抱怨别人"没有在听"只不过是在推卸责任。而且在后面的章节里，我们也会讨论这个问题。如果你认为信息接收者三心二意，将其作为一种托词，他们就真的会那么做。成功的沟通，不是强迫别人肯定你的说法。在与对方交流时，要多使用"我"，少使用"你"。

一个成功的交流者会说："我感到很生气。"他只是在陈述自己的情绪状态，为沟通打开了一扇门。而一个蹩脚的交流者则会说："你让我很生气。"这就仿佛把沟通的门砰一声关了起来，因为对方会感觉受到了攻击。用"我"来陈述，就表示说话者只是把这件事当作一种经历——他们自己的经历；而用“你”来陈述，就暗示着说话者把责任推到了对方身上，而自己在扮演受害者的角色。

一位家庭治疗专家，跟我分享了一种很有效的沟通技巧，它分为三个步骤，由两人共同完成。第一步：由一个人先做一段陈述。第二步：由另外一个人向说话者解释并复述这段话。第三步：如果说话者认为收听者已经完全明了，那么两人就角色互换，再把这三个步骤重新演示一遍。假若之前存在分歧，这是一个澄清事实、促进相互理解的有效方法。

为了方便记忆，我把这三个步骤设计成了一个“A级三步法”。也是想要大家记住，要建立成功的关系，就要有A级的交流和沟通。

第一步：SAY（陈述）。由一个人先来说些什么。比如：“我希望我们能有多点时间呆在一起。我们下班都很晚，回来之后就闷头看电视。我觉得和你很疏远。”

第二步：REPLAY（重述）。另外一个人认真倾听，不做任何评价。当说话人陈述完毕，收听者再向他解释并复述刚才听到的话，检查自己是否完全明了。例如：“我刚才听你说，你希望我们能多花点时间呆在一起，不要让电视来分心。”

第三步：OKAY（确认）。收听者接着会向说话人询问：“你说的是这意思吗？”或者“我说的对吗？”如果说话人给出了肯定的答案，那么就角色互换，轮到收听者陈述。直到双方能正确理解、达成一致为止。

我知道你以为自己明白我所说的话，可我不确定你听到的就是我想要表达的。

——《经典语录》，解释（Classic quote, Paraphrase）

这三个步骤在两人间不断进行，开始时总会有些磕绊，但这方法确实能减少双方的误解，防止不良情绪的爆发。

曾经有一对新婚夫妇来向我咨询。他们十分沮丧。妻子说："我们没法沟通——每次都是两个人自顾自地指责对方，争吵不休，从来不能心平气和地谈谈——我们根本不是在沟通。"她告诉我，他们之间的讨论最后经常升级为争吵。

我建议他们试一下这个"三步法"。不久之后，丈夫就打来电话说："虽然状况不是一两天就能彻底改变，有时真的很难控制自己的情绪。不过我们达成了一致，只要在交谈中大家变得有些烦躁，就会用这个方法来控制自己。一开始时是有点麻烦，但是现在这已成了一种习惯，我们能很好地交流了。"

他妻子接着补充说："现在就算我们没说'让我们使用三步法吧'，我们中的一方都会自动地复述对方的话，并且询问对方这样理解对不对。如果他说了些什么，我就会说：'我听见你说……你是这个意思吗？'如果他觉得我没听明白，我就会要他再说一遍，然后我再复述给他，直到他肯定了我的理解为止。这让我们不会再像以前那样自以为是了。"

每个人都有自己的观点，都生活在自己的世界里。我们可以就别人的观点去和他争吵，也可以试着去理解那些隐含的意思。这就要看我们如何选择了。试着去理解，我们就能避免在关系中悬挂那些伤人的、有破坏作用的图像了。

关系中的"吸引力法则"

最近，我向一批教师和心理医生讲述有关"思维决定生活方式"的话题。我解释说："我们可以自己选择是去想那些开心或难过的事。虽然这些都是我们的'想象'，但它们也可能成为我们的'现实'。快乐的记忆产生快乐的态度，并因而创造出快乐的经历。”就在这时，坐在前排的一位女士举手向我提问。“我不喜欢那些总是乐呵呵的人，”她说，“他们是在伪装自己！”

我沉默了一会，并没有马上作答。从她那紧绷的下巴和尖锐的眼神来看，她已经准备好要和我进行一场辩论了。可是我并没有那样做，而是微笑着对她说：“我同意你的观点。”她看着我，流露出迷惑的表情。“从你的观点来看，那些总是很开心的人是在伪装自己。”……我又停顿了一下，而这位女士呢，则像在等待另一只靴子落下那般焦急地看着我。短暂的沉默之后，我把“另外一只靴子”扔了下来，“而从我的观点来看，那些总是悲悲戚戚的人也是在伪装自己。也许大家都在伪装。如果真是这样，我认为倒不如伪装得开心一点，既能让自己更有活力，也能让别人开心。”

我本来可以就这个问题和她争论一番，也可以引用一些新兴的“正面心理学”（Positive Psychology）的观点去驳斥她的理论。但我觉得没必要让双方的不同世界发生碰撞，它们是可以和谐共存的。我的观点会被那些总是很快乐的人所接受，而她的观点也是她头脑里想法的反映——仅此而已。

我最喜欢的一部电影，就是由罗迪·麦克多维尔 (Roddy McDowell) 主演的最早那版《人猿星球》。最近我看了一部关于这部电影的纪录片。在当时，它的拍摄可以说是电影界的一件大事。为了增强故事的真实感，让观众觉得真有那么一个被人猿占领的星球，在电影刚开始拍摄时，制片方就规定任何演员都不能戴面具，只能靠化妆技术创造出各式各样的“人猿”。不管演员离摄像机多远，也不管他们有几分钟的镜头，甚至是临时演员都要跟主演一样，化上全套的人猿妆。

在这部纪录片里，麦克多维尔说，那时想在好莱坞拍别的电影相当困难，因为几乎所有的化妆师都在为《人猿星球》剧组工作。大家发明了一种流水线式的化妆方法——演员们从一个椅子换到另一个椅子，完成涂乳胶、上妆、往脸上贴毛发等一系列“工序”，每一步都由不同的化妆师专门负责。在这之前，他们用传统的化妆方式给一个演员化完整套妆就要几小时，而使用了流水线的作业方式后，完成全体演员的化妆却只需要 6~8 个小时。大大缩短了化妆的时间。

麦克维多尔还注意到一个现象：演员们在等待上妆的时候，会聚在一起四处闲逛。不过他们会以不同种族为单位聚在一起。白人、黑人、亚裔、拉丁裔演员各自为阵。化过妆之后，所有的临时演员就以各种猿类的形象出现了——大猩猩、猩猩、黑猩猩——“品种”很多。

有趣的是，当这些演员被化妆成人猿之后，就不再以种族为单位聚在一起。这时，大猩猩会和大猩猩一起四处闲逛，猩猩会和猩猩呆在一起，而黑猩猩会和黑猩猩聚到一块。

由此可见，人们喜欢和自己相似的人呆在一起。如果我们的世界是由那些快乐、和谐以及我们支持者的图像组成，那么这些人就真的会出现在我们的世界里。相反，如果我们的世界是个阴暗、危险的地方，我们就会遇到一些不堪的人，他们的出现会加强这种现实。我们不断地问自己很多问题，在脑海里悬挂各式各样的图画，就这样，我们的世界便被创造出来了。

薇拉·凯瑟（Willa Cather）写道：“事实上，生命的动力来自于内部，而非外部。”审视一下你的各种关系吧，承认你有改造它们的能力。你可以问问题，但一定要确认它们能够架设桥梁；你也可以悬挂图画，但是要确认它们能够促进和谐。宽恕他人的冒犯，热爱自己的世界，同时也要尊重他人的世界和现实。

·不·抱·怨·观·念·

■每个人都有自己的风格，都是独一无二的。我们需要做的，就是去欣赏彼此的共同之处，对于彼此间的不同，也要欣然接受。

■为现实而争论是导致失败的主要原因。

■当别人对你不满的时候，你可以对自己说一句："那只不过是他挂在我们关系里的一张照片罢了。"或者"那只不过是他挂在自己脑子里的一张照片罢了。"这样做，会让你从坏情绪中解脱出来，让你卸下"武装"，驱散那种想要以牙还牙的冲动。

■如果你和对方发生了摩擦，让你感到愤怒和不满，那么就有义务去释放这些情绪。这正是宽恕的精髓所在。宽恕可以定义为"放下仇恨"，它是一个内在的过程。

■不愿宽恕就好像扔出一个沾满污物的回旋棒，它在飞行的过程中，会沾上更多的脏东西，可是最后它还是要回到你手里。仇恨越深，作用在你自己身上的消极能量就越强。

■当你可以看透那些痛苦的过往，并且真诚地跟对方说一句"谢谢你给了我这种经历"时，你就知道自己已真正原谅此人了。只有拒绝争斗，才可能不再遭受他人攻击。

·不·抱·怨·行·动·

■当你跟别人意见不和时，问你自己："我们怎样才能以一种和谐一致的方式相处下去？"让这句话成为你的箴言，并在头脑里不断重复它。

■不管何时，一旦你发现自己和别人在现实问题上有分歧，简单地向别人说一句"我尊重你的观点"就可以，然后就不要再去想它。有必要的话，多重复几次。

■在内心清点一下你遇到过的人，过去的、现在的都算在内。当你在回忆他们时，会不会有生气或不安的感觉？如果有，就试试我在这章里讲过的那个宽恕练习。

■找一个人和你一起做"SAY, REPLAY，OKAY"的三步法练习。两个人轮流扮演不同的角色，完成三个步骤。以后你再和别人争论时，就试一下这个方法。

Part 3

如何让自我得到满足

- 区分陈述和抱怨
- 您可能不知道……
- 询问的惊人力量
- 你付出多少，就会得到多少
- 帮助别人，你的心灵才会富足
- 以包容之心，回馈这个世界

人是唯一不以动物欲望为满足的动物。
——亚历山大·格雷汉姆·贝尔

区分陈述和抱怨

人的欲望是无尽的，除了对食物、水、住所和性的基本需求外，我们还有那么多需求希望得到满足。一些关系遭遇挫折，是因为处于关系中的人们为了让自己的需求得到满足，总是在互相抱怨。他们不明白，抱怨不但无法解决任何问题，还会将人们困于问题当中，使他们沉浸在失意、沮丧中，无法自拔。

在《夫妻抱怨性互动分类》一文中，J·K·阿尔伯茨博士写道："消极的沟通，例如抱怨，是影响夫妻关系的重要因素。"就像我在前言中提到的那样，阿尔伯茨进一步阐述道："各种研究表明，消极的状态和沟通方式，常会导致在关系中产生不满。"

解释：如果在一个人的关系中存在很多抱怨，那么他就很难在这种关系中寻求快乐。

在《家庭沟通》(*Family Communication*)一书中，作者克丽丝·塞格琳是这样说的：“一般那些感到苦恼的夫妻，会在沟通时展示出一种消极状态，而这种消极状态又会引发大量的逆反情绪。”

解释：如果关系中的一方或双方对这种关系不满，并且极力想要满足自身需要，这时就可能会产生抱怨，而这种抱怨会引起不满。就这样，一种“不满←→抱怨”的恶性循环就产生了。

罗维尔·J·克罗柯夫(Lowell J. Krokoff)等人在1988年的研究中发现，减少负面影响，比增加正面影响更有利于改善夫妻关系，提高婚姻质量。

解释：停止消极的抱怨，比增加积极改变更有利于关系的改善，用另一句话说就是“友善的言辞比漂亮的鲜花，更有利于关系的发展。”

在各种关系中，人们为了满足自己的需要，最常做的就是抱怨自己的“遭遇”，而不是清晰地表达自己的意愿，以上的这些研究都表明——抱怨是腐蚀关系基础的罪魁祸首。

不满←→抱怨

向别人抱怨会降低关系的整体质量，让被抱怨者感受到你在轻视他或诋毁他。而且，当你在抱怨一个人，对他进行消极描述的时候，你的抱怨只会起到反作用，让他“融入”到你的描述当中，继续那些让你厌恶的行为。

著名作家托马斯·史丹利(Thomas Stanley)博士是这样说的：“你给别人贴上‘标签’，常常会刺激他按照你给他的冠名来采取行动。”就像有些女人说：“男人都是狗。”而在生活中她们所遇到的真的就是“狗一般的男人”，当你向别人抱怨他的某种行为时，这个人很有可能会继续这种行为，通过抱怨去阻止恶行，胜算非常渺茫。

什么是抱怨？字典里把抱怨定义为：“表达悲伤、痛苦或不满。”这种简单的定义仍给我们留下很多疑问——有时我们说的一些话，到底是抱怨还是对事实的陈述呢？我自己对抱怨的定义是：“对现存问题的过分关注和积极陈述，而不是对解决方式的寻求。”

克莱姆森大学（Clemson University）的罗宾·柯瓦斯基博士（Dr. Robin Kowalski）写道：“某个具体的陈述中有无抱怨的成分，取决于说话人是否心怀不满。”因为那些可以被称为“抱怨”的陈述背后，都隐藏着一种内心的不满和厌烦，或者是一种消极的能量。

“今天是个大热天”只是一个关于事实的陈述，不是抱怨。而“今天太热了！”就是一句抱怨。这句陈述暗示了说话者对这种状态有一种消极的感受。

“你把袜子扔在了地上。”是对事实的陈述，而“你总是把那些该死的袜子扔在地上！”就是一种抱怨。对事实的陈述是没有感情色彩的，而抱怨中则承载了消极的能量。在上面的例子中，我添加了一些词语，“太”、“总是”和“该死的”，而正是它们将所隐藏的消极能量表达了出来。

在大多数情况下，我们之所以抱怨，主要目的是要表明自己被冒犯了！抱怨中隐含的意义就是“你（或者上帝，全世界，天气，任何东西）怎么敢如此对我”。

我们非常容易把自己和他人的行为联系到一起，为什么会这样？因为我们是自己世界里的王。因此，对于我们来说，一切事件或行为都和自己息息相关。在下面几章里，我会详细讲解一下人们为何会产生这种错觉，以及避免的方法。而现在，我们要做的就是明白一件事，那就是大部分的抱怨都包含着一种消极情绪。人们常常会把自己和所发生的一切联系起来，认为所有事情都是“针对”自己的，而正是这种想法激发了人们的消极情绪。

你可能会问："我们既然知道抱怨会引发不和谐，会将我们困于消极的互动当中，会增加彼此间的分歧，让我们的关系产生隔阂，却为什么还要抱怨呢？"

人们之所以会抱怨，原因很简单，就跟小孩子为什么会哭一样，都是因为对某些事情不满，但是却缺乏语言技巧，无法让别人满足自己的需要，不得已只好用一种消极的方式和陈述来传递信息。因为人们总认为自己的"现实"才是唯一、正确的现实，不管发生了什么事，都肯定和自己有关。大多数人都不明白，如果他们能组织自己的语言，用一种积极的方式来表达自己的意愿，得到满足的几率，会比抱怨要大得多。

您可能不知道……

最近，我去了科罗拉多州的丹佛市，住在那儿最好的一家酒店里。这家酒店装修豪华，设施齐全，服务也十分周到，因此深受客人好评。我登记之后，直接进了自己的房间，放下行李就去城里走了一圈。逛了一会儿，我回到房间，换了身衣服，去酒店楼下的健身室里做做运动，让自己恢复活力。之后我又回到了房间，洗了个澡，换衣服去楼下的餐厅吃晚饭。大概晚上 8 点钟左右，我回来了。这时忽然从墙壁传来一阵阵很有节奏的声音——"呜……吱……呜……吱……"

别多想，这可不是什么灵异事件。我的房间在酒店 6 楼，而紧挨着这家酒店的是一座 5 层高的大楼，这幢楼顶上装了一个很大的、锈迹斑斑的电风扇，它一转起来就会发出"呜……呜……"的怪音。而且旋转的扇叶总是会碰到外框上一个生锈的地方，发生刺耳的"吱……吱……"声。白天风扇没打开，所以我没听到这声音；可是现在风扇开始工作了，就制造出很大的噪音。

大家都知道，我是个倡导“不抱怨”的人。你们大概很好奇，我是怎么处理这种情况的，其实很简单，我下楼找到前台负责人，跟他说：“您可能不知道，不过隔壁楼的楼顶装了个大电风扇，可能它很长时间没有上润滑油了，一转起来就发出很大的噪音。你看我明天还要去演讲，今晚要好好休息一下。您能给我换个房间吗？”就这样，他们不但帮我换了房间，而且还给我免费升级到了一间漂亮的复式套房。

被安排住进一个吵闹的房间里，这让我很不满意，我想改变眼下的状况，可是我并没有怒气冲冲地跑到前台大吼：“你们怎么敢这样对我？！”我觉得，这家酒店的声誉这么好，肯定不会故意把客人安排到这样的房间自毁形象。一定是管理人员还不知道那个尖叫的老风扇的事。所以，在跟他们说话时，我用“您可能不知道……”开始了自己的陈述。

“您可能不知道……”是个很神奇的句子。当你向他人表达你的需要，陈述不满时，它能让你的评价听起来不针对任何人，有了这句话，就说明你对这件事充分理解，知道别人不是为了让你烦恼才这样做的。

几星期前，我去电影院看电影，坐在我前面的一位女士一直在收发短信，虽然她把手机调成了静音状态，可是每次她收发短信时，屏幕上的亮光都会晃到我眼睛，让人不太舒服。于是，我拍拍她的肩膀，说：“您可能不知道，像您这样拿着手机时，屏幕上的光总会晃到我的眼睛。如果您不介意，在电影放映时可以不发短信吗？”听了我的话，她惊讶得差点从椅子上跳起来。她真的不知道自己会打扰到别人，随后她向我道了歉，并且关掉了手机。

就像婴儿啼哭是因为他缺乏语言技巧，无法让别人满足自己的需要一样，我本可以找到丹佛那家酒店的管理人员，跟他们说：“这个鬼地方到底是怎么了，我还以为你们是丹佛市最好的酒店呢！”（哇……婴儿开始哭了）我原也可以对那个电影院里的女士说：“嘿！你能不能不把你那个白痴手机拿出来？它晃到我眼睛了！”（哇……婴儿又开始哭了！）要是这样的话，他们百分百会拒绝我的要求。

如果你对别人说："您可能不知道……"然后接着向他解释自己的看法和建议，大多数人都会认真倾听，并且按照你的建议做出回应。要想达到这种效果，首先就要确定你的陈述里不包含任何消极的能量，不能责备，更不能挑衅。你绝不能这样说："你可能不知道，但是你家那条癞皮狗把我的花床刨烂了！如果再发生这样的事，别怪我对它不客气！"这种说话方式只会激起别人的抵抗，他们绝不会妥协，更不会按你的要求做出回应。你应该真诚地表达自己的意愿，言语中不应带有任何埋怨和仇恨。

在你的世界里出现某种问题、你有某种不满的时候，别人却无法进入你的世界，更无从知晓你还有何种需要未得到满足。如果你正试图消除与他人之间的隔阂，那么一定要十分注重言语的作用和影响。你的言语要像鸽子落到树枝上一般轻柔，而不能像砖头砸碎玻璃般粗暴。

询问的惊人力量

"如果他爱我，就会知道我想要什么。"这是一位女士在向我描述她丈夫时所说的话。

我告诉她："爱情并不能赋予人超能力。而且，让你的需要得到满足是你自己的责任，不是你丈夫的义务，你应该负起责任，努力得到自己想要的东西。他爱你的事实，不应该成为你逃避责任的借口。"

在大多数情况下，如果你能让对方知道你在要求什么，追寻什么，对方会给你帮助，让你的需要得以满足。大多数人都是友好、亲切、爽快、甘愿付出并乐于让对方高兴的。在你说了"您可能不知道"也无法解决问题时，就需要将其诉诸于另一种行为，它是人类能够实施的最强大的一种行为，为实现自己的愿景铺平道路，它就是——询问。

因为我询问了，丹佛那家酒店的人才会帮我换房间，也正因为我询问了，电影院里的那位女士才肯关掉手机。只有你肯去询问，别人才会乐意帮忙。

如果是这样，我们还在犹豫什么呢？为什么不去问问呢？因为我们害怕被拒绝，向一个不相干的人抱怨，把自己描绘成事件的受害者，要比向人提出要求却可能遭拒容易得多。有句谚语告诉我们："张口发问可能会让你表现出五分钟的无知，可是不发问的人永远无知。"想要在关系中搭建桥梁，我们就需要去询问，而且是直接向可以解决问题的人询问，一定要清晰地表达自己在追求什么结果。并且我再说一次，不要让自己的询问中包含任何消极的能量。

"如果您不介意，可以在电影放映时不发短信吗？"这是在询问，而"你能把你那该死的手机关掉吗？"则变成了一种抱怨。这是一种直指对方的消极能量，听了这话，对方很难按照你的要求做出回应。你用言语侵犯了别人的世界，而对方很可能会"反侵略"，至少不会向你妥协。

当我们追寻自己的目标，想让需求得到满足时，最重要的就是坚守自己的意愿，直到它得以实现为止。三心二意地尝试一下，然后抛出一句："看！我就说这样做没用嘛。"让自己更加坚信"我就是个牺牲品"，然后开始向别人抱怨，强迫别人和我们达成约定，让自己的不作为看起来更合情合理。这样的做法，只会让自己的需求永远无法实现。

你付出多少，就会收获多少

直接而且只和能解决问题的人谈话，可以为你提供一条不用抱怨就能解决问题的捷径。就像我在丹佛那家酒店的遭遇，我就直接找到了前台。这要是放在几年前，我可能不会如此，我会打电话给我妻子，去跟她大倒苦水："你听到这些噪音没有？（我会朝电话大喊，并且确认自己站在噪音最强的那个位置，好让妻子身临其境。）这里据说还是丹佛最好的酒店呢！可是现在你听听，噪音就从我窗户外面飞进来，耳膜都快被震裂了，这让人怎么受得了！是谁给他们评的等级啊？现在看看他们都干了些什么！"尽管如此抱怨，我可能还会继续呆在这房间里，痛苦、烦躁、无法入睡，只是要证明这家酒店是多么的差劲。接下来的几天里，我会向所有人抱怨，跟他们讲述我的悲惨遭遇——可怜的我，可怜的被牺牲了的我！

好，现在是真心话时间——思考一会儿，并且问自己："我是这样的人吗？"如果你够诚实，肯定会发现有不少时候，你对一些事情很不满意，但是你却没向那些能解决问题的人寻求帮助，而是一味地向其他人抱怨。

有些人在和爱人的相处中遇到了问题，却向其他朋友抱怨，表达他的不满；有些人和老板的关系很不好，却向自己的配偶抱怨。为什么会这样？当我们和某个人之间出现问题时，却向这个人之外的其他人抱怨？——因为我们害怕被攻击或被拒绝。我们在头脑中创造了一系列的场景，在这些场景中，我们的爱人会消极地回应我们的要求，还会对我们说些尖刻的话，甚至会和我们分手；我们的老板不但不会满足我们的要求，还会因此而记恨我们，在将来伺机报复，甚至还可能炒我们鱿鱼。这些可怕的场景，不断在我们脑海中出现，让我们不敢有所行动，结果那些问题也得不到解决。

尽管眼下的状况是这么的让人不满，我们还是宁愿维持现状也不愿被人拒绝、遭人报复。我们就像是一个坐在脏尿布里的婴儿，对着每个人大哭，希望有人能来给我们换块尿布。

在根本不知道或不太明确我们的需求的情况下，对方会继续他目前的行为方式，而我们的需求当然也得不到满足。我们也考虑过大胆吐露心声，可是一想到这样做可能引发的后果，还是选择了沉默，只会向第三方抱怨。我们觉得这样做就能把问题说出来了，而实际上，我们就是在为自己辩护，让人们觉得我们是对的，而对方是错误的。

“你是对的，”我们的朋友说，“她就是个喜怒无常的人，你以前怎么忍受得了她呢？”或者我们的配偶会说：“你当然是对的，你们那个老板就是个讨人厌的家伙。”听到这些，我们就觉得公平了，可是这根本不会改变现状。其实，每次我们的不满情绪都会随着朋友、家人的认可而增长。这种不断累积的消极能量，会和那些可怕场景所释放的能量结合起来，当我们无法再忍受这样的情况时，这些能量就会将我们“引爆”。而对方在感觉自己受了攻击时，就会“反攻击”，并且会像我们所担心的那样做出回应。

其实，要解决这种问题很简单。根本用不着那么烦恼，那么痛苦，只要把你想要的告诉对方就可以了。“不抱怨的生活方式”和“不抱怨的关系”并不意味着你就得默默接受别人给你的一切，那多没吸引力啊！你应该让自己的需求得到满足。可是你抱怨时，是在告诉别人你不想要什么。人的头脑很难将注意力集中在一个概念的两方面，思维不能同时处理两个对立的问题，因此，请把“别这样做”改为“请那样做”，你会发现，它会让你更容易地得到你想要的东西，而且双方都不会有那么大的压力。

如果你想把自己的需要告诉别人，让他满足你的要求，你就必须乐于倾听对方的要求。当他不满时，你必须敞开胸怀去包容，可能其他人并不像你这般善于沟通，也不会说“您可能不知道……”他还担心你会拒绝或报复，经历了一番激烈的思想斗争后才来找你。他甚至会像一个湿透的、饥饿的、疲倦的孩子一般大声说出自己的要求。你不会为一个“孩子”的啼哭而生气，所以请给予他同样的怜悯，倾听并去寻找那些隐藏在不安背后的要求。

如果那个人还是很激动，在大声咆哮着，你或许可以考虑对他说一句：“我知道这让你很苦恼。你需要我为你做些什么呢？”如果这还是没有效果，那个人还在不停地抱怨，那么你应该再重复一遍：“我知道这让你很苦恼。你需要我为你做些什么呢？”要心胸开阔，学会倾听，更要克制自己，不要在你们的关系中悬挂这个人消极的图像，不要轻易断定他的好坏。

只有乐于听取他人的意愿，你的需求才有可能得到满足。在付出和得到之间有一个“黄金法则”。在《马太福音》中，主耶稣告诉信徒：“无论何事，你付出多少，就会得到多少。”这个法则不是要我们斤斤计较，不是要我们向曾经宽容或怜悯过的人索取回报。而是上天会平衡我们的“施”与“得”，让我们在付出之后得到应有的回报。

帮助别人，你的心灵才会富足

我的好友杰瑞·日瓦切克（Jerry Zvacek）就过着上文所说的快乐生活，当年我在密苏里州的小城霍顿买了我们第一所房子。那时杰瑞和他的妻子派蒂就住在我们附近，和我家只隔了几座房子，也算是我的“近邻”吧。那天我们刚搬到新家，还没有来得及把行李打开，杰瑞就来了。他热情地自我介绍了一下，并且问我们有什么能帮上忙的。他不是在讲几句敷衍了事的客套话，而是真心地想要帮助我们。

我买的那个老房子，已经有100多年的历史。时不时就要修缮一下。有一天，我发现前门廊的屋顶裂开了。只要一下雨，雨水就会从那些裂缝里漏下来，把秋千、椅子什么的都泡掉，连地板上也都是一洼一洼的积水。我们担心这样过不了多久，地板就会被泡烂。所以当杰瑞又一次到访，用他的话说是来“监督我们”，看我们需不需要帮忙的时候，我就跟他提起了屋顶漏雨的事。

“我儿子，迈克，他可是干这活的行家，”杰瑞说，“我打电话让他来修。”我曾听说修屋顶的费用很高，而且那时我也不想让他知道，我没那么多钱去请一位专业人士来帮忙。因此，我婉言谢绝了，告诉杰瑞我自己可以修好它。其实，我根本不知如何下手。没办法，我来到房屋维修用品店，买了一拖车木瓦，又向店员了解了一些更换瓦片的基本要领，回到家里我就开工了。

我费尽力气才把旧瓦从屋顶上拆了下来，又往上面钉了一层新的防水纸。正当我准备把新瓦贴在上面时，杰瑞来了，他正站在梯子下面朝我微笑。

“修得怎么样了？”他问我。

“挺好的。”我撒谎了。其实我压根就不知道怎样把这些瓦放上去，更不知道怎样把它们叠在一起才不会漏雨。

“你知道怎么切瓦，怎么把它们粘上去，是吧？”他又问。

“嗯……不知道。”我不得不说了实话。

杰瑞顺着梯子爬了上来，夺过我手里的切割刀，给我演示怎么切瓦，再怎么把切好的瓦贴到防水纸上。我按照他说的方法，一点一点修补着屋顶，而杰瑞一直都站在梯子上指导我，鼓励我。过了一会儿，我看见杰瑞的儿子在我家门前停了下来。杰瑞下去跟他打了个招呼，两人就聊了起来。而我呢，还在屋顶上忙活着。

我一时没注意，杰瑞和迈克已经不在地上了。现在他们正在我旁边，用极快的速度往屋顶上贴着瓦片。很快我又发觉，我已经站在地上看着他们干活了。不一会儿“工程”就结束了。还没等我对他们说声“谢谢”或者付钱给他们，杰瑞和迈克已经收拾好他们的工具，微笑着对我说了声“再见”就离开了。

这就是杰瑞。他总是在关注别人的需要，并且乐于向别人伸出援手。这样做，让杰瑞拥有了很大的满足感和内心的宁静。我们大多数人都只顾自己，却永远不满足，而杰瑞一直在关心和温暖着别人，却让自己过上了一种简单而富足的生活。

以包容之心，回馈这个世界

一年夏天，我在自家院子里修剪着草坪。那天很热，我从草坪最外围开始一圈一圈推着剪草机，剪完一圈我就会把剪草机往里移动，再开始剪下一圈。这样过了一会儿，我突然发现，自己修剪草坪的速度太快了，我上一圈修剪的面积居然有我预期的两倍大。我以为是自己记错了也就没太在意，接着修剪下一圈。可是剪完一看，真奇怪，我只推了一圈，却修剪了两圈那么大的面积，而且每次都是这样。

马上要完工的时候，我眼角的余光发现好像有个人在我后面，回头一看，原来是杰瑞！他正坐在自己的剪草机上，跟在我后面帮我修剪草坪呢！杰瑞和他的女婿乔尔共用一台乘骑式剪草机，那天他正打算把剪草机给乔尔送回去，正巧路过我们门前时发现我也在剪草坪，这对于热心的杰瑞来说，真是个不容错过的好机会。于是他悄悄跟在我后面，帮我把剩下的草坪修剪好了。因为剪草机噪音很大，我根本就没发现他在我后面。那些从我家门前路过的人们肯定以为我俩是被人雇来的庭院工人呢。我们轮换着剪完了最后一块长方形草皮，杰瑞还是微笑着拍了拍自己的帽子，什么也没说，把剪草机骑回路上，朝着乔尔家的方向驶去。

不论什么事情，杰瑞总是先想着别人。他对自己所拥有的一切都充满感激，不去想自己还需要什么，相反却一直在关注着别人，看自己能为别人做些什么。杰瑞可能是我见过的最快乐的人。他如此欢悦，如此从容，是因为他一直在关注着周遭的人，将自己的利益和需要搁置一旁。

2004 年 2 月 21 日星期六，一大早，杰瑞就到霍顿城外他家的树林里伐木。他选中了一棵很高的树，把它从靠近树根的地方锯断，这样只要轻轻一推，这棵树就会倒下来。可就在杰瑞站在旁边看着它倒下时，这棵树被旁边一棵树的枝干卡住了。杰瑞打算把这棵树也锯掉，好让第一棵树倒下来。就在他启动链锯，切割第二棵树时，第一棵树被振动了，一下子轰然倒下，砸在了杰瑞身上。

杰瑞被压在树下动弹不得，他知道自己肯定伤得很重。血不断从他受伤的鼻子里涌出来，他的眼睛也被血蒙住了。他大声呼救，可是这片树林离家太远了，没人能听见他的喊声。因为出血和疼痛，他几次昏迷过去，完全搞不清自己被压了多长时间。几小时之后，他费力地伸出手，把一段树枝插进土里，靠观察树枝在地上的影子判断时间。他看着自己做的这个"计时器"，等待树影在地面上慢慢移动，直到太阳落山，地上光影全无。

太阳落下去，气温开始下降，杰瑞躺在大树下面，只有疼痛和他的思维陪伴着他。几年前霍顿也有一个人像他一般被大树砸伤，至今还瘫痪在床。"我就这样玩完了吗？"杰瑞问自己。

而这时，他的妻子派蒂正等待着他回来吃晚饭。七点钟的时候，派蒂发现杰瑞的卡车还在家里，可他却不知所踪。这可不像杰瑞，他一般是不会耽误晚餐大家的时间的。他家一共有 90 多英亩地，也许他到哪块地里干活去了吧。"可为什么天黑了还没回来呢？"她这样想着。这时，女婿乔尔从他们门前路过，派蒂问他有没有看到杰瑞。

"没有。"乔尔看派蒂神色一变，就安慰道，"别着急，我现在就去找他。"他抓起一支手电筒，急匆匆地走进一片冰冷的黑暗里去。

"杰瑞！"乔尔一边喊一边借着手电筒的光四下寻找，"嗨……杰瑞。"

这时派蒂正坐在餐桌旁，双手抱在胸前，想着："现在这个男人在哪儿呢？"乔尔为了寻找杰瑞都还没吃晚饭，真是很不好意思。杰瑞或许是忘记了时间吧，"可这不像他呀。"她焦急得百爪挠心。

而与此同时，乔尔还在四下搜寻，"杰瑞！"他大声喊道。

一片沉寂。

他加快脚步，为了多搜索一些地方，也为了驱走寒气。乔尔想起会不会是杰瑞遇见了什么朋友，他们一起去 Harmony House（一个小餐馆）里抽烟、聊天去了吧？“可这不像是杰瑞的风格啊。”杰瑞是很喜欢跑到小餐馆里一边喝着咖啡，一边吸几口烟，和城里的男人们分享一些奇闻轶事，可是他不会不告诉派蒂要去哪儿啊。

这时，乔尔真的有点担心了，他喊着杰瑞的名字，可那声音更像是在祈祷。这时他听到一阵低沉的喘息声。“是一头牛吗？”乔尔震惊地站在那里，用尽力气大声喊道：“杰瑞！”他又听到了那种声音，那不是牛，是人的声音。

“我在这里。”杰瑞虚弱地说。

乔尔朝声音传来的方向跑了过去，可是循着手电筒的光亮望去，他只看到一堆乱七八糟的树枝。“杰瑞？”

“我在这。”借着微弱的光亮，乔尔总算看见了他。这时杰瑞已经在树干下躺了7个多小时。

乔尔跑回家，去找人来救杰瑞。听说了这一切，派蒂赶紧抓起一支手电筒，飞奔到黑夜当中，她要去找自己的丈夫，要和他在一起。

杰瑞的一条腿被压变了形，两个肩膀也都受了伤，一侧的锁骨被砸断了，三截脊椎骨错了位，还断了五根肋骨，他承受着极大的痛苦，已经筋疲力尽。

他有足够的理由去大叫、去咒骂、去抱怨，可是当他见到派蒂时，跟她说的第一句话不是“看看都发生了什么！”他没说“谢天谢地，你总算来了！”没有说“快来救我！我快不行了！”更没有说“该死！你怎么现在才来！”

杰瑞对派蒂说的第一句话非常简单，没有一点讽刺的意思，那就是——“亲爱的，你今天还好吧？”杰瑞是这样想的，也是这样说的。他最关心的不是自己的安危，而是妻子派蒂的幸福，他真心想知道这一天她过得怎么样。

康复的过程漫长而艰辛。杰瑞在床上躺了一个多月，最开始，他只能靠助步器慢慢行走，后来拄了两根拐杖，再后来是一根拐杖。当他自己能开车的时候，就马上开始到我们家来“监督”我们了。在这么长的时间里，我从来没听他抱怨过一句。在一个下午，我禁不住问了他这个问题。他告诉我：“哦！说实话，在事故发生后的一段时日，我都沉浸在悲伤和懊恼当中，可是后来我发现这些于事无补，所以我也就将这一切放下了。”

他拄着拐杖，稳了稳自己的身体，微笑着对我说：“威尔，没有我的牢骚，这世上的抱怨也已经够多的了。这世界给了我那么多礼物，而在它运转的过程中，不再给它增添牢骚和抱怨，就是我能回馈它的最大的礼物了。”

杰瑞，你说得对。我耳边回荡着他的话，面对这朴素的智慧，感动莫名。

·不·抱·怨·观·念·

■抱怨不但不能解决任何问题，还会将人们困于问题当中，使他们沉浸在失意、沮丧中，无法自拔。

■在各种关系中，人们为了满足自己的需要，最常做的就是抱怨自己的“遭遇”，而不是清晰地表达意愿——抱怨是腐蚀关系基础的罪魁祸首。

■“您可能不知道……”是个很神奇的句子。在你向他人表达你的需要，陈述不满时，它能让你的评价听起来不针对任何人。

■直接而且只和能解决问题的人谈话，可以为你提供一条不用抱怨就能实现目的的捷径。

■如果你正试图消除与他人之间的隔阂，那么一定要十分注重言语的作用和影响。你的言语要像鸽子落到树枝上一般轻柔，而不能像砖头砸碎玻璃般粗暴。

■只有乐于听取他人的意愿，你的需求才有可能得到满足。

·不·抱·怨·行·动·

■在下一个24小时里，记录你有多少次用抱怨，而不是询问的方式来向别人展示你的需求。

■把你的需求和意愿写下来。然后思考一下该用怎样的方式让别人满足你的要求。注意，你要把焦点集中在理想的结果上，而不是眼前的情况上。比如，你希望别人帮你打扫房间，你不能说："你从来都不干活，要是没有我，这屋子早就成猪窝了。"你或许可以这样讲："嘿，老兄，我需要点帮助，你能不能负责每周洗三次衣服并且打扫一次屋子？"

■当有些事情打扰你时，你可以说："您或许还不知道……"用一种中立的、不带感情色彩的方式表达你的想法。

■说出你的要求，不要害怕被拒绝。你会惊讶地发现，当你礼貌地询问时，人们还是很乐意配合的。试一下这样说"我需要……"和"能请你……吗？"

■下个星期每天都要想想前文中的杰瑞。把别人的需要放在首位，不要再坚持让别人看你最喜欢的电视剧或电影，而是去看对方喜欢的。不要把这当作一种负担，也不要期望有什么回报。用日记把你的感觉以及这种行为带来的积极转变记录下来。

Part 4

我们为何会抱怨

- 抱怨的动机
- Get Attention：寻求关注
- Remove Responsibility：推卸责任
- Inspire Envy：引人艳羡
- Power：操纵力
- Excuse Poor Performance：为欠佳的表现找借口

我不希望别人多讨人喜欢，这样我就不用花时间去喜欢他们了。

——简·奥斯汀

抱怨的动机

你应当拥有一种健康、开放而且让彼此都满意的关系。这些关系可以为你的梦想提供支持，为你选择的道路高声喝彩；那是一种坦诚、全无繁杂牵连的关系；是可以为你的精神增加营养、为灵魂补充肥料的关系。

可是在这种理想的关系当中，抱怨是不能存在的。

正如我们在之前章节中所讨论的一样，抱怨会延续消极行为，会带来分歧和不满。《男性健康》杂志（*Men's Health magazine*）2009 年 4 月的一篇文章中指出，在亲密关系中，如果一方经常处于抱怨或被抱怨的地位，那么他就更容易有出轨行为。科罗拉多大学的伊丽莎白·艾伦（Elizabeth Allen）博士，曾经就那些有结婚打算的情侣之间的沟通行为做过一些研究，结果表明，衡量这些情侣未来忠诚度的一个重要指标，就是目前他们关系中积极和消极互动的比率，即积极互动越多，未来忠诚度就越高；反之就越低。

抱怨会腐蚀人与人之间连接的纽带，但是对于很多人来说，抱怨一直都交织在他们的各种联系当中。人们浪费了很多宝贵时间去抱怨别人。这种抱怨不但会伤害人与人之间的关系，还会伤害关系中的人们。密苏里州大学最近的一项研究显示，那些经常抱怨父母、老师及兄弟姐妹的青少年女孩，患抑郁症的几率更高。

罗宾·柯瓦斯基博士曾在1996年的《心理学报》(Psychological Bulletin）上发表的文章中指出：很多抱怨反映的都不是人们对某个事物或人的真实态度。人们只不过是想借由这种抱怨引导出一定的人际反应。而这些“人际反应”可以简单地按照首字母缩写方式记忆为G.R.I.P.E，即：

Get Attention：寻求关注

Remove responsibility：推卸责任

Inspire envy：引人艳羡

Power：操纵力

Excuse poor performance：为欠佳的表现找借口

而这五个首字母连接起来就组成了一个新单词GRIPE——抱怨。

当你听到自己或别人在抱怨时，试着去找出这种行为的潜在动机。问问自己：“他们需要什么，又想要得到什么呢？”你会发现，通常人们抱怨，是在试图让自己的社会或心理需求得到满足。只不过这种尝试被错误地以抱怨的形式表达了出来。再问问自己：“那么这种抱怨又能归结到这五个范畴中哪一个里呢？”我们都是复杂的心理生物，因此，你会发现，一个抱怨可以同时适用于若干个范畴。

Get Attention：寻求关注

“嘿！快来注意我呀！”——我们的脑门都应该纹上这几个字。得到别人的关注是每个人都有的愿望。每个人都需要同他人联系，并且通过别人的关注来确认这种联系。正如玫琳凯化妆品公司创始人玫琳凯·艾施（Mary Kay Ash）女士所说：“世界上有两件东西比金钱和性更为人们所需——认可与赞美。”

有一次，我给一些来自加拿大政府的代表们作演讲，之后又被安排出席一场图书签售活动。因为参加活动的人数太多，我之前的赞助商就没有承办这次签售会。而是介绍了一家加拿大书店来主办这次活动。这家店隶属于加拿大一家知名的图书连锁公司。活动还没有开始，我就和这家书店的经理皮埃尔（Pierre）聊了一会儿。

“你们店经营得怎么样？”我问。

“很好！”皮埃尔说，“我们店的业绩一直都比公司旗下其他的店好很多。如果按单位面积的销量来计算，每平方英尺要比其他店多卖1~3本书。”

“你们店的位置肯定很好。”我说。

“不，位置一点也不好，很偏僻。”

“那你们店在高档社区吧？”我问。

“不是，我们店周边的经济环境很一般。”

我有点迷茫了。“那你们是怎么做到比公司其他分店多卖出那么多书的呢？”

“这是因为我们对待顾客的方式不一样。”皮埃尔说，“如果一位顾客和我们员工的距离在3米之内，那么员工就要和这位顾客打招呼。不过也没有什么特别的方式，就是‘嗨’‘你好’之类的话。”

“就是因为这样？”我问。

“是的。有的顾客来我们店里，被我们的员工问候了16次，这都是很平常的事。”

“16 次？”这真让人难以置信。“你们这么热情，会不会让顾客觉得你们要向他们推销什么东西呢？”

皮埃尔笑了，很友好，也很真诚——虽然从他的眼神里可以看出，他觉得我很天真。“鲍温先生，”他说，“我们就是在向他们推销东西，我们是一家书店，顾客到我们店里来也肯定是想买些什么。我们只不过是给了顾客一些每个人都很渴望的东西，把这个过程变成一种愉快的经历罢了。”

“给了他们什么？”我问。

“关注！”埃尔说道：“人们都希望得到认可。那些顾客在别的店里可能没有受到过这种招待，而在我们店，店员会问候他们，跟他们说声‘你好’。我们不是要把书硬塞给他们，我们一次又一次地跟顾客打招呼，是想让对方知道我们一直在关注着他们。这样，顾客会觉得自己很受重视，所以他们就会从我们这儿多买些书。”

“人多势重、人多保险。”你早就听说过这句话了。人类是一种群居动物，我们需要有人来告诉我们，我们属于他们的团体，为他们所认可。这就是为什么有时人们很难终结一段不健康关系的原因。和某个人在一起，可能会很痛苦，但是不管怎样我们还是有一种归属感，有个“落脚”的地方。而且我们会觉得，总比自己孤单一人好。

DNA 里的一些东西在告诉我们，要把自己和其他人联系在一起。只有和别人在一起，我们才会觉得安全，内心才会感到安稳。那么我们怎样才知道别人已经接受我们了呢？这时，就需要别人的认可和关注。

我们曾说过，同他人的关系并非可有可无，而是一种必需。这就是为什么同一个陌生人一起乘电梯会让我们感到不舒服。我们和他如此接近，可是彼此间却没有任何关系。我们还没有承认他，而他也没有承认我们。因此，我们觉得有必要建立一种联系，而大多数人都会动用一切能想到的方法，去搭建一座桥梁。通常，他们会用抱怨，会就天气发表一段负面的评论（“嘿，伙计，这雨还能停吗？”）或者就当地的一些职业球队发两句牢骚（“老兄，巨人队昨晚都把咱们这搞臭了吧？”）试图承认对方并引导出一种回应。对话不需要太深入，也几乎不会太深入。这时，紧张的气氛就被打破了，彼此间的联系也建立了起来，双方都得到了承认。

很多想挑战自己、让自己变得“不抱怨”的人都曾发现，他们和家人、朋友的相处变得有些困难了。因为这些人早已习惯了用消极的陈述展开一段对话，以此来吸引别人的注意。他们会抱怨工作、抱怨孩子的行为、抱怨他们的健康状况、天气、政治……总之，有那么多东西可以抱怨。这简直成了吸引别人关注的默认模式，不管他们在说什么，想要传递的真正信息都是：“嘿！快来注意我呀！”

著名作家乔·维塔尔（Joe Vitale）告诉我，在知道了人们喜欢用抱怨开始一段联系的倾向之后，他设计出了一种“破冰”的全新战略。“我会去赞美他们，”他说，“不一定非要去赞美什么大的东西。我曾经也在电梯里遇到陌生人。那天外面正在下雨，那个人就站在我旁边，手里拿着一把挺漂亮的雨伞。我就跟他说，他那把雨伞很漂亮，我很喜欢。那人笑了，而在剩下的时间里，我们一直都在讨论这把雨伞——它很漂亮、很好看。直到分开时，我们都很愉快，觉得能够认识彼此是件开心的事。我不用抱怨的方式，也能成功地开启一段对话，开始一段关系。”“电梯坚冰”（elevator ice）也能被热情融化，这比起费时费力的抱怨不是好很多吗？

不管到什么时候，赞美别人都不会错。如果你几乎不认识对方，或者你们只是工作上的关系，那么你最好针对一些物质性的东西（比如这个人的鞋子、公文包、手机等等）发出赞美。不要去赞美别人的身体特征。对别人的身体和其他一些很私人的东西的赞美，会让人感觉不舒服。一些评论，比如“多漂亮的耳环呀！”或者“这双鞋真不错，你在哪儿买的？”都会让别人感觉你毫无恶意。当然，你也要确认自己在说这些话时真的毫无恶意，不具任何威胁性。要保证你不是在巧妙地去打击别人，除非你已经做好了收拾残局的准备。

对别人行为的赞美也很受欢迎。“你总是那样热情地微笑，整间屋子都被你照亮了。”不仅可以让对方感觉你在关注他，还会加强他的这种行为，让他更有可能去重复这种被你赞美了的行为。“你总是这么守时，这是我欣赏你的地方。”也是个很好的例子。赞美一定要真诚，要发自内心，不然别人会觉得你是挖苦和试图控制他们。

当然，对于那些和你关系亲密的人，你可以也应当更自由地去赞美他们。哪怕你的爱人穿了一套你已经看过几十次的旧衣服，只要你觉得很好看，就应该说出来，不要吝惜你的赞美之词。这样做不但会加强你俩的关系，还会让你的爱人更加爱你。

我和家人一起住在密苏里州一个叫做科尔尼（Kearney）的小镇上，它就坐落在堪萨斯城的市郊。历史上那个很有名的亡命徒杰西·詹姆斯（Jesse James）就葬在这里，小镇也因此闻名。我们很享受这里的生活，其中一个重要原因就是这里的人很热情，当你开车从他们身旁经过时，大多数人都会向你挥手致意。一般情况下，这些人你以前都没有见过，将来也很难再见面，不过他们这一挥手，还是告诉了这个信息——“你已经被认可了；我已经注意你了。”当这一切发生时，即使别人的动作可能只是一种习惯，也可能只是随意敷衍，但这动作的接收者却宁愿把它内化为一种新的概念——“我没事，我属于这里，我很安全。”

那么寻求他人关注又意味着什么呢？通常，这意味着让别人看着你，和你交谈，或者以某种方式和你建立关联。我从曾经参加过的各种讨论和对话当中，发现了一个共通的现象——试图得到他人的关注是人们发出抱怨的主要原因。因此，我想有必要在这里向人们发出警告，现在我们所处的科技社会当中，人与人之间的关注，已经比巴西的热带雨林还要稀罕了。看看周围，你会发现有那么多人宁可盯着小小的手机屏幕，也不愿看身边的人一眼。

仅仅是为了好玩，下次你再去某个公共场合时，可以数一数有多少人正看着他们的黑莓手机、iPhone，或者其他装备（估计还是数那些没看的人会省时一些）。在饭店、公园、电影院、保龄球馆，总有那么多人神情麻木地坐在那里，或是看看自己的分数，或是发发邮件，回个短信，玩玩游戏，看看网页，不管怎样，他们宁可跟那些远在天边的人"隔空交流"，也不愿和自己身旁的约会对象、朋友或者家人说一两句话。你开车出去的时候，也可以注意一下有多少人是坐在同一部车里，却互不理睬，每个人都拿着自己的手机，同那些不在眼前的人热烈"交谈"。

滥用这些小玩意夺走了人类的一种基本需要：关注。从我们的上一代到现在，全家人聚在餐桌旁一起吃饭的场景已经很难见到了。越来越多的人们会到"得速来"（drive-throughs，免下车餐馆，顾客可以坐在自己的车上购物、进餐、看电影等）结束一餐饭，或者坐在电视机前，一边吃饭，一边欣赏肥皂剧，他们把注意力全集中在了电视节目上，却忘记了身边的人。那种家人一起吃饭、没有高科技来分神的进餐方式曾给我们带来很多益处，可是现在这些益处正飞速远去。

来自 EAT（Eating Among Teens，青少年膳食状况）工程（美国心理协会所设立的一个项目，旨在研究青少年的膳食习惯）的玛拉·艾森伯格女士发现，经常同家人一起用餐，会使青少年在心理和行为上大受裨益。她在研究中指出，长期同家人一起吃饭的青少年染上烟瘾、酗酒或吸毒的几率更低，而且这些孩子在学校的表现也很好，他们很少有抑郁症状、自杀倾向。在没有电视节目干扰的情况下和家人一起吃饭，可以帮助父母为孩子树立健康饮食的好榜样。这不但可以帮助孩子摄入生长发育所必需的营养，更重要的是，孩子可以从父母那里得到更多关注，让他们的灵魂也得到滋养。

当意识到"抱怨当天的种种"已经成了我们每次晚餐对话的开场白时，我和家人及时地改变了晚餐的仪式。现在吃饭时，我们会互相看着对方，依次问道："你今天有什么开心的事吗？" 这为我们接下去的谈话设定了一个快乐的基调，而不是像以前那样，在一片抱怨声中消耗掉在一起的好时光。

不管你们之间的联系够不够深，时间是不是很短暂，那些和你有关系的人，都需要得到你的关注。当你把他们所渴望的关注给予对方时，或许他们就不再有那么多抱怨了。同时你会觉察，自己也开始受到他们的关注。其实，这也是你所渴求的。

Remove Responsibility：推卸责任

20 世纪 70 年代开始，很多情景喜剧都开始致力于剧本的创作，逐渐形成了自己的经典台词。很多观众每星期都会专心地坐在电视机前，就为了听那几句出彩的话。喜剧演员弗雷迪·普林兹（Freddie Prinze）曾主演过一部名为《奇科和男子》（*Chico and the Man*）的情景喜剧。这部剧在 1974~1977 年间播出，曾风靡一时。在这部电视剧里，普林兹扮演一个有着浓重波多黎各口音的汽车修理工。每次有人让他做不愿意的事时，他就会说出那句著名的台词——这不是我的工作（it's not my job），只要他一说这句话，观众们就会爆笑不止并且热烈鼓掌。

通常，人们之所以抱怨，就是为了把自己从某种责任中解脱出来。这些抱怨似乎是在告诉别人 "这不是我的工作。我没有错。我不负责任。"

过去，美国的小孩子很喜欢玩一个叫做 "热土豆" 的游戏——一个小孩拿起一只皮球，一边高声喊着"热土豆"，一边迅速把球传给另一个小孩，接到球的这个小孩，也会喊着"热土豆"，赶紧把球扔给别人。一轮又一轮，"土豆" 在孩子们中间传来传去。在孩子们的想象里，这个 "土豆" 非常烫，不快点把它扔出去就会把自己的手烫坏。但是这个 "土豆" 只能扔给别人，要是谁不小心把它丢在地上了，就会被淘汰出局。

其实，人们在抱怨时不也是在玩这个“热土豆”游戏吗？他们觉得只要对现存问题发表一些消极的评论，就能让他们摆脱寻求积极解决方式的责任。他们的抱怨一直在说：“这不是我的工作。我要把它传给你！”他们会向某个人抱怨，认为这样就算完成任务了。他们就是“煤矿里的金丝雀”，只要发现问题就可以了（金丝雀对瓦斯十分敏感，只要矿坑内稍有一点瓦斯味道，它就会焦躁不安，甚至啼叫。因此以前矿工们会在矿坑里放金丝雀，当作早期示警的工具）。至于解决问题嘛，那就是别人的事了。一般情况下，他们向谁抱怨，就是想要谁来解决问题。

这个时候，要是那个“接收”抱怨的人能够解决问题还好，他们也算没白费唇舌，可是通常这个人不会解决问题，他也想把“热土豆”传给别人，每个人都指出了问题，觉得自己已经完成任务了，可实际上他们所做的一切都只不过是在推卸责任。到了紧要关口，他们就消失得无影无踪了。

以前，总有很多人到教堂里向我抱怨这样那样的事情。我就会说：“很高兴你能注意到这个问题。那么你打算做何努力来改变这种状况呢？”这时，他们脸上就会呈现出一种不知所措的表情，好像在跟我说：“做些什么？我不是已经做了吗？我把问题告诉你了呀？这个‘热土豆’（问题）是你的了！”很快我就发现，询问抱怨者打算如何改善现状，可以大大减少他们的抱怨。我是在善意地提点，他们可以借由自己的努力，去改变那些让他们讨厌的事情。

我的人生哲学就是：你要对自己的人生负责。这一刻尽力做，下一刻容易做。

——奥普拉

你可能认识一些人，他们曾经向你抱怨生活中的一些问题；你或许也发现——假如你给了他一个建议，告诉他这样做可能有所帮助，他立马就会嗤之以鼻，告诉你，你的建议不会管用的；因为你是真心想帮忙，就又给了他另一个建议，而他会再一次否定这个建议，抱怨你的想法是多么不切实际。如此数次之后，你会发现他根本不想改变现状，他只是想让你作为证人，去证明他的想法是对的——这个问题糟糕透顶，他们无能为力。这样他们就可以脱身了，就成了受害者、牺牲品，这让你和全世界都知道，他们没责任也没法解决这个难题。

作家和空想家迈克尔·贝克威思（Michael Beckwith）曾经说过："牺牲，是精神成长的最低水平。"人们把自己看作其他人或周围世界的牺牲品，也是当下境况的牺牲品。而抱怨就被用来加强这种想法，让它永远持续下去。同时抱怨也阻止了人们尝试去改变这种状况的行为。这就是为什么人们总是抱怨和自己有关系的人。通过抱怨同事、家人、配偶及朋友，人们在告诉别人："他们就是这个样子。我根本没法改变他们。"如果你提出一些建言，他们的抱怨就会更尖锐，试图要向你证明他们真的无能为力，进而摆脱那种去改善关系的责任。

抱怨会让野兽知道，它们的祭品就在附近。

——马雅·安洁罗

想想某个经常被你抱怨的人。你觉得他有很多缺点，他做的事让人讨厌，其他人也这么认为吗？这个人在每个人面前的表现都是一样的吗？如果他在跟其他人相处时，变得亲和友善，他如何做到的？你怎样才能和他建立类似的关系呢？如果需要，你怎样才能以更温和方式同他相处？或者怎样做既能坚持自己的信条，又不责备求全，把自己的意愿传递给他呢？你要做些什么，才能让他给予你应有的尊重和对待？

关系不是一种50/50的比率，而是100/100。你要百分之百地对你的关系负责。有人把“负责”（responsible）定义为“可以回应的”（able to respond），这是我听过的关于“负责”的最好定义。在关系中，你可以去“回应”，能够做一些事情去改善这种关系。抱怨否定了你这种回应的能力，让你不敢去尝试。虽然你的回应，在第一次时可能毫无作用，但是通过不断地努力，你终究会发现适合你的引导关系的良方。著名作家韦恩·戴尔（Wayne Dyer）说：“是你教会了别人怎样对待你。”不管别人如何待你，都要承认是你教会他们这样对你的事实，并且扪心自问你该做何改变。你想别人满足自己的需要，对方都接收到你的信号了吗？

小时候，我最喜欢去主日学校听牧师讲大卫和哥利亚的故事。那时还是小男孩的我，深深地被这个故事吸引住了。一个和我差不多大的男孩，竟然只用一架投石机和一块石头，就把巨人打败了。他是怎么做到的呢？人们告诉我，是因为上帝的帮助。

很多年之后，我再次读到这则故事。此时已是成年人的我，终于读懂了其中的深意。《撒母耳记》中是这样写的，巨人哥利亚向以色列军队下战书，表示只要有人敢来应战，都可以和他一挑一地对决。而取得胜利的一方，有权决定战争的结果。可是以色列这一方的士兵都很害怕，他们觉得自己无法打败这个腓力士巨人，不敢接受挑战。就这样，双方的战争一直持续着。哥利亚狂妄地在战场上走来走去，叫嚣着让以色列人来和他战斗。可是以色列士兵都避开他，去攻打其他腓力士战士。

这时一个牧童出现了，他就是大卫。他要和哥利亚决斗。当他把这个想法告诉哥哥们时，他们都警告他，说他不可能打败那个巨人。大卫的哥哥们从来没有试过去和哥利亚对抗，但是他们却认为自己必败无疑。

问题：有没有哪个朋友或家人曾经告诉你，某种关系不可能得到改善？

之后，大卫去找所罗王（King Saul），把自己的想法告诉了他。和大卫的哥哥们一样，所罗王也认为哥利亚是不可能战胜的。不过所罗王告诉大卫，如果他还是想试试，可以穿上自己的盔甲去作战。

问题：你有没有遇到过这样的人——他们自己都没有愉快的、成功的关系，却一直想要指点你，告诉你应该如何改善你的关系。

大卫不顾哥哥们的警告，丢下所罗王的盔甲，还是一身牧童装扮来到哥利亚面前。他仅靠一架投石机和一块石头就取得了胜利。

从一个成年人的角度来看这个故事，我认为大卫可能不是唯一一个能够战胜哥利亚的人，但他却是唯一一个敢于尝试的人。

上帝（或是神灵、老天，随便你称他作什么）那时没有偏袒大卫，现在也不会偏袒任何人。因为唯一能为你的幸福和人生负责的人，就是你。你拥有无限的潜能，去为自己的幸福作出回应。不要听信别人的劝阻，认为你的关系无法改善。也不要盲目听从别人的建议，因为那些人自己在关系中都一败涂地。我有一个朋友，他在四十岁前，已经离过四次婚了。即使这样，他还老是要给我的婚姻关系提些建议。没办法，我不得不让他停下来——“我说，你自己都被马摔下来了，还要教我怎么骑马吗？”

他的回答很经典：“这不是我的问题——是我娶的那些女人有问题。”这下他又开始讲述自己是多么不幸，抱怨他的几位前妻有这样那样的缺点……整整说了一个半小时。我试图让他明白，是他自己选择了那些女人，并且娶了她们。可现在又来抱怨她们一无是处。他把责任都推到对方身上，这样做只能让他在将来的关系中也频频挫败。最近，我听说他又要娶第五任妻子了。

著名的教育家、作家威廉·亚瑟·沃德（William Arthur Ward）写道：

悲观者埋怨刮风；

乐观者静候风变；

现实者调整风帆。

对关系的过程负责，这样在任何关系中，你都会有调整“风帆”的能力。

Inspire Envy：引人艳羡

很多抱怨背后，都隐藏着一种对自身优越感的夸耀。那些抱怨者在向你暗示：“你肯定有问题，因为你不像我这样。”很多抱怨，其实就是抱怨者和被抱怨者之间一种微妙的、消极的比较。抱怨者在心里暗暗地说：“我一点也没有我所抱怨的这些缺点，你难道不想像我一样吗？”

抱怨：“我的新老板一点也不称职。”

潜台词：“我比他有能力多了。”

抱怨：“你老是用很长时间才能准备好。”

潜台词：“我很有效率，很守时。”

抱怨：“那些白痴又把我们的水费账单搞错了。”

潜台词：“如果我在那儿工作，肯定不会出错。”

抱怨：“你真蠢。”

潜台词：“我真机灵。”

人们为了让别人羡慕自己，就会开始抱怨。所以从本质上来看，抱怨其实是一种吹嘘。你或许正在消极地谈论着某个人，可是你真正想说的就是自己比他强。你希望别人能够注意并欣赏你的这种优越性。

如果你不太相信，就请想一想那些让你在开车出行时感到心烦意乱的驾驶员吧。你只会抱怨那些和你不一样的人——如果你想快点开，展示一下娴熟的车技，这时要是有哪个司机老是慢吞吞，总是挡在你前面，你可能就会隔着挡风玻璃朝他大叫；如果你想慢点开，那些横冲直撞，总是超车的司机就要遭到咒骂了。

说到开车，我和妻子桂儿风格迥异。我喜欢开快车，而桂儿却慢得要命。我是个急性子，得尽量控制速度，免得被派超速罚单，而桂儿则完全相反。每次她开车送我去机场时，我都会呆呆地盯着车窗外面，心里暗想："求求你开快点吧！看在上帝的份上！连口香糖纸都超过我们了！"到了我开车的时候，桂儿同样感觉很不舒服，从仪表板的指甲划痕和她那一脸惊恐就能看得出来。

事实上，那些大声的吹嘘，常会泄漏这个人心中的不安全感。通过这种"抱怨着的自夸"，说话人其实是想告诉别人："请跟我说，我很好吧！因为现在或者是目前这个阶段，我感觉糟透了。"如果你看到哪个人如此，去听听他在批评或抨击什么，说不定他正是在这方面不太自信，才会去抱怨的呢。比如，你哪个朋友对别人的衣着发表了一番恶意评价，你就得思考一下，是不是他觉得自己穿得不够迷人呢？这时，你要试着去赞美他，让他自信一点；如果同事们都在抱怨别人的某项任务完成得烂透了，也许正因为他们觉得自己没有做到最好，才会去抱怨别人，此时你可以试着寻找一种方式，给他们一些真诚、积极的评价。

如果某个人遇见你之后就开始抱怨，说明他可能正努力让自己看起来更好一点。不要去跟他争吵。你有没有想过，所谓争吵只不过是两个人在那里互相斥责和抱怨，没有任何积极的作用，所以你千万不能中了它的"圈套”。深吸一口气，不要让他那些消极能量影响到你，就算是别人先挑起“战争”，你也不一定非要去响应，他们之所以要批评你，只不过是想以此来膨胀自己的消极形象，给自己找点安全感罢了。

当你发现自己正在抱怨时，请反思一下，你是不是在用这些抱怨来抬高自己？是不是想以此来证明你比别人优秀？是不是在向别人暗示你更聪明、更有效率、更友好、更会打扮、更守时……如果真的是这样，那就说明你在这些方面已经有些不自信了。很多时候，你抱怨别人在哪方面做得不好，并试图证明自己在这方面更具优势时，就说明你已经在这方面感到自卑了。

抱怨可以让我们知道自己还有哪些需求未得到满足，因此它是一种很有价值的讯号，不过前提是我们愿意深入自己内心世界去寻找引发这些抱怨的原因。理论上，我们应当经常审视自己，去探究这些抱怨的根源，在还没有造成“听觉污染”时，就将它们消化掉。

作家马克·吐温（Mark Twain）在给他朋友的一封信里这样写道：“雷声响亮，它的确让人印象深刻，可闪电才是真正有用的东西。”“抱怨着自夸”就是一阵雷声，它声音响亮，会引起你的注意，可是它却很空洞，不包含任何实质性的东西。但我们可以通过“雷声”去研究“闪电”形成的过程，并且利用“闪电”的能量造福自己。

Power：操纵力

抱怨是获得操纵力的一种很有效的方式。

历史上几乎没人能像阿道夫·希特勒（Adolf Hitler）一样，能够在那么短的时间里迅速累积起那么高的影响力，也几乎没人能在获得如此高的权力之后，却落得他那般悲惨的下场。

问题：一个出生于奥地利、曾经的广告牌画师，是靠什么积累起那种控制整个德国的至高无上的权力的呢？又是如何发动了一场与全世界对抗的战争的呢？

答案：靠的就是抱怨！

在《我的奋斗》一书中，希特勒是这样写的：所谓领导者的艺术——从各个时代那些真正伟大的领导者的事迹来看——就在于联合人民的注意力，并将其集中到一个共同的敌人身上（抱怨这个敌人）。人民对同一目标的好战情绪越强，就会有越多的新成员加入到这一队伍中来，他们会为这种统一行为的力量所吸引。这样，这种惊人的力量就会不断增强。

在他那些怒不可遏、辛辣刻薄的演讲里，希特勒试图创造一个可以让大多数德国人联合起来、共同对抗的敌人。他把德国在一战之后出现的一些问题，归咎于他所谓的“劣等民族”身上。他宣称非雅利安人，尤其是犹太人，是一切问题的根源，而这一说法博得了绝大部分德国人热情的支持。在他的著作和演讲中，希特勒详细描述了他那个由雅利安人统治的“种族纯净”的世界。他让追随者们确信，雅利安人才是人类生存的最后一丝希望。他没完没了地抱怨着，让绝大多数国人相信他们的国家和世界正处于危险的边缘。就这样，希特勒凭着他的花言巧语，终于爬上了权力的巅峰。

在各种关系中，人们会用抱怨把你拉到他那一边，让你和他站在一起，以便让他拥有赢得别人的力量。你的某个家庭成员对另外一个家庭成员不满意，他可能就会向你抱怨，确保一旦需要的时候，可以得到你的支持。抱怨者正为自己建造权力的基础。

有人向同事抱怨，以期这位同事能跟他联合，共同对抗管理阶层或其他同事。万一事件最后演变成“他们与我”的“战争”，他也非常希望将你拉拢过来，将其变成一场“他们与我们”的较量。

在美国，我们可以在选举期间更深刻地体验这个用抱怨取得权力的过程。每逢选举季到来，就会有各种各样负面的、互相抱怨的报导从各种渠道涌来，不断冲击着我们。你可能会想，干吗要通过无线电波倾泻这么多负面情绪呢？——因为这真的很管用，只不过它可能会以某种你意想不到的方式起作用罢了。如果你是某一个政党的“死忠”，另一个参选政党并不会天真地认为这些负面报导会将你争取到他们阵营来，他们会用这些负面报导，让你对自己政党的候选人极度厌恶反感，以至于放弃投票。而对手少得一票和他们自己多得一票是一样的，都能让这个抱怨的政党更接近竞选的职位。这早已不是什么新鲜事了。在1944年出版的《点头与招手》（Nods and Becks）中，富兰克林·P·亚当斯（Franklin P. Adams）这样写道：“人们赢得选举，主要是因为多数人投票反对某个人，而非投票赞成某个人。”

沉湎于消极事物，只会增强消极的能量。

——雪莉·麦克雷恩（Shirley MacLaine）

当你深入了解人们抱怨的原因时，你会发现，正如我们在前面所说的那样，人们是在用抱怨推卸责任。他们会跟你讲一大堆冗长枯燥的道理，来证明他们不能也不应该负责去改善某种状况。他们会不断地抱怨，引诱你认同他们的说法，支持他们的不作为。这就是在用抱怨获取权力。

某些人会抱怨别人总是迟到、太无礼、太邋遢、语速太快、说话太少、妄下结论等等。给对方下了这种定义后，抱怨者就像打了针疫苗一样，不用再为如何解决问题而费脑筋了。但是他们心里很清楚，是他们自己太懦弱，不敢也不愿去寻找一种和谐的关系，才让他们把抱怨的手指指向别人。

不久前，为明确我们教会存在的目的以及未来的愿景，我们开展了一次战略规划活动。首先，我们拟定了一个长达四十五分钟的面谈，面向所有人。几个星期里，我们通过一切能利用的渠道，向教区所有人发出信件，通知面谈的事情；然后，在接下来的六个月内，又设立五个不同的会场，邀请人们参加为时一天的面谈，分享对教会的看法，提出期望。好几百人参加了这次活动，最后制定出的行动计划不仅令人信服，而且颇有启发性。

不过，活动期间总有一小群人，对我们的活动方向表现出很困扰的样子，而且，他们的抱怨声越来越刺耳。教会负责人刚开始听到这些抱怨时，也很关注，担心这些人说的事我们没有考虑到。可是，我们发现了一个奇怪的现象，这群人并不是直接跟我们讲，而是向其他未参加面谈的人抱怨。

由此，我们意识到，这群人在制定行动计划的过程中抱怨，承担部分工作的责任就可以通过这种方式推卸掉了。他们站在一旁抱怨，这样不管结果如何，自己都无须负责。对此，我们也予以理解。可是，现在事情都已经决定并往前推进，他们怎么还抱怨呢？而且，他们为什么给其他没有参加活动的人打电话，向他们抱怨呢？

后来我们明白，抱怨者是为了安抚内心刺痛的自我，他们心里告诉自己，如果事情变得对自己很重要，就得花时间去参与。其实，他们也明白，抱怨事情进行的方式无法改变行进轨迹，却可以让不作为合理化。他们努力想挽回面子，没有什么比留住面子更要紧的了。

要警惕抱怨，它们常被人利用来操纵你或者其他人。牢固的关系建立在相互信任和安全的基础之上，而这两者在操纵力的博弈中不存在。罗伯特·弗罗斯特（Robert Frost）曾撰文写道，“长期维持操纵力的最强大且最有效的力量，不是统治者控制被统治者的种种暴力，而是各种形式的认同，让被统治者心甘情愿地顺从。”因此，在人际关系中，别让自己为他人的抱怨所左右，而轻易地顺从了他人；应当了解真相，自主做决定。

Excuse Poor Performance：为欠佳的表现找借口

人们抱怨，可以在事情做不好时有开脱的借口。抱怨者会在还没开始工作前，就先抱怨一番，或者当表现欠佳时，他们也会抱怨，倘若结果糟糕也有理由辩解了。

再次引用克莱姆森大学（University of Clemson）罗宾·柯瓦斯基博士的话："人们也许会把抱怨作为一种自我妨碍的策略，就是为了挽回面子……例如，学生在考试前一晚抱怨生病，一旦考不好，就有了借口。"

你有没有过这样的经历：早上跟某人打招呼说："你好吗？"迅即，你开始后悔自己说了这样的话，因为从对方的脸上看出来，他就要向你倒一大堆苦水了。

"糟透了……邻居家的狗整晚都在叫，结果我一觉睡过了头。起床后我穿了新买的蓝衬衫，可是刷牙时一不小心，牙膏沾到了领口！"他越说音调越高，声量越大，"于是，我又去换白色衬衫，可是发现它满是皱褶，我就想熨一下，没想到烫伤了两根手指！"举起烫伤的手指，他继续大声抱怨着，说话间几乎不带喘气，"之后，我走进车库，却发现女儿忘记关掉车前灯，该死的蓄电池全用光了。我匆忙充好电，上班路上一辆车突然抢道插到我前面，害得我把咖啡溅在刚熨好的白衬衫上。后来，我又……"

对方没完没了地说着，你心里就开始想："如果我假装突发心脏病，或许他们才会停止跟我抱怨。"

这个人难道真是想让你了解他们的糟糕经历么？不，他这么做，只是为了引起你的关注罢了。他描述夸张，嘲讽自己的手忙脚乱，言下之意是说：别指望我今天还能高高兴兴，工作富有成效！

人们抱怨工作环境，是一种手段，可以转移上司的注意力，别将焦点放在自己的糟糕表现上。他们一再对工作条件作出负面评价，表明自己是被迫工作的，如此一来，即使成效低于标准，他们也能逃脱责罚。下面是我收到的一封电子邮件：

真诚的分享

留下的，都是不抱怨的员工

我经营着一家不大的美容院，听完你的演讲，回去后我就在员工中推行“二十一天不抱怨运动”。我敢保证，全世界几乎每家美容院的员工休息室都是八卦长舌之所，员工们聚在那里抱怨这，抱怨那，除了抱怨还是抱怨。

2007年元旦前夕，我来到美容院，把休息室粉刷成紫色，还在墙上刷上“不抱怨的世界”的标语。次日员工们来上班，我给每人发了一张您的演讲CD、一本您的大作以及一个“不抱怨紫手环”。我还让他们看了我绘制的一张图表，表上列有每个人的名字，计算各人“二十一天不抱怨”进展的天数，完成挑战的人可以得到奖励。

第一周的时候，大家还觉得挺有趣。第二个星期我有点慌了！周三那天有三名员工提出辞职，他们对我说：“如果你不允许在美容院里谈论问题，我们就只有不干了。”听完他们的话，我默默地打开门，送他们出去。那天晚上，我花了些时间祈祷、静思，确定自己在做的事是正确的。走的三名员工在店里是最爱抱怨的，对于他们的离开，其他员工的反应是——“谢天谢地，这几个家伙终于走了！”

接下来，我找人接替走掉的三个人。面试总是从休息室里开始，我让面试者看刷有标语“不抱怨的世界”的紫色墙，告诉他们这是一家“不抱怨的美容院”。结果，新招来的三名员工比走掉的那些人工作效率高一倍！

——德州休斯敦市科比镇，奥尔登·克拉克

你注意到了吗，在克拉克先生的美容院里，最会抱怨的员工也是工作效率最低的员工。也许，正是他们抱怨的“负能量”赶跑了顾客。不过，更有可能的是，他们通过抱怨来掩饰自己糟糕的工作表现。这些人力图把工作成效不高归咎于美容院的环境，而不是自己本身。

一次坐飞机时，我听到一个人为自己欠佳的表现开脱。我搭乘的是一架从密苏里州堪萨斯市飞往纽约的大型客机，机上乘客满员。大家登机后，飞机在地面停了好久还没起飞。原定时间早就过了，乘客们开始不安起来。

空乘人员打开广播，播报道："各位先生、女士，对于此次起飞延误，我们深表歉意。但是，美国联邦航空管理局（Federal Aviation Administration）有硬性规定，机组人员在两次飞行中间必须休息满一定的时间。现在他们的休息时间已经达到了航管局的要求，我们很快就将从地面起飞。"

听到广播，周围的人开始抱怨起来。我个人倒是觉得，由一名休息充分的飞行员驾驶飞机，我们是多么幸运啊！

很快，飞机驶出停机坪，准备起飞。飞行员通知说，下一架就轮到我们，并要求乘客坐回座位。然而，又有事发生了；或许应当这么说，什么事都没发生。我们等啊，等啊，等了又等，结果飞行员再次开启广播，播报说飞机的一个发动机发生故障，必须返回闸口修理。

周围的人听了，再一次开始大声抱怨。而我却只想，飞机还停留在地面时就发现了故障，我们是多么幸运啊！

修理发动机的一小时里，大家仍然待在飞机上，没有下去。等候期间，我想起来这会儿本应当抵达纽约了，我必须给妻子桂儿打个电话，因为我向来是飞机一降落就通知她的。电话内容大概是这样的：

"嗨，是我。没到呢。事实上，我们还没起飞！……是这样的，机组人员昨天进场晚了，所以，今天早上一直等到航管局规定的休息时间满了……后来，又发现飞机出了故障……是的……我也不知道……很快吧，我想。到了以后再打电话给你。我爱你……再见。"

我并未抱怨，只是陈述事实而已。我讲电话时没带丝毫的"负能量"，类似“他们怎么可以这样对我”之类。后来，坐在我正前方的那位男士也决定给他妻子打个电话。这是我听到的他们的对话：

“是我……没有！当然没有……我们甚至都没起飞……是这样，那个该死的飞行员，最好叫他‘睡美人’，来晚了……我知道！……接着，他们发现这架破飞机有毛病……你问我结果会怎样？我会丢掉这次联络客户的机会……我不能赶过去见他了！……单子？单子不会有了，忘掉它吧……原因？我来告诉你，我没法准时去见客户，这就是原因！……‘我怎么知道的’？我当然知道，这是我见这个客户的唯一机会……对，我唯一的机会。我告诉过你会发生什么事了！到了再给你电话！真让人气愤！挂了！”

这个男人居然说，所有的希望都没了，向那位客户销售什么都不管用了，而一切都是因为一次航班的延误造成的。这个人在为自己的欠佳表现找借口。

进入教会之前，我一直从事销售工作。二十年来，我卖过广告、手机、保险。无论是我个人的销售经验，还是其他事情中，从来都没有见过约见哪位客户只有“唯一一次机会”。现在，不过是一趟航班延误，这个可怜的家伙就以此为由，为自己拿不下订单开脱。

接下来的事情颇具讽刺意味。飞行员又一次广播通知机上两百多名乘客。他说：“各位先生、女士，此次延误我们非常抱歉。我们知道，修理故障耽误大家很长时间，但是，乘客们的安全是我们最为关心的事。我们现正签署修理报告，大约十分钟后就会起飞。这儿还有个好消息告诉大家，有需要中转的乘客，我们已经为你们安排好……不过，有两名乘客的中转航班未能落实。”

然后，他公布了那两名无法抵达目的地的乘客名字，话音刚落，那位销售员就从座位上跳将起来，气急败坏地说了声“果然”！吐出几句脏话后，他怒气冲冲地下了飞机。

·不·抱·怨·观·念·

■不管到什么时候，赞美别人都不会错。赞美一定要真诚，要发自内心，不然别人会觉得你是挖苦和试图控制他们。

■人们之所以抱怨就是为了把自己从某种责任中解脱出来。他们觉得只要对现存问题发表一些消极的评论，就能让他们摆脱积极解决问题的责任。

■唯一能为你的幸福和人生负责的人，就是你。你拥有无限的潜能，去为自己的幸福作出回应。

■不要让他人那些消极能量影响到你，就算是对方先挑起“战争”，你也不一定非要去响应，他们之所以要批评你，只不过是想以此来膨胀自己的消极形象，给自己找点安全感罢了。

■很多时候，你抱怨别人在哪方面做得不好，并试图证明自己在这方面更具优势时，就说明你已经在这方面感到自卑了。

■在各种关系中，人们会用抱怨把你拉到他那一边，让你和他站在一起，以便让他拥有赢得别人的力量。

·不·抱·怨·行·动·

■列出你常常抱怨的事情，并写出抱怨是出于以下哪种动机：

- Get attention 寻求关注
- Remove yourself from responsibility 推卸责任
- Inspire envy 引起艳羡
- Power 操纵的力量
- Excuse poor performance 为欠佳表现找借口

注意，以上项可复选。

■倘若不是通过抱怨来满足上述需求，你会说些什么，做些什么？写下你想说的话和想做的事。

■你百分百能够改变自己在关系中的形象，并由此改变关系的进展。举出你认为颇具挑战的关系，若要关系中的挑战因素不再出现，你应当成为什么样的人？如何做到？一一列出。

Part 5

释放和“处理”抱怨

- “处理”愤怒才能驱走负能量
- Venting 释放
- Processing 处理
- 找到最佳的方法，赶走抱怨
- Complaint Free 不抱怨
- About me 我的事
- Neutral 不偏不倚

> 只有自身不完善，才会抱怨事物有缺陷。人们越完美，对待他人的缺点就越有风度，越不会妄加评论。
>
> ——弗朗西斯·德·费内隆

“处理”愤怒才能驱走负能量

2006 年圣诞节，我、妻子桂儿和女儿莉亚，到我岳母位于北卡罗莱纳阿斯维尔（Ashville, North Carolina）附近的木屋度假。抵达目的地之后，我们坐在木屋的露天平台上休憩，山谷对面是一座高山。凝望山顶，可以看到一座古旧的烽火台。前几次木屋之旅时，我们曾尝试徒步登临远方那座山。爬上烽火台，饱览眼前开阔的自然风光，那一定美不胜收。

可是，尝试未能成功。只走了上山路程的百分之七十，太阳就要下山了，我们担心抵挡不住夜晚的寒冷，只能调头回去。这一次，我们下定了决心，一定要登上山顶，什么都不能阻止我们，并计划好次日一早就出发。无论如何，我们都将爬上最高峰，征服烽火台。

天刚刚破晓，我们就踏上了通往山顶的小道。以十二月的大烟山（Great Smokey Mountains，美国国家公园之一，也称大雾山）来看，这天的天气分外宜人。天空万里无云，温度也攀升至摄氏 15.5 度。之前知道天气很好，可能会出汗，所以我们只穿了薄毛衣和牛仔裤。

走了大约一小时后，我们看到好几棵被冰风暴摧垮的大树，刚好倒在我们行进的路上。有一些堆在了一起，垒起来很高，我们无法顺着木头翻过去，不得不绕个大弯。我们也因此好几次离开了那条小道，但每次离开，我们都前后检查一番，设法走回正确的轨道。一旦感觉迷路了，我们就抬头看烽火台，它高耸在山顶，宛若灯塔一般，为我们指引方向。我们边走边聊天，又唱又笑，十分开心。

中午时分，我们停下来吃午餐，在小溪边升起一堆火，就着火烤热狗和棉花糖，同时说起若下山途中也在此驻足休息，分享从烽火台上看到的美景，感觉一定棒极了。吃完午餐，扑灭篝火，我们继续前进。可是，地形突然变了，前几次远足也是沿着这条道，但现在不一样了。好几处地方我们不得不紧贴岩壁，侧着身子小心翼翼地往前挪，以防失足摔进深坑。每走四分之一英里，都会看到一个新形成的大坑。夏季暴雨从山上倾泻而下，冲垮了部分道路，形成大坑。这些坑壁像悬崖般陡峭，深度从几英尺到二十英尺都有。

后来我们碰到一道大裂沟，非常深，我们不得不改变路线。这次迂回把我们带到了山的另一面，烽火台从视线中消失了。我们再三商议方向是否仍然正确，每次讨论后三个人都一致认为还在原定路线上。虽然绕了道，但时间并未因此而浪费，对此我们也很高兴。

终于，前方豁然开朗，我们以为要抵达目标了，准备欢庆胜利。不过，狂欢转瞬即逝，我们很快发现，之前避开裂沟的迂回把我们带到了完全不同的地方。我们现在距离目标山峰还有相当一段距离。我们看了看时间，商量是否继续向目标进发。这时，若有人提出立即返程是个好主意，其他人会缄默不语。烽火台在头顶上方召唤着我们呢！虽然我们知道它其实离得很远，但看起来却又那么的近。于是，我们一鼓作气，继续朝烽火台进发。

最后五百码最为艰难。我们得抓住小树的枝干，把自己从斜坡上拽上去。脚在泥泞里很难使上劲，我们把手中的登山杖像冰镐一样插进泥里，防止从斜坡上滑下来。努力的时间显得特别漫长，好几个小时以后，我们才爬到了烽火台底下，此时已是上气不接下气，筋疲力尽了。但我们终于抵达了！从烽火台举目望去，景色确实令人惊叹。我们在废弃的烽火台上待了足足半个小时，从不同的方向往外看，尽情观赏大烟山的美景，以绵延起伏的群山为背景，一张接一张拍了好些照片。

下午快两点半，我们返程下山。时间宽裕，足够我们赶在太阳落山前回到木屋。气温与几小时前相比，明显降了许多，所幸我们是徒步，活动身体还能保暖。这座山属于一个木材公司，山顶的部分已经砍伐干净，因此，我们很容易就发现了一条下山的路。可走进树林后，我们感觉这条路不太对劲。于是，好几次又走回光秃秃的山头，重新调整下山方向。就这样来来回回，不断寻找着正确的路线。

找路花了大半个小时，因此我们匆忙地行进，想要弥补浪费的时间。下山没上山那么费力，速度也快许多。我们确实走到了早些时候吃午餐的地方，大家都赞同风景比之前想象的要美得多。然后我们又继续向山下走去。气温仍在下降，我看到太阳快接近“地平线”了。这里之所以加上引号，是因为尽管太阳还得约摸一小时后才下山，但由于我们处于山阴面，周围群山环绕，视觉上形成了一道假地平线。地方新闻台播报的日落是一个时间点，而此刻在我们眼前没入山后的太阳又是另一个时间点。

仿佛片刻之间，就从白天迈进了黑夜。不过五点左右，几英尺之外已经看不清楚了。这本该是一次白天的远足，下午早些时候就应当结束的，因此，我们根本没预料到这样的黑暗，仿若身处洞穴之中。我们没带手电，身上薄薄的衣服，抵御着越来越重的寒意。三人在黑暗中探着路，慢慢向前走着。当我们都认为偏离了原先道路时，向右转了个大弯。立刻，我们察觉到前面是带刺的灌木丛，形成了一道密集的植物“墙”，要用力才能穿过去。我们手上、脸上被划开一道道小口子。

行进中我们不停地呼喊彼此的名字，努力让大家别走散。天非常黑，尽管互相的距离都在咫尺之内，也看不清彼此。突然，我脑海中闪过一样东西——大坑。在一片漆黑之中，就算我们找到路，也极有可能摔进裂沟，不死也会重伤。“我们得停下来。”我说道。

“你说什么？停下来？”桂儿问道，她冷得牙齿咯咯打颤。“我快冻僵了。我们得马上回家！”

我提醒她路上豁着大口的深坑，说道：“我们会掉进坑里受伤的。”瞬间，绝望劈头盖脸地笼罩过来。

“那我们该怎么办？”莉亚问道，“我冷极了。”

我掏出手机，想拨打 911，可是屏幕上闪现出“呼叫失败”的字样。我看着屏幕，发现手机没有信号。

“怎么办呢？”我思忖着。三个人静静地站着，直到手机发出的蓝光湮灭，我们又被黑暗笼住。我按了下手机键，蓝光重新亮起，黑暗中模模糊糊地只能照到两英尺远。我吸了口气，轻声说道：“就待在这里等到早晨。这是唯一安全的办法。”

有一两分钟没人开口说话。我不免担心莉亚会扛不住，就说：“莉亚，妈妈也许会害怕，我要你和妈妈手牵手坐在地上。”

“然后呢？”莉亚问道。

“你只要不停地跟妈妈讲，告诉她说我们会没事。”我回答说。

手机背面有个凸出的小钮，那是用来扣到腰带的手机皮套上的。我用门牙咬紧小钮，让屏幕朝外，然后按下手机键，让黯淡的光线持续亮着。我永远也无法忘记，妻子和八岁的女儿手拉手坐在冰冷地上那朦胧的蓝色影像，莉亚口中反复说着：“没事的，妈妈。我们会没事的。”

我伏在地上，到处摸索干燥的树叶，终于找到些不太湿的叶子，堆起来后又四处寻找可以生火的木头。手机亮光只够我找到一些小树枝和枯木，我把它们拢到一起，将树枝垒放到先前的叶子上，而莉亚仍旧执行我交代的任务，在一旁不停说着：“我们没事的，妈妈。”她冻得发抖，声音结结巴巴的。我把手伸进口袋，掏出来一个火柴盒，里面的火柴快没了。我冷得头皮发麻，手在发抖。第一根火柴点燃后，落到了地上，灭了。只剩下几根火柴了。我又点燃了第二根，这次没掉。叶子烧起来了，开始冒烟，很快树枝开始劈啪作响。我们终于生起了一堆火。

借着火光，我不断扩大寻找木头的半径。几小时后，我收集来一大捆枝条和树干，松松地堆放在一起。“这些够熬过今晚的了。”我想。我也坐到地上，双臂抱住莉亚。她靠近火堆坐着，身体前面已经烤暖和了，但后背依旧冰冷。

周围只有篝火的劈啪声，还有我们肚子饿得咕咕叫的回响。我问了句：“回到外婆的木屋后，我们吃什么早餐呢？”这个问题转移了大家的注意力，让我们忘却了当前的困境——在温暖木屋里吃早餐。

莉亚不假思索地回答：“肉桂吐司和热乎乎的巧克力。”显然她饿得不行，正想着这两样吃的呢！

“唔，听起来很不错。”桂儿说着，朝我笑了一下，我的心顿时温暖起来。那一夜剩下的时间里，我们一直在谈论着肉桂和热巧克力有多美味。

莉亚躺在地上睡着了，不时发出呜咽声。不久，我发现自己对木头的需求量判断错误，柴禾堆快要烧完了。我又咬着手机，去找更多的木柴。

再次拢起的柴禾堆比原来大，全是粗树枝和木棒。我和桂儿决定轮班，一个人看着火，另一人睡觉。我先看火，桂儿则躺在冰冷的地上，靠着莉亚，可是她根本无法入睡。几个小时后，桂儿起来替我，让我去歇一下。我睡得很不踏实，时睡时醒，半小时后清醒，朦朦胧胧地看见桂儿站在火堆旁，摇摇晃晃的，看起来似乎是站着睡着了。此时的桂儿显得那么勇敢，却又如此柔弱。我身旁的地上，躺着我生命中最珍贵的宝贝——莉亚。

最后，太阳终于升起，跃上前一天被我们胜利征服的山峰。历经仿佛阿拉斯加冬季般的漫长黑暗后，光明终于降临了。我们叫醒莉亚，她喃喃地说："我们快回去吃肉桂吐司吧。"我们的确偏离了原先的路，还好偏差不大，不超过五十英尺。

跋涉了几个小时才回到家。我们连吃了好几份肉桂吐司和热巧克力，然后倒在壁炉旁的沙发上，互相依偎着沉沉睡去。

我的真实经历分享完了，有几个问题想问大家：

○即使相互抱怨，又能对我们身陷困境有多少改善？

○抱怨饥寒交迫能让我们早些下山吗？

○其中一个人抱怨了，其他人会得到安慰或者更充满希望吗？

自然，问题的答案都是"不会"。抱怨当时的处境，只会让事情更糟糕。

每次提到"不抱怨"和享受"不抱怨的关系"，就有人问我："我不应当排解愤怒吗？发泄不是更有利健康吗？"

发泄愤怒不会让怒气有所减少。"处理"愤怒才能释放掉"负能量"，你才能从愤怒中走出来。

愤怒是一种"负能量"。将愤怒传递给别人并不能使其消除，相反，对方也会感到恼火，反过来又加重了你的苦恼，情况进一步恶化。因此，抱怨是没法缓解恼火情绪的，只会让怒气蹿升。但是，你可以"处理"棘手状况，这样有助于你找到解决办法。

Venting 释放

多数干衣机都设计有排气孔，一条长长的、粗粗的排气管伸出来，干衣过程中若产生过多热量，就会通过管道安全地排放到外面。如果人类也可以如此排出愤怒和沮丧，把它们释放到空气中，那自然对健康有益。可是，大多数人所谓的“释放”，通常都是向他人抱怨。他们怒气冲冲，大声说着自己如何被误会了，又是如何沮丧。他们以为这么做是在“释放”情绪，其实不然。

人们普遍存在一种误解，认为抱怨某个人、某件事或某种状况能缓解压力，让自己感觉好一些。人们以为抱怨可以释放我们的愤怒，如同烟从烟囱里升起，一去不返。大多数人所谓的释放，其实都是抱怨。

释放是：

○抱怨。是携带着“负能量”的表述，只看得到眼前的问题而不去寻求解决办法。

○有如下一种或几种需求的人会做的行为：寻求关注、推卸责任、引人艳羡或吹嘘、操纵他人、为欠佳表现找借口。

○把责任归咎于别人。

一些心理学家认为，愤怒的人通过捶枕头或摔东西来排除“负能量”，可以起到疏导作用。喜欢压抑情感的人这么做，有助于表达出被压抑的感受。西格蒙德·弗洛伊德（Sigmund Freud）就很推崇这种方法。

不过，也有人不予认同。最近全国公共广播电台（National Public Radio）报道了杰弗里·劳尔（Jeffrey Lohr）的故事。劳尔是阿肯色大学心理学专家，他调查了几十年来关于“愤怒疏导”的研究成果。“愤怒疏导”是心理学领域的术语，指通过某种肢体行为表达愤怒，例如大叫、捶枕头、摔碗碟等。劳尔发现，“捶枕头和摔碗碟并不能减少愤怒。”事实上，可能还会造成反作用。

产生情感并表达出来，这是人之常情，对所有人的健康都是有益的。但是冲着别人宣泄愤怒，对愤怒的人来讲，既无益且有害健康；此外，人际关系也会受到损害，因为听他们滔滔不绝大声抱怨的人，愤怒感也会加深。

当人们试图以抱怨来“释放”情感，把自己的愤怒告知他人时，结果常常是愤怒并未缓解，问题反而变得更顽固、更持久。倾听者听完抱怨后，常常为了附和抱怨者的意思，加上自己的评论，这些评论也会增加抱怨者的愤怒。倾听者以为，他们表示赞同并提出一些支持的意见，是在“声援”抱怨者，但这样做无异于扬汤止沸。会形成“不满↔抱怨”的恶性循环。

《心理学发展杂志》做过一项调研，研究人员调查了 813 名学生，他们均来自中西部地区，从三年级到九年级都有，研究周期长达六个月。调研中，研究人员询问学生们，最要好的朋友是谁，最常讨论的话题是什么。结果显示，向朋友过多地诉说问题（释放）的女生，呈现焦虑或情绪低落症状的可能性比较大；而这些负面情绪转而导致她们倾诉更多的消极问题。

思考一下，倘若人们真能够通过“释放”消除负面情绪，那么，最爱抱怨的人岂非最快乐？想想你认识的经常抱怨的人，他看起来快乐吗？

不久前，我们组织了第一届年度“不抱怨航行”。参加者从佛罗里达州的劳德代尔港（Fort Lauderdale）起航，搭乘一艘豪华游轮，前往牙买加的奥乔里奥斯（Ocho Rios, Jamaica），中途经过基韦斯特（Key West）、开曼群岛（Grand Cayman Islands）。我们的成员来自美国和加拿大，活动七天里，我们将尽情享受欢乐、阳光、大海、佳肴、舞蹈和旅行，并参加关于“不抱怨生活”的研讨会。一流的服务，可口的食物，相聚的美好时光，一切都是那么惬意。可是有对夫妇似乎没能享受到这份快乐，他们住在我们一位成员的隔壁。就在这有如天堂般的美妙中，这对夫妇争吵开来，并逐渐升级至扭打。他们冲对方大叫大嚷，说着难听的话，充满了火药味。吵了很长时间，他们的怒火终于退了（或者，两人是精疲力竭了），停止了扭打，房间内安静了下来。

倘若向他人抱怨就能消除愤怒，那这对夫妇一定会幸福地度过余下的航行时光。从那些大喊大叫来看，他们确确实实“释放了情感”。家庭暴力领域的社会学家默里·斯特劳斯（Murray Straus）发现，夫妻相互大嚷大叫，不会让怒火消退，只会更加生气。第二天晚上，那对夫妇又开始了争吵扭打，直到游轮工作人员插手，他们才不得不停止。

喊叫不会减少愤怒，它只会让你更愤怒。抱怨不会改善现状，只会让问题更持久，还会让你陷入“不满↔抱怨”的怪圈。你抱怨，不是为了帮助自己，也不是希望关系更融洽，而是想要以这种方式满足自己的某种人际需求，比如我们用 G.R.I.P.E.（抱怨）概括的那些需求。满足个人需求本无可厚非，但若试图以抱怨来实现，对人际关系会造成破坏性的影响。抱怨会造成其他人情绪低落，营造出对人不利的环境氛围。

“释放”常常涉及到攻讦不在现场的他人，是一种挑衅行为，而且容易上瘾。这就说明了夫妻吵完、打完后很可能还会再次争吵或厮打，好像游轮上那对大打出手的夫妇。里克·劳厄特（Rick Nauert）博士在网站“心理中心”发表文章写道：人脑对待挑衅的方式与对待毒品和酒精相同。他还引用了特殊教育和儿科教授克雷格·肯尼迪（Craig Kennedy）的话：“我们发现，人类对挑衅事件做出反应时，大脑中的‘奖赏通路’（生化术语，指人脑中的一种神经通路）就会被激活，大脑会产生多巴胺。”

吸毒者吸毒、嗜酒者饮酒时，大脑都会释放出多巴胺。当人们愤怒或挑衅行事时，也会生成多巴胺，他们就像吸毒者或嗜酒者一样，感到兴奋，继而会渴求更多的挑衅行为的刺激。

科学家用一对老鼠做了个实验。两只老鼠一公一母，放在同一个笼子里。他们的笼子旁边还有一只笼子，里面是五只老鼠“侵略者”。科学家先暂时把母鼠移到别处，然后在母鼠待的地方放进一只“侵略鼠”。公鼠立刻做出反应，摆出攻击的状态，如尾巴沙沙作响、侧面攻击的姿势、爪子蜷紧、撕咬东西等。

随后，科学家开始训练笼子里的公鼠，它想要入侵的老鼠离开，就得用鼻子戳某个目标。公鼠一戳目标，科学家就放进一只入侵鼠，此时，公鼠就会表现出攻击的神态。科学家每天把目标放到公鼠面前一次，每次公鼠都会戳目标，表示要入侵鼠即刻滚蛋。作者说，公鼠认为与入侵鼠的挑衅对峙是一种奖赏。

因而，“释放”不仅不能消减愤怒，对问题也没什么改善；相反，“释放”会触发内心身处某种东西，使我们把冲突视为某种奖赏，为了得到奖赏，我们会重复同样的行为——因为挑衅让我们兴奋。

Processing 处理

处理：持续性发展，涉及到许多改变，这些改变通常是按步骤进行的。

如果你与某人之间发生争议，只有直接找对方谈，事情才能真正解决。不过，假如争议对你而言实在棘手，不妨找别的人先处理一番，这样会有所帮助。就像前文中的定义所述，“处理”涉及到改变——这一点十分重要：改变的是你，而不是与你发生问题的人，也不是和你处理问题的人。

“处理”是分析事情；当你对某件事不清楚时，“处理”可使其明朗化。“处理”要求查验事实时保持冷静，确保对某个人、某件事的看法未掺杂情绪。“处理”不是为了证实个人所处情境而发出的抱怨。虽然任何一种关系中，你只占其中的百分之五十；但对关系的改善，你负有百分之百的责任。“处理”确保你仍然拥有关系，可以看清楚你能做哪些选择。

可是，如何分辨什么时候是“释放”抱怨，什么时候是“处理”问题呢？答案很简单，看你的情绪。你感到冲动了么？你希望有人赞同你的观点，认同是其他人犯了错吗？你企图让别人显得行事不当吗？你感到生气或被冒犯了吗？你准备好要争吵了吗？你希望与你谈话的人加入自己的阵营，联合一致去反对第三者吗？上述任何一个问题的答案若为“是”，你就是在“释放”抱怨，而不是“处理”问题。

找到最佳的方法，赶走抱怨

Complaint Free 不抱怨

About me; not someone else 我的事，不是别人的事

Neutral story told to a neutral party 向不偏不倚的人讲述不偏不倚的事实

Complaint Free 不抱怨

你与某人对话时，虽然是想“处理”问题，但你诉苦了，那你就是在“释放”，而非“处理”。谨记，抱怨是一种带有能量的陈述，其焦点集中在眼前的问题身上，而不是探求问题的解决办法。

掌握处理问题的技巧，很大程度上要求对自我坦诚。一旦你说出的话与前面列举的五大理由 G.R.I.P.E. 扯上关系，那说明你抱怨了，也就是说你在“释放”。你不能抱怨自己的改变之路，你自己必须转变，才能改善关系。只因你是关系的一部分，所以关系才存在；改变你，改变关系。

About me 我的事

在家庭动力心理学领域，辅导者时常用一个运动的物体，演示一个人的改变是如何影响周遭关系的。那是一种悬挂的雕像，可根据自身不同部分的重量，巧妙地保持平衡。拿起雕像的一个部分，重量发生改变，它的各个部分就随之相应地运动起来。关系也是如此，无论是男女关系、家庭关系，还是工作关系——其中一个人改变了，整个关系的动力就发生了变化。而你，应当勇于成为那个改变的人。你必须成为愿意改变的人。

“处理”过程中，问题会随之而来，“我要怎样改变才能让关系改变呢？”

乔瑟夫·鲁夫特（Joseph Luft）和哈里·英格拉姆（Harry Ingham）1995年发明了一个认知心理学工具，即广为人知的“乔哈里之窗”（Johari Window，乔哈里是两个人名字的组合）。为易于理解，你可以在脑海中勾勒一扇四格的窗户。第一格是我们自己和别人都看得到的东西。第二格是我们看得到，但别人看不到的——我们隐秘的思想、梦想、恐惧和抱负。第三格涵盖的东西我们自己看不到，但别人能看到。第四格则是我们自己和别人都未曾经历也不了解的部分。

“处理”指试着理解并接受“乔哈里之窗”第三格的内容——别人看得到但我们自己无法看到的东西。当我们与某人“处理”某件事时，是想知道别人是怎么看我们的，是想知道我们在关系中的角色。不知道、不了解就无从改变，而且，内心的自我常常会让我们对自己在关系中的角色视而不见。自我想让我们相信，另一个人是导致问题的全部原因，我们只是无辜受害者。如果我们抱持这种观点，就没法改变，关系也会僵滞不前。

	己知	己不知
他知		处理
他不知		

乔哈里之窗

当“处理”某件事时，我们要问：“我能做些什么不同的事改善现状吗？”

处理问题的过程中，你会发现自己身上以前没注意到的东西，但重要的是，你别把它们视为缺陷——它们不过是需要更正的行为罢了。“处理”不是将责任推给他人，也不是揽到自己身上。究责会抹杀一切希望，情况不会好转。

跟别人说你的老板是个笨蛋，并指望对方赞同自己的看法，这不仅不是“处理”，还丢掉了你改善工作环境的能力。“他是个笨蛋；会周期性地抓狂；算了，就这样吧；只能忍受了”之类的想法会让你原地踏步，情况一成不变。你就困在那儿了。可是，人永远不应当被困住。打个比方说，如果你抱着“人们从不曾坦诚对我”的想法，就进一步固化了你未被坦诚对待的事实。

把自己的看法告诉他人，说你是如何被别人误解，或是怎样无辜地受到了他人行为的伤害，这会让你形成一种观点，认为自己作为受害者，拥有当前的关系是必然的，是天命。而且告诉别人说你是受害者，增强了你成为受害者的可能。

罗伯特·B·西奥迪尼（Robert B. Cialdini）在其著作《影响力》一书中举了一个案例。实验者先让志愿者看过两条绳子，之后依次询问哪条更长一些。实验者要求其中一组在心里想好答案，但不告诉任何人；对第二组，实验者要求他们把答案写在便笺上，稍后可以擦掉，也不需要给别人看；第三组志愿者则需要写下答案，并告诉实验者。

接下来，所有志愿参与实验的人都被告知，答案错了，他们所选的绳子不是较长的。然后，实验者给他们一个机会，更改之前的答案。结果，把答案告诉实验者的那组志愿者最不愿意承认自己错了。他们坚持自己的看法，即使已被告知答案不对，仍然坚持自己选择的是两条绳之中较长的那条。

你告诉别人，说自己或与自己有关系的某人存在缺点时，就等于宣告了这段关系会失败，因为关系建立的基础，据你所言，有了缺陷。

关系犹如蛋糕。假如烤制过程中，有一样原料变质了，最后烤出来的蛋糕一定不好吃。因此，如果你声称，自己或关系中的另一人没有改善的希望，你就会寻找各种论据，证明自己的结论是正确的；而在寻找论据的过程中，你会发现，自己的结论一次又一次得到了验证。

我曾在两个西雅图的朋友身上看到这种力量的展示。我们去了一家高级餐厅吃午餐，在座位上坐等了十多分钟，可是服务生仿佛没有看到我们。他径直从我们旁边走过，好几次了，连“欢迎光临”的招呼都没打，也没有过来给我们点餐。

碰到这种情形，你会怎么办？你也许在心中暗想：“这个笨蛋怎么了？难道没看见我们在这儿等着么？”“他假装看不见我，肯定因为我是黑人。（或者白人、个矮、个高、瘦、胖、谢顶、头发多等等）”“服务生如此无礼，这儿的食物恐怕也糟糕得很。”

可是，我的朋友却没有因服务生的行为而恼火，相反，他们主动走上前去，跟服务生说明情况。当时那个服务生正往电脑里输入另一桌客人的点单。朋友告诉他，我们准备点餐，希望他能尽快过去，并表示感谢。他没有给这个服务生打上“水准低下”的标记，然后再处处找机会诋毁服务生；而是尊重地对待他，感谢他的服务。

之后，服务生来到我们桌边后，态度依然不甚友好。我想并非因为朋友把他叫过来的缘故，他那天心情的确很坏。于是，当服务生转回去给我们取饮料时，朋友决定给自己布置一个挑战任务：把服务生逗笑。接下来的一段时间，服务生来我们桌越来越频繁，每次到桌边，朋友都热情地冲他微笑，感谢他，还适时地赞扬他。很快，我们就看到了一个笑容满溢、友好的服务生，为我们提供了体贴周到的服务。

你可以成为关系中做出改变的一方，可是指责却否定了你这种能力。我认识两个女人，过去都曾因男人变心而心灰意冷，很令人同情。其中一个女人从此认为自己是个天生的受害者，她总是发现自己陷于令人失望、不忠诚的关系中；可是另一个女人走出了阴影，她制定了一个标准，作为衡量未来爱情生活中可接受的行为尺度。

发现另一半对自己不忠之后，第一个女人向所有朋友哭诉自己的不幸。听她倾诉的人都很同情她，她得到了别人的关注。讲述自己的不幸遭遇后，她发现身边聚拢了一批也曾被男人欺骗的女性，这更加深了她的感觉，认定自己就是会被背叛的人，并逐渐形成一种看法：男人都会变心。她目前和一名男子在交往。虽然她觉得这个男人迄今为止很忠诚，但她告诉我说：“天底下不会有一心一意的男人，出轨是早晚的事。”

另一个女人下定决心只与一心一意的男人交往，为了确保另一半忠贞不二，她还思忖日后的爱情自己要付出些什么。她现在已结婚近二十年，和丈夫彼此间都很忠诚。

第二个女人的做法是：把自己最美好的一面都展现在丈夫面前，减少他拈花惹草的想法。她坚持锻炼，以保持身段和魅力。她衣着入时，打理得光鲜靓丽，以保持对丈夫的吸引力。即使与丈夫发生矛盾，她也不抱怨，而是与其深入地沟通（《男士健康》杂志曾调查过，男人变心常常是由于夫妻关系中充斥着抱怨）。她把夫妻最亲密的性爱关系放在很重要的位置，确保两人保持愉悦频繁的性爱。她经常与丈夫谈心，确保丈夫满意自己。如果丈夫反馈说两人的爱情生活应当如何改善一下时，她不会恼怒或反对，而是用心倾听。而且，她还会主动与丈夫沟通生理上的需求。

最关键的是，她内心清楚，曾经背叛自己的那个人并不能代表所有男人；他只是一个犯错的男人。这个女人明确地告诉丈夫，一心一意是唯一的选择。他们刚开始在一起时，曾经彼此坦白过以前的爱情史，她跟丈夫提及从前男朋友的不忠。

“你是怎么处理的？”他问。

“我甩了他，从此不再跟他有任何联系。”她说。

“假使我出轨，你还会爱我吗？”他又问。

“我当然还会爱你，”她回答说，“而且我还会想念你，因为你就此离开了。”

丈夫读懂了她的言外之意：你出轨的话，就必须离开。她不会威胁她，也不会说“再给你最后一次机会”。只要迈出那步，彼此关系立刻结束。不管他们是否有孩子，也不管他们的财产多难分割，只要丈夫与别的女人发生关系，两个人就彻底完了。这个女人选择了忠贞不二的夫妻关系，而且担起责任来，尽一切能力维护这种关系。

在各种关系中，其实你有多种选择，只是你之前没发现而已；而和另一个人“处理”关系，会让你获得更多新的办法。“处理”让你审视自己的“乔哈里之窗”，看自己的行为能对解决问题有哪些帮助。

如果你希望从“处理”过程中得到反馈，就必须敞开心扉，倾听那些与自己有关的事。这部分之所以归为“乔哈里之窗”的第三格，是因为它们是你身上的东西，但你看不到。其实，看不到常常是由于你自身不想看到。它们看起来很大、很吓人，你刻意避开它们，或对其视而不见。听说这些东西居然存在，你会觉得危险。“关系中出现这么多问题，都怪你。”这样的话不会有人喜欢听。

所以，如果你接收到此类讯息，请你深吸一口气。要知道，你内心的自我一定——不是可能——会抗议，它会说，和你一起“处理”问题的那个人是个疯子、不怀好意、为人刻薄。这很正常，深呼吸，不用理睬。

听了和你一起“处理”的同伴的话，如果你马上反应说：“你说什么，我做错了？问题在我？你怎么敢这么说？”那对方可能不再会帮你“处理”问题了。如果你的反应带着消极的负能量，还有些挑衅的意味，那对方很可能就后退一步，收回意见，或是说些不痛不痒的话，根本帮不了你什么忙。你如此的反应，对方会认为，你是来寻求声援，而不是改善的，你就失去了通过“处理”重塑自我、改善关系的绝好机会。

Neutral 不偏不倚

“处理”是陈述事实——至少是你那个版本的事实；它是原原本本地说出：发生的事情，事情发生的时间和地点。至于发生的原因，则很少会是不偏不倚的，因为在探求一件事为什么会发生时，我们会杜撰关于别人动机的故事。所以，试图解释事情发生的原因会导致追究责任。

“处理”仅限于事实陈述，不包括揣测他人的动机，也不包括凸显他人的缺点。“处理”好比新闻报道，只是把发生了什么叙述清楚，不夹杂个人的评论或分析。当我们和某人一起“处理”问题时，应当尽可能客观地告知对方发生的事情。

打个比方，你或许会跟别人描述一下自己的一天，“今天卡尔走进办公室告诉大家，公司要裁掉一些人。我得说我很担心。”陈述事实是这样的：卡尔走进办公室，卡尔通知可能裁员，说话者表示很关心。这是“处理”。

而抱怨则会这么讲：“卡尔是个卑鄙小人！我想他一定以吓唬我们为乐。今天他趾高气扬地走进办公室，告诉大家说要开掉一些人。这种事至少得让我们有所准备吧，可是他没有，混蛋卡尔！他谁也不在乎，只关心自己。他的饭碗自然稳得很啦——他是老板面前的大红人，可我们其他人呢？哼，谁会在乎我们呢，是吧？我们不过是小棋子而已。我大概是第一个走人的，卡尔一定乐到不行吧！”

这类措辞很难说是不偏不倚。虽然说了事实，但其中交织着对卡尔动机的描述，以及对他品格的攻讦。这样描述是为了满足 G.R.I.P.E.（抱怨）概括的一种或几种需求。

当然，并不是说，和某人一起“处理”问题时必须忽略个人的情感。事实上，“处理”最重要的部分就是坦承真实感受。英国著名作家、政治家本杰明·狄斯累利（Benjamin Disraeli）曾说过："永远不要为真情流露而道歉……如此做，等于是为真相道歉。"事情发生后，如果感到难过，就承认悲伤；如果觉得生气，就表明气愤；如果恐惧，坦然承认害怕也没什么不当。你不妨这么说：

"我难过。"

"我生气。"

"我害怕。"

说出你的情感并予以承认，把情感从阴暗处解放出来，去到光明的所在，这样，它们才能逐渐消散。很多人以为大吼大叫是表达情感，如果你需要那样，就可能属于捶枕头或在林间大喊的人群，可以从类似行为中获得帮助。不过，当你和别人说话时，愤怒的语调并不能缓解气恼的情绪。

阿隆·沃夫·西格曼等人在研究报告《愤怒的语调：对情绪气愤及心血管反应带来的影响》中详细记录了他们做的实验，针对不同情形下语调的影响作用所做的研究。实验要求男女受试者分别用三种语调，述说引起愤怒的事或者中性的事件：（1）正常的语调；（2）语速快、声音高的语调；（3）缓慢而温和的语调。

受试者叙述让自己心烦意乱的事时，男女受试者的报告都显示，如果用比平常更大声更快速的语调述说，他们的情绪明显更为气恼，血压显著升高，心跳也明显加快了；若用比平常缓慢、温和的语调述说，情绪则明显的没那么暴躁，血压也并未上升。

"处理"是中立的，不偏不倚的，是以一种不偏不倚的方式展现事实。

和你一起"处理"问题的人也必须是不偏不倚的。如果是你和老板之间的问题，那你所在部门的任何一个人都难做到不偏不倚；如果你与家里某个人发生摩擦，其他家庭成员往往不是“处理”的好同伴。和你一起“处理”的人必须用心倾听，然后有所反馈，不能掺进个人情感因素。

适合一起“处理”问题的同伴应当是：

○你绝对信任的人

○与问题无关的中立者

○能够置身矛盾之外

○能够倾听并提出反馈意见

○真的有心帮你

○愿意告诉你原原本本的事实

○你也愿意从他那儿听取原原本本的事实

由于我是一名牧师，因此人们常常跑来找我做心灵辅导。这些人需要一个中立可靠的人，可以让他们提出问题，与他讨论个人的情绪，助自己改变以达成愿景。优秀的心理咨询师会提供一个处所，作为治疗之用，患者可以在那里商榷处理问题。不过，你并不是一定要对着牧师或者心理咨询师倾诉。你只需找一个朋友或家庭成员，他们没有以下的情况即可：

○牵涉在问题之中

○爱看纷争的好戏

○对号入座，认为你讲的是他

○告诉别人你倾诉的内容

○与你有嫌隙，可能会利用你倾诉的事情攻击你，以巩固自己的位置

相信和你一起“处理”的同伴，其行为背后的意图是良善的，这一点非常重要。他的意图可能藏得很深，让人摸不着头脑；可能是他未能完全

意识到的；也可能为了满足某种你无法理解的人际需求。但要点是，你必须假定他的行为的意图是良善的，不然，你就会把他想象成妖魔，把自己想成无助的受害者。而“处理”的目的是为了记住一个事实：你不是受害者。

在《愤怒：被误读的情感》一书中，作者卡萝尔·塔佛瑞斯（Carol Tavris）提到一项调查，实验者招募了一批三年级的孩子协助测试。实验者给出了三种方式，当孩子们由于同伴的行为而感到沮丧、恼火时，可选择其中一种方式处理怒气。一些孩子选择向成年实验者讲述，还有一些孩子靠玩具枪来“疏导放松”，另外一些孩子则由成年人给出一个合理的解释，说明小伙伴做出令人恼火举动的原因。

你觉得哪一种能最有效地降低孩子的愤怒？不是向别人诉说，也不是玩玩具枪——玩枪反而让孩子更怀有敌意、更易争斗。成功消除孩子怒火的方法，是让他了解小伙伴为什么会那么做（例如，“她困了”“她当时很生气”“她不舒服”之类的）。了解了小伙伴行为背后的原因，小孩子最可能忘掉不快。不是让被冒犯的孩子主观臆测，而是如实告诉他小伙伴为何有不堪的行为，结果，被冒犯的孩子情绪平缓了下来。

一个人让你恼火，背后一定有他的原因。“他的行为是出于善意。”——肯这么想，你会觉得好受些，被冒犯的情绪也会得到缓解，而且，这可以让你敞开胸怀，思考如何寻找办法，解决问题。

与中立的第三方“处理”，从矛盾中撇清情绪，事情不会发展为绝望的窘境，只会变成一道待解的谜题。

记住，“处理”隐含着一个问题，即“我该如何做，才能改变关系的现状？”一旦找到答案，你将发现自己不再一筹莫展；找到答案给予了你能量，推动你去不断前进，探索解决办法。

确定了最好的行动计划后，你就必须即刻践行。亚里士多德曾说过：“人们经常以某种特定方式行事，就会形成某种特定的品质……常做正义之举，性格就变得正义；经常举止温和，人就变得温和；常做勇敢之事，就变得勇敢无惧。”当你做事像拥有完美关系的人一样时，你就脱胎换骨了，并因此改变了关系的“动力平衡”和“发展路线”。

·不·抱·怨·观·念·

■发泄愤怒不会让怒气有所减少。“处理”愤怒才能释放掉“负能量”。

■倾听者以为，他们表示赞同并提出一些支持的意见，是在“声援”抱怨者，但是，他们所做的事无异于扬汤止沸。

■“释放”不仅不能消减愤怒，对问题也没什么改善；相反，“释放”会触发内心身处某种东西，使我们把冲突视为某种奖赏，为了得到奖赏，我们会重复同样的行为——因为挑衅让我们兴奋。

■你不能抱怨自己的改变之路，你自己必须转变，才能改善关系。只因你是关系的一部分，所以关系才存在；改变你，改变关系。

■追究责任会抹杀一切希望，情况不会好转。究责就是认定了眼下的情形没有办法解决。

■相信和你一起“处理”的同伴，其行为背后的意图是良善的，这一点非常重要。

■确定了最好的行动计划后，你就必须即刻践行。

·不·抱·怨·行·动·

■任何关系中，你只是百分之五十，但是，你有百分之百的选择权，决定自己在关系中是什么样的人。你在关系中经常碰到什么难题？关系中有没有面临类似难题的人，他们是怎么做的呢？你该如何调整，事情才会改善？

■下一次你向别人描述给你造成压力的事件时，别大声说话，语速飞快，尝试用低缓的声调。记下尝试后的感受。

■想满足需求之前，先想一下谁适合作为“处理”的同伴，请他帮你分析眼下的难题。告诉他们本章中提到的“处理”的基本原则，说明你需要的不是赞同或确认，而是希望他们提出反馈意见，帮助自己改善和提升。

■“处理”前，写下关系中你想改善的那些方面，然后告诉“处理”的同伴，请他们对此提出进一步的见解。

Part 6

与自己和解

- “关系”存在的目的
- 人的痛苦多半是自找的
- 疗愈与自己的关系
- 你如何描述自己
- 切勿混淆癖好与缺点
- 忘掉伤痛，重新上路
- 采取宽恕的态度，秉持良善的意向
- 如何做到不抱怨

既然必须花许多时间处理自己的事情，不妨从关系中找些满足。

——诺曼·文森特·皮尔

“关系”存在的目的

“我为什么存在？”

千百年来，人类一直在探索这个问题的答案。纵观历史，纵览全球，这个问题被无数次提出来、被不断思索过、被做出过种种假设。

在我回答这个问题之前，让我们仔细思索一番。人类孜孜以求探索存在，但都无一例外地认定一个前提——人类的存在，确确实实有一个理由，这已经融入人类的基因，但是，这个理由究竟是什么呢？

我的回答很简单：人类存在是为了快乐，为了成长。

快乐，所以存在。生活充满了美妙经历，惊叹着我们每一个感官。有那么多讨人喜欢的事物，让我们去闻、看、听、摸、尝：闻着巧克力蛋糕的烘焙香味；尝着刚从烤箱里取出来还热乎的蛋糕；听着孩子们音乐般动听的笑声；看着夏日雨后壮观的双彩虹；爱抚着心爱宠物的美好触觉。快乐的事情处处可见。我们也许能用一大堆词语把它们加以分类，如愉快的、振奋人心的、可口的、心满意足的、刺激的等等，这些事物能带给人们快乐。如果我们不存在于这个世界，就无法体验这些快乐。我们的肉体不仅用于承载灵魂，也是体验快乐的平台。

我认为，生活快乐的一面是为了让人们继续人生这个游戏，如此一来，人们才能投身于生命存在的基础意义，那就是成长。美好的事物、快乐的感觉、各种感官体验，都是让人们想要继续生活下去，这样，人们才能成长。成长源于面对挑战，源于适应生活的结果。健身运动者知道，若要练成一身肌肉，必须坚持举重，一直到肌肉坚持不了为止；只有当肌肉运动到了极限，才能练出强健的体魄。

心灵的成长也是如此，即不断挑战自我，直到濒临失败。虽然成长源于挑战，但历练之中不乏快乐非常重要。如果人生只有挑战，体味不到活着的美好愉悦，许多人恐怕早就放弃了人生这个游戏。简而言之，假使人生没有快乐，全都是成长的难题，谁还想活着呢？

麦当劳创办人雷·克洛克（Ray Kroc）在描述成长的本质时，曾这样说道："如果你还青涩，说明你仍在成长；一旦你成熟了，那离腐烂也不远了。"人生就是成长。我们的身体自受孕时起就开始发育。虽然身高有极限，但只要活着，人体就会不断生成新细胞；而且，情感和精神层面也不断成长，这一点更有意义。人的一生会历经磨难，正是从这些经历中，我们学到了新的技能，未来遭遇相似情形就能克服。这就是成长。

成长并非易事，所以，人生安排了快乐，伴随我们克服一个又一个挑战。成长有可能是难受的，它如同驶入未知海域，因此让人心生畏惧。小说家亨利·米勒（Henry Miller）这样写道："一切成长均是冒险，如在黑暗中跳跃，是自发的未经策划的行为，没有经验可以用得上。"

有人说生活就像一所学校。不同之处在于，学校里是学完功课然后测试；但生活（关系）中，是先经过考验，再学到教训。生活总是给予我们教训。首先，我们要经历考验，之后，只要愿意，我们就能吸取教训，再也不用经历同样的考验。因为我们成长了，具备了应对的能力。

这些经历并非只是艰难的挑战，它们常常携带着礼物。许多人不仅自己生活称心如意，还激励、帮助别人，他们能这样是因为接受了（而非不管不顾）人生的挑战。许多人今天拥有令人满意的高品质关系，过去他们拥有的可是极具挑战、颇成问题的关系。他们成长了，而且由于成长对事物有了新看法。

人际关系是个人成长的实验室。关系会唤起未愈的创伤，然后给予我们动力，提供适时良机，让我们顺利治愈它们。问题只要暴露出来，我们就能搞定，如此来看，眼前的问题是可以得到解决的。但是，只要生命存续，问题就会不断暴露，我们就得不断解决，不会有结束的时候。成长没有"一劳永逸"的说法。作家格特鲁德·斯泰因（Gertrude Stein）曾说过："根本没有所谓的尽头。"当我们察觉到自己的问题，从问题中得到成长时，能体味到解决问题带来的满足感。不过，只要生命仍然存续，人生会不断给予我们教训。任何关系都提供成长的机遇。

成长永不停止。有些人步入老年后看起来依然十分年轻，他们是不断接受改变和成长的人。人际关系是个人成长的催化剂，也是证明个人成长了的平台。

本书开篇我就说过，关系不是可有可无，而是一种必须。我们存在是为了成长，而他人恰好给我们提供了挑战，反馈了信息，树立了榜样，还是鼓舞我们成长的动力。

有个专门的词，常被人用来打趣地指代爱情关系，就是"知己"（soul-mate）。部分人持有一种观点，认为人人都有知己，且只有一个知己。互为知己的两个人在某种意义上彼此互补，如同独一无二的锁头与钥匙，放在一起才能发挥作用。

人生就是寻找、发现唯一的真爱，及与之相处。找到唯一的知己后，人生的使命就完成了，余下的时间都将沉浸在温暖和喜悦中，享受着恬适宁静的关系。这种想法可以制成一大批卖座的迪斯尼电影，可是，灰姑娘和白马王子骑着骏马离开后，又会发生什么呢？这类电影或电视节目可就鲜少提及了。

那么，究竟发生了什么事？琐碎的生活开始了呗。矛盾出现了，问题露头了，个人习性逐渐显现，还被错误地划归为缺点。简言之，天下大乱了。这些事情发生时，两个“知己”困惑了。

“天堂怎么也有烦恼？”他们很疑惑。“我们怎么会闹矛盾？我们可是知己啊！”两个人琢磨开来，想要弄明白自己是不是搞错了。“或许，我们找错了对象。也许知己另有其人。”想到这里，他们开始找寻论据，证明两个人在心灵上并不能完美契合。不久，他们的感情逐渐疏远，最终可能就导致身体上的关系也分离了。

寻找生命中唯一知己的一对常常只想要快乐，不想要成长。抱歉，灰姑娘、白马王子，事情是没法那样的，关系关乎成长。

关系中有快乐。与他人分享梦想、诉说愿望；别人给予自己鼓励；欢声笑语；彼此欣赏，审视对方的美；享受一起活动；共同创造新事物的激动；携手征服挑战的满足；等待有人探索的冒险；还有亲密关系中的性爱。所有这些，我都划归为快乐。事实上，喜剧演员伍迪·艾伦（Woody Allen）就诙谐地描述过性爱：“那是我最快乐的事情，虽然没有大声笑出来。”

关系带给我们快乐，同样也带给我们成长。成长来自于征服挑战。学会向别人有效地传达需求，是种挑战；体谅别人的情绪，是种挑战；别人需要独立自主时不认为会威胁到自己，是种挑战；接受别人不同的行事方式，视其同样合情合理，也是种挑战。一切必须处理的事情，关系都会将其触发出来。而这正是关系要做的。

“知己”这种说法可能欠妥当，它暗指每个人都不完整，必须由另一个人（自然也是不完整的人）加入其中，两人方才完整。然而，成功关系中的双方，无论置身关系中抑或其外，两人自身都是完整的。即便没有另一个人，完整的人不会觉得生命中缺了什么。他们不会依据关系来界定自己。他们清楚地知道，自己需要关系，但绝不会因此走向极端，认为自己要与另一个人互补才会完整。两个一半的人成不了一个整体——两个一半的人只会把关系搞得一团糟。

我说不认同“知己”的说法了么？绝对没有。事实上，我相信你有六十亿知己。

世界上每个人都是你的知己。如果说知己是完善你的人，是你在心灵深处与之联系的人，那么，即使是萍水相逢的人，也与你有关系，给予你完善的机会。因为，只要你愿意接受，遇见的每个人都带有可以让你变得完整的东西。与别人互动，会引出你需要疗愈的东西。

人的痛苦多半是自我的

别看了我们之前所述内容就主观臆测，认为自己必须维持无益的关系。考虑关系的各个决定因素，也许对方不是合适的人选。如果你是老板，聘用的员工不愿意履行工作范围内的职责，你就得解雇他。如果你与某人有亲密关系，而且你非常看重忠贞，一旦这个人背叛你，就必须让他走。

我在之前提到过前妻在结婚七年后离我而去的事。当时我几乎崩溃，因为我认同那个荒诞的说法，相信每个人都只有一个知己。我觉得她是我的唯一，失去她，我的余生将无人陪伴，再也感受不到爱。

而且，我十几岁时父母离异，当时我曾发誓，这辈子绝不让婚姻破裂。所以，当前妻说她再也不想维持这段婚姻时，我感到自己是个彻头彻尾的失败者。我打电话给好朋友雷尼，请他帮我处理婚姻破裂的巨大打击。雷尼中肯的建议，重新提振起我的精神，帮助我度过了难关。他说：“威尔，或许你该停止把婚姻关系的结束当作失败，你可以这么想，它已经到头了，没必要再继续下去了。”

哇，多么神奇的思维转换啊！我并不是失败者，我们的婚姻只是结束了，它没有失败，而是走到头了。

你若认为自己在以前的关系中一败涂地的话，容易把“关系失败者”（即你自己）带到日后的关系中，造成不好的影响。就像在菜谱中加入一味变了质的材料，烧出的菜一定难以下咽。过去的关系并不是失败了，只是结束罢了。

不过，如果你在结束了一段关系进入另一段关系后，察觉到出现了同样的问题，这显然说明有些事你尚未意识到，有些问题未能掌控，有些创伤有待疗愈。不过，此刻正是补足功课的最佳时机。“疗愈”的意思是恢复完整性，而关系中的挑战恰巧提供了一个契机，让你回到与生俱来的完整状态。

大家都知道，植物有一种生长特性叫做趋光性。如果你有一株此类植物，就得时不时把它转一转，让不同部位向光，不然，植物容易生长不平衡。背阴照不到亮光的地方会枯萎凋零，必须把那一面转向阳光，植物才会平衡生长。同理，你必须把内心的挑战调向光亮处，只有在光线照耀下显露出来，你才能看到挑战，着手解决问题，并疗愈创伤。关系可以暴露出你身上的某些东西，让你面向光亮看到它们。

任何关系，其实都是四种关系同时发生：

1. 你与他人的关系——你灌输给自己的他人的事情，你脑海中浮现的他人的图像，他人吸引你的地方，他人能够满足你的某种需求，以及你发现的他人身上有魅力的东西。

2. 他人与你的关系——他们灌输给自己的关于你的一切，他们脑海中浮现的你的图像，你吸引他们的地方，你能满足他们什么需求，以及他们发现的你身上有魅力的东西。别人与你的关系和你与别人的关系，两者之间千差万别。

3. 你与你自己的关系——你灌输给自己的个人的事情，你脑海中浮现的个人图像，你认为自己身上有魅力的东西。两个人之间关系的一切特质，不会跳脱每个人与自己的关系的范围而存在和发展。

4. 他人与他自己的关系——关系的另一方同样对自己有独特的看法（即自我灌输与自己有关的事情），脑海中浮现的自己的图像，欣赏的某些事物，同时面对其他与自己相关事情的挑战。

上述每种关系都以个人视角为基础，是独一无二的。想要改善与某人的关系，你可以做到。因为你具备的能力，可以积极转换这四种关系中的三大关系。

疗愈与自己的关系

畅销书作家彼得·麦克威廉姆斯（Peter McWilliams）曾写道："一切关系都是与你自己的关系。生命中最重要的关系，直到死亡都会拥有的，无论喜欢与否——是与你自己的关系。"

首要疗愈的关系，是与你自己的关系。有一味"料"在你所有关系中都存在，那就是你自己。若你与自己的关系完好无损，你与他人的关系就会发生连带效应，而他人也会以更正面积极的方式与你相处。若你与自己的关系基础坚实，你会发现与别人的关系很容易经营。与其认为别人是你那些未解决矛盾的始作俑者，不如开始转换新角度看问题。此外，再运用我们讨论过的原则，你就能搭建起理解与相互协作之桥。

所有与他人的关系，最终都可归结为你与自己关系的反映。如果跟自己生气，那你也会气恼他人。如果对自己一切都要求完美，那对别人也会是完美主义者。如果你爱自己，待己温和有礼，那你对别人也会和善友爱。

如果你定义自己“没价值”“懒惰”“愚笨”或是“失败”，那你会吸引来同样持这类想法的人。如果身边围绕的人不尊重你，很可能你也不尊重自己。你觉得别人对待你的方式没什么不对，那是因为你也是这么对自己。自珍自爱的人可不会容许自己遭到别人的恶劣对待。

要达成不抱怨的关系，你必须对自己的所有关系担起责任。因此，对你与自己的关系，你负有责任，而且，你还得积极地转变这个关系。接下来我将列出一些小练习，帮助你完成这个过程。

谨记，搞好你与自己的关系是强制性的，没有选择。你可以借助将要讨论的练习完成这项工作，也可以借由关系中实际经历的问题来做。需要一次又一次不断练习，直到你掌握了诀窍。这样做你不仅能搞好与自己的关系，改善与他人的关系，还能降低生活中种种考验出现的频率和严苛程度。

练习需要准备一个笔记本，几页白纸也可以。七至十天里每天抽出半小时左右，专心完成练习，这样才会有“复利效果”。准备好了吗，送给自己这个“礼物”吧。

“什么？”你也许会想，“我很忙，哪儿抽得出每天三十分钟？而且还是连续十天？”

根据调查，成年人平均每天花在电视上的时间超过三小时，上网冲浪至少两个小时。如果你非常重视自己的关系，且买了这本书，希望有所裨益，你就能挤出半小时。担起责任来，坦诚面对自我，你确实有时间和精力。那么，现在就抓起笔和纸，开始吧。

你如何描述自己

练习 1. 自己是什么样的人，你会用哪些词语描写自己？想到以后立刻写出来。

首先，在一页纸的顶端写上“I am（我是）……”，之后就准备思如泉涌吧。脑海中浮现的词语也许让你惊讶不已，但可以了解你是如何看待自己的，这一点非常重要，因为你所抱持的关于自己的想法，会外在反映到你与自己的关系中。不仅要写出你的缺点，同时也应当包括你的优秀特质。一点一点地挖掘，一定可以把它们都列出来。

接着，把纸翻过来，同样在顶端写上“I am（我是）……”这一次写你希望自己是什么样的。刚才在第一面列出的优秀特质都复制过来，再加上你希望自己拥有的闪光特质。继续写，直到你觉得能想到的所有优点都已列举完毕。然后，把这张纸保存在私密但伸手可及之处。你得保证，每天早上起来和晚上睡前都看一遍，不过只限于背面的内容，即写有“你希望自己成为什么样的人”的那一面。如果想到新的优点，可以再添加上去。看的时候大声地说，以“I am（我是）……”开头，后面跟着描述理想的自己是什么样子，边说边想象自己已经成为口中描绘的那个人。

此外，这是整个练习中的关键所在，每天一开始就寻找证明，论证自己确实具备那些优点。你要努力找证据，证实每一天都喊出的优点中，你至少具备其中一个。

练习 2. 你自我描述时，说的是什么样的事情？写出生活中重要的经历，以及你认为能够界定自己的故事和事件，尤其是当你觉得与理想中的自己有差距的时刻。

现在，想象你抱着无限的同情心端详着这些描述，从无条件爱你的人的角度审视这些故事。他在描述的情形发生时会如何看待你呢？认为你无可救药，还是认为你只是积极地想要满足个人需求，但又缺乏相应的资源或支持？当以体谅和同情的视角，审视这些故事时，你又该如何改变你的自我描述呢？

现在就用体谅和同情的态度，依次重写一遍自我描述的故事，体会由不适转变为自我欣赏的感觉。当你再想起这些故事时，尝试用更积极、更赞许的方式重新审视。

人生经历那么多事，回想起人生旅程，你一定会想到——尴尬、不快、沮丧、问题多多、压力重重……这些图像限制了你，使你不能欣赏自己。

是时候撤掉这些图像了。想想事情进展顺利的时候吧，把它们写下来。若有记录下快乐或成就时刻的真实照片，拿出来附在笔记本上或挂在你能看到的地方，如此效果更好。让这些成为你想起自己时浮现的图像吧。如果你遇到挑战，闭上眼睛，想想妥善处理类似情形的景象。想象这次同样会是一次成功的经历，并感受那种感觉。

切勿混淆癖好与缺点

无论何时，无论何地，你都是独一无二的。由于太清楚自己内心的恐惧，太了解自己的判断力，在与他人作比较时，你很容易把自己的个性当作缺点。你之所以会这么做，是因为人们总是喜欢把仰慕的人理想化，认为他们不会有令人痛苦的不安全感，不会做出令人讨厌之事。不过，事实并非如此。

凡事都是一体两面，一个人的优势也常有对应的缺陷。如果你外向开朗，可能有时被认为飞扬跋扈；如果你天性腼腆保守，或许有些人会觉得你不够热情；如果你擅于逻辑推理，你也许会发现抽象思考有些难；如果你天生是个有眼光的人，看得到人的潜能或事物潜在的问题，也许你过于关注遥远将来，日常生活反而问题频出。

然而，天赋毕竟是天赋。问问看自己，是否愿意放弃天赋，从而减少它造成的负面作用？答案一定是NO。

妻子桂儿和女儿莉亚平时关系很不错。可是前一段时间，两个人开始互相冷言冷语。桂儿说的话，莉亚觉得是对她的人身攻击；而莉亚提的意见，桂儿认为无足轻重。两人之间产生了误解，于是你来我往、针锋相对，家中气氛明显紧张起来。

最后，我把她俩叫到一起，让她们在厨房工作台旁坐下来。两个人在台子两端找了位子，尽量坐得离对方远一些。我递给她们一人一张纸和一支笔，请她们做个练习。“桂儿，”我说道，“我要你想象莉亚突然死掉了。”桂儿起初还吃惊地看着我，不过惊讶转瞬即逝，变成了反抗。“试试看，”我说，“我知道你们爱着对方，彼此欣赏。不知道为什么，今天这份爱和欣赏遗失了。试一下这个练习，好不好？”桂儿满心不情愿，但还是点了点头。

“那好。”我继续说着，“练习开始，莉亚死了，死得很悲惨，定在明天举行葬礼。我要你为她的葬礼写一份悼词。”桂儿定定地看着我，“把这当作一次最后的告别，告诉大家她所做的一切了不起的事，告诉大家你是多么欣赏她、珍惜她。“

我俩对视了片刻，桂儿默默低下头，开始在纸上书写。莉亚露出胜利的微笑，心想我站在她一边。

“轮到你了。”我说。

“什么？”莉亚诧异地问道。

“我说轮到你了——同样的练习。妈妈刚刚去世了，你明天得在她的葬礼上致辞。所有让你想念妈妈的事，我要你都写出来。写有桂儿这样的妈妈该是多么骄傲。”

莉亚双手叉胸前表示反对，桂儿也停止了书写。“我是认真的。”我说道，“我厌倦了听你俩互相挑毛病——快点开始做。”她们互相瞪了一会儿，都开始动笔了。起初，她们似乎写得很吃力，但很快文思泉涌。她们想象自己将在虚构的场景下，为对方的葬礼致辞，一直写了有十分钟，罗列着爱对方的事，欣赏对方的地方。

两个人写好后，我说道：“好了，桂儿，现在葬礼开始。我是主持葬礼的牧师，刚刚感谢了大家能够出席，开场白已经念毕。我宣布由你来致悼词，现在开始吧。“

桂儿开始读悼词，声音轻柔。她不敢看莉亚。听桂儿读着悼词，一串泪珠从莉亚脸颊滑落，又被她飞快地拭去。

桂儿读完了悼词，我说：“多么精彩的生命礼赞。”我停了停，让屋内沉寂片刻，然后说道，“莉亚，到你了。”莉亚看了一眼妈妈，开始读她写的悼词。她说了妈妈许多了不起的事，还有如何为她辛苦操持，种种无条件的付出。桂儿盯着桌子，开始抽噎。莉亚还没读完，她俩就同时脱口而出，大声说着“对不起”，冲过去抱在了一起。

不可否认这个练习有些极端，尽管如此，它深深触动了曾冷战的两人，让她们理解了对方，知道对方是多么的珍视自己。

你自己看得到乔哈里之窗的第二格，里面是你看得见但其他人永远看不到的事情，是与你相关的事情。你非常了解自己，但正像老话说的，因熟而失礼。在你看来，自身的优点大打折扣，眼光也只聚焦在自己的缺点上。

练习 1. 为自己写悼词

至少花半小时列举生活中美好的事情。记录获得的各种成就，做出的种种贡献，无论多微不足道都记下来。列出你曾给别人带来过欢乐的行为。如果你需要一些帮助才能开始这个练习，找份报纸，看看别人如何描述深爱的人。用这样一些短语开头，如挚爱的丈夫，慈爱的母亲，亲爱的姐妹等等。

每次主持生命礼赞（我个人指代葬礼的专用语），我都会让逝者家人分享故事，说一说离开世间的是个什么样的人。不久前，我有幸为一名试图在自家车库造飞机的男子主持生命礼赞。这个人去世时，那架花了他近三十年时间的飞机只完成了三分之二。在他去世前几周，我们有过一次谈话，想到自己再也没时间完成车库里的工程，他感到很悲伤，觉得自己很失败。

然而，在致悼词时，他的儿子说，父亲把所有闲暇时间都用来陪儿子、陪孙子孙女了，所以才没能造好飞机。“我父亲本可以待在车库专心工作，”他儿子说，“那样他二十年前就能完成自己的愿望。但是，父亲选择了把时间留给我，留给他的孙子孙女。与家人一起观看芭蕾表演、棒球比赛或是一同郊游野餐，他从未有过缺席。他总是关心着别人，感谢他的付出，我们的生活才越来越好。如果他完成了车库里的工程，那会是一架了不起的飞机。那是他人生的一座纪念碑，也是显示他对家人的爱的丰碑。”

严苛地检查你的悼词，删除任何流露出懊悔或消极的细节。这是为一位杰出人士而作的礼赞，而你毫无疑问是一位杰出的人。每天站在镜子前，大声诵读你的悼词。连读三十天。你将惊奇地发现，你与自我的关系发生了奇妙的变化。

练习 2. 写出所有被你自己当作缺点的东西

是的，你没听错。先在一张纸上写下“My Flaws”（我的缺点）的标题，开始往下列出你身上的各种缺陷。别惊讶，你也许会发现，所有练习当中，这个最容易。你现在注视的是“乔哈里之窗”的第二格，是你自己知道但别人不知道的事情。

现在，想象你在改写电影剧本，或者编辑一部小说。再读一遍你刚才列出的清单，审视那些“缺点”。然后在心里将这些“缺点”赋予故事主人公，看看这些负面特质是不是让人物角色看起来与众不同。

当电影、书籍、电视剧中的人物能跟我们对上号时，我们会觉得它好看。如果角色只有优点，过于完美，我们没法将其与自己联系，就不会喜欢他，认为表演太空洞，性格太单一。你不是也永远不可能成为单一性格的人。你的性格是多面的，而且你觉得是自己身上最具有挑战性的特质，往往让你的个性变得最鲜明。

接着在刚才的纸上，划掉“Flaws”（缺点），换成“Quirks”（个性）。你视为缺点的东西，常潜藏着某种优点。然后挨着~~Flaws~~ Quirks（~~缺点~~，个性）一列，在旁边写出对应的积极特质。比如，你说自己是急性子，祝贺你，你喜欢准时完成工作。如果你易怒，你会发现自己充满热诚。从今往后，停止再把自己颇有争议的性格当作缺点，它们不是缺点，是个性，是特质。

现在你看到了，起初被视为弱点的特质背后，存在着对应的优点，你可以以积极的形式表现这些特质。你之前以为的性格中的种种缺陷，反而会推动你飞速前进。

忘掉伤痛，重新上路

所有人的生活无一例外，都有悲痛的经历。你现在一定希望改变过去做过的某些事，也一定希望他人加诸于你之事从未发生。

我们与别人争执，是由于彼此看待事实的角度不同；我们与自己争执，常常是因为我们认为不堪的事情发生了。事情既然发生了，那一定有必然的理由。如果你愿意探索一番，定能从中收获一份礼物。只要我们深入探究、用心寻找，几乎任何经历都能给我们带来成长。

1995 年 1 月 21 日，塔力克·卡米萨（Tariq Khamisa）年仅 20 岁，在圣地亚哥上大学。他课下送匹萨外卖挣些零花钱。有一次送外卖，塔力克按照匹萨盒上的地址找到地方，敲开了门，屋里却没人承认叫了匹萨。看来是个恶作剧，塔力克耸耸肩，麻利地回头往外卖车上走。快走到车旁时，他注意到一群少年向他走过来，一副惹是生非的样子。其中一名叫托尼·希克斯（Tony Hicks）的 14 岁少年，非常渴望得到年长男孩们的认可，他言语极尽挑衅。

男孩子们开始辱骂塔力克，命令他把匹萨给他们。塔力克拒绝了，于是他们威胁塔力克，截住了他往车旁走的道。“把匹萨给我们，狗杂种！”

塔力克镇定自若。“不给。”他回答说。

“开枪打他！”一个少年叫起来，“杀了这个混蛋！”叫嚣的是人群中年纪较大的少年之一，他边说边看着年幼的托尼·希克斯。“开枪打他！”

那一刻，希克斯内心想要被其他男孩接受的渴望，盖过了外祖父日常对他的教诲。他拔出枪，开了火。塔力克倒下去，死了。

突如其来的不幸，让塔力克的父亲阿齐姆几乎垮掉。这样的事实格外令人痛苦。儿子走了，不过，阿齐姆没有因此而一直意志消沉、痛苦不堪，相反，他重新振作，建立起帮助他人的平台。阿齐姆找到托尼·希克斯的外祖父普雷兹·菲利克斯，他是托尼的法定监护人。两个人开始了一番谈话。他们说起各自都失去了一个孩子：阿齐姆的儿子死了，菲利克斯的外孙托尼也面临着谋杀罪的指控。尽管托尼·希克斯只有十四岁，加州检察机关还是打算按成人犯罪起诉他。“打从一开始，我知道枪两头站着的都是受害者。”阿齐姆是这么说的，他和菲利克斯讨论过后，决定共同致力于停止此类无谓的暴力。

他们成立了塔力克·卡米萨基金会（www.tkf.org），呼吁父母亲和年轻人“帮帮孩子们，停止孩子谋杀孩子”。阿齐姆说：“在我的信仰中，亲人逝去第四十天，你就得打起精神，化悲痛为良善、同情的行动。这样的行动犹如注入高标号汽油，让我们的灵魂能够继续前方的旅程。失去孩子只悲伤四十天太短，不过，我成立起塔力克·卡米萨基金会，目的之一就是为我的儿子行善积德，另外，也是让我自己有个目标和信念。”

你可能也经历过与阿齐姆·卡米萨相同的伤痛。你是不是希望事情从没发生？毋庸置疑。可是，事情已经确确实实的发生了。问题就变成“你要怎样度过痛苦的经历？”你又要如何寻找心灵前行旅程的高标号汽油？

无论是什么，既然已经发生，就请接受这个事实，继续生活，别再有不应当发生之类的想法。不要与事实争辩。

练习 1. 列出生活中你希望能够改变或重新来过的事。

练习 2. 列出的每一件事都问一遍以下的问题，写出答案。

○渡过这个难关后，我要如何比以前做得更好呢？

○从这次经历中我学到什么有用的东西？

○我要怎样把学到的东西与人分享，帮助别人呢？

○我要如何接受发生的事情？如何让它发挥高标号汽油的作用，推动我阻止类似事情发生在别人身上？

一切宽恕，归根结底，是自我宽恕。

——迈克尔·贝克威思

采取宽恕的态度，秉持良善的意向

理论上来说，明知是错的事情，人们是不会做的。这种说法颇有些一概而论，似乎与人们的实际行为不符。可是，仔细想一想，它不无道理。

一个孩子打了另一个孩子，被打孩子的父母常常会冲过去，质问打人的孩子："你怎么打人呢？"打人的孩子总能说出一个理由，可能是"因为她抢了我的玩具"，或者"因为他叫我的外号"。多数孩子从小就被教导打人不对，但他们仍会时不时地施暴。既然他们知道这么做是错的，那为什么还会犯呢？明知不对还要做，因为他们有做的"理由"，于是，错误的行为便不再"错误"。

有没有更好的解决办法呢？当然有。可是当时的情况下，小孩子感到不满意了，与其费时费力找打人之外的缓解不满情绪的方法，他觉得还不如采取一些行动，尽管那被告知是不对的。

无论什么时候我们做了错事，都会说出一个理由。于是就不再是做错事了，我们的行为变得情有可原。虽然看上去似乎是在给自己找理由，但其实我们心里是这么认为的："非常时刻需要非常手段。"

明知不对的事，你做了。但当时你缺乏充分的解决问题的资源，所以做不到既不打破规则又能满足个人的需求。当时你可能疲惫不堪、沮丧不已、火冒三丈或者饥肠辘辘，也有可能只是身处陌生环境感到不适。那种情况下，你采取了"错误"的举动，但你有错误的缘由。因此，你的行为就不是错误的了，它们得到了正名。

有一个笑话是说一个妇人开车时被人抢了道。那一天妇人原本就很不爽，她被激怒了，紧咬着抢道的车不放。她按着喇叭，让抢道司机注意到她，接着摇下车窗，发出一连串的辱骂。最后，她还竖起手指告诉那个司机，"我才是第一名"，要知道，她伸出的是中指。

摇上车窗后，妇人注意到后视镜里有一辆警车飞驰而来。"太好了。"

她暗喜，“警察一定是看到那个笨蛋抢道了，所以追上来逮捕他。”可是，警车停在了妇人车子后面，警察示意她靠边停车。她惊讶万分，但还是按警察的指示做了。

“举起双手，走下车来！”警察的声音通过扬声器嗡嗡地响着。妇人吓坏了，她战战兢兢地下车站到了路上。

“脸朝下，趴到地上！”警察命令道。

妇人慢慢蹲下，俯卧到地上。她感到一副冰冷的手铐锁住了手腕，然后被拽起来，推进了警车车厢后部。警车载着她驶离现场时，她看到一辆拖车拖走了自己的车，车子被警方扣押了。

这个妇人被羁押在拘留室里，没人告知她触犯了什么条例，也没人说她的命运会如何。她就这样坐等了好几个小时，终于一名警官打开拘留室的门，声音漠然地说道：“你可以走了。”

警官护送她走出警察局时，这个妇人终于按捺不住。她唰地转过身去，问道：“你们凭什么抓我？到底怎么了？”

警察解释说：“逮捕你的警察目睹了你对别的司机的所作所为。他看到你车子的保险杠上贴着‘主会如何做’和‘希望世界和平’的标语。你的行为和标语形成了鲜明的反差，因此，警察猜测你开的车是偷来的。”

身处那样的情形之中，这个妇人认可了自己的行为不再是错误的，即便那与她坚定不移的信仰截然相反。

你也一定做过明知故犯的事，但考虑到当初的情况，一切情有可原。对过去的此类行为感到内疚，相当于无视当时的实际情况，草率地打上了错误的标签，否定了自己。你对曾经的所作所为感到后悔、内疚、自责，但那样的情况下，鉴于那时的心灵成熟度与情绪管理能力，你只会做能力所及的事。

是时候放手了，让自责随风飘去吧。是时候宽恕自己了。宽恕他人不易，宽恕自我则更难，因为我们对自己的要求往往严苛到不切实际。

就像你宽恕他人所做的练习，现在开始做宽恕自我的练习吧。

练习 1.静静地坐着，闭上眼睛，深呼吸。想象自己置身于一处大型豪华剧院。偌大的剧院只有你一个观众，油然而生一种超脱和福佑的感觉。你面前的舞台装点着帷帘，室内灯光渐暗，一盏聚光灯亮起，在幕布中央投射出一个巨大的光环。

紧盯着光环，深吸几口气。准备好后，展开想象力：你看着自己迈步走进了明亮的光环中，手上拿着一块小黑板。再次深呼吸，当内心一片平静时，在心里说："××（你的名字），我已经放下了对你的所有不满。欢迎你走进崭新的一天，对你我会重新看待。我赞美你教给我那么多事，感谢你出现在我生命中，你是上帝赐予我的礼物。"

说完，为台上的自己热烈鼓掌，看着那个自己接受掌声，看着他由于自己的所作所为被原谅而流泪。对台上的自己表示感谢和赞美时，要看着他的眼睛。然后，像前面做过的那样，邀请台上的自己到身边来。

不过，当被宽恕的自己来到面前后，不是像宽恕他人那样请他坐在身边，而是想象自己起身站起，然后，两个"你"慢慢融为一体，成为一个新的自己，一个被宽恕的面貌崭新的你。

你可能需要尝试好几次，才会觉得被彻底宽恕。付出一些时间，然后记录下这段经历，写下被宽恕的滋味。

练习 2.倘若这个练习做起来有困难，想想我们做事情时秉持的良善用心。写下下述问题的答案：

○我做这事是什么用意？

○我想要满足什么需求？

○根据我现在的经验，日后要怎样做才会更好？

现在，重复练习宽恕。深呼吸，你能感受到笑话中被捕妇人释放时的感受——一切过错，皆是误会而已。

如何做到不抱怨

最基本的关系是与自己的关系，其他关系都是这个内在关系的外在表现。我们希望与他人之间的关系是健康的、启迪性的且令人满意的，不过要实现这样的关系，先得做到与自己和解。

而抱怨会把你标示为所处境遇中的牺牲品。一旦如此，你再也无法受到别人的启迪，也无法多方面发挥作用。

练习 1. 使用随书赠送的紫手环，当你逮到自己抱怨时，就把手环换到另一只手上。每次移动手环，都要回到 21 天不抱怨计划的第一天，重新开始计数。在实现目标的过程中时，你逐渐改变了内在的自我。

人脑像一座工厂，制造的是想法。嘴巴就像顾客，买下并大声说出大脑生产的想法。如果顾客不再购买，工厂就会更换产品。大多人大脑中都流淌着一条盛满了负面想法的河流，抱怨的时候这些负面想法就喷涌而出。如果停止了抱怨，你会发现意念硬盘被格式化了，你变得更加快乐。

练习 2. 列出你通常抱怨的事情。然后自问抱怨背后的动机是什么：

○ Get Attention 引起关注

○ Remove yourself from responsibility 推卸责任

○ Inspire envy or brag 引人艳羡或为了吹嘘

○ Have Power over someone 操纵他人的力量

○ Excuse your poor performance 为表现欠佳找借口

练习 3：写出能满足上述需求的其他办法。想方设法去实现曾被认为不可能的事情。只要你付出，就会有收获。

○ 如果你想要别人关注你，不妨先认可别人。

○ 别推卸责任，相反，想一想，要改善当下的情形你能承担什么责任？无论能担起的责任有多微小。

○ 如果你想吹嘘，要认清这是因为你过于以自我为中心了。这样怎么能关心和帮助别人呢？又如何让自己因为关心、帮助他人而感到更优秀呢？

○ 如果你想操纵他人，那是由于你内心有种无力感。

了解了抱怨的内在动因，寻找到免为牺牲品的替代方法，你的能力就能增长。不抱怨可以改变你的思维，让你看到内心以及周遭的美好。

一切关系，归根结底，都是与自我的关系。内部关系均在外部关系中有所体现。在你与无法分开的人之间，开始培养健康、友爱的联系，这会让你所有的关系发生改变。当你与自我的关系有了积极的改变时，别人对待你也会更友善。因为改变你与自我的关系，能改变你与他人关系的背景，原来的情况是你可能向别人倾倒苦水，现在变成了彼此共享欢乐、一起成长的机会。当别人感觉到这种转变时，他人与你的关系也会随之变化，而且会以更合力、更支持的方式做出回应。

真诚可靠的关系源自于探索、宽恕、赞扬一个真诚可靠的自我。只要你全身心付出，致力于打造健康、快乐、互相扶持的关系，就能释放挫折与痛苦，培养同理心，拥抱新生。

·不·抱·怨·观·念·

■人生就是成长。一切成长均是冒险，如在黑暗中跳跃，是自发的未经策划的行为，没有经验可以用得上。

■成长没有“一劳永逸”的说法。任何关系都提供成长的机遇。他人恰好给我们提供了挑战，反馈了信息，树立了榜样，还是鼓舞我们成长的动力。

■世界上每个人都是你的知己。因为，只要你愿意接受，遇见的每个人都带有可以让你变完整的东西。与别人互动，会引出你需要疗愈的伤口。

■你必须把内心的挑战调向光亮处，只有在光线照耀下显露出来，你才能看到挑战，着手解决问题，并疗愈创伤。

■所有与他人的关系，最终都可归结为你与自己关系的反映。与人相处的能力是自我相处能力的反映。要达成不抱怨的关系，你必须对自己的所有关系担起责任。

·不·抱·怨·行·动·

■不先疗愈与自我的关系，就企图改善与他人的关系，只会徒劳无功，即便有所成效，也会转瞬即逝。

■本章设计了一些小练习，助你改变最重要也是最长久的关系。现在就开始，每天投入半小时，通过改变你与自我的关系，为你的所有关系打造一个坚实的基础。

Part 7

用爱疗愈抱怨

- 抱怨的东西会回到我们身上
- 人们为何经常以怨还怨
- 别总把抱怨当作人身攻击
- 一切可怕之事都需要爱

> 每件促使我们注意到他人的事，都能使我们更好地理解自己。
>
> ——卡尔·荣格（Carl Jung）

抱怨的东西会回到我们身上

我们已经明白，抱怨无法改善关系。相反，抱怨容易使关系面对的挑战更为复杂，更为持久。

美国心理学会出版的《性格与社会心理学期刊》登了一篇文章，指出听你抱怨时，人们会认为你也具有那些负面特质。作者在文中写道：“称对手腐败的政治家，可能自己被人认为不诚实；说他人出轨不忠的八卦人士，也许自身被视为生活放荡。”

为了满足某种人际需求，你可能抱怨别人或者向某人抱怨。你抱怨也许是为了引起他人关注；也许是吹嘘自己比别人优秀；也许是为自己在某关系中表现不佳开脱。可是，听你抱怨的人潜意识里会得出一个结论，即你自身也具有完全一样的负面特质。

抱怨的东西竟然回到了自己身上。

为什么会这样？原因就在于，我们在别人身上看到了那些特质，却不知道其实自己也有。别人身上烦扰我们的事，很可能也是我们身上的事，是属于“乔哈里之窗”第三格的范围——存在于我们身上，但我们自己看不到。

最近我自己亲身体验到了这一点。我在办公室等几位迟到的集会者。等待之时，我察觉到脑海中闪过焦急、批评的想法，比如：“他们究竟在哪儿？太不尊重我和其他人的时间了。”意识到自己的消极情绪，我抽出自己的日程表，一边等待，一边检查上个星期我参加的集会。如果有人要见我——自己绝对不会晚到——我总是很准时。然而，上周我去参加了九次集会，其中七次都迟到了，迟到比例居然超过了百分之七十。难怪我会对跟自己一样的人恼火呢？我对他们行为产生不满，这促使我检查起自己的表现；现在我变得更守时，对不准时的人也更宽容。

别人身上令人不快的地方，往往也是我们自身存在的特质或亟待解决的问题。这就是为什么别人会把抱怨的内容返回到我们身上。关系帮我们成长，而成长正是探索我们需要疗愈和改变的地方。改变才能成长，而成长的空间很多时候是由于与人发生争议才浮显出来。当你想要抱怨别人时，先检查自己是否有同样的行为。

你可能会发现自己的确有同样行为，意识到这点是改变和成长的好机会。然而，也可能你自己并没有此类缺陷，但曾因为这种行为遭受了伤害。

人人都想要事情更好，却没人想要事情改变。

——派特·派克利（Pat Parelli）

人们为何经常以怨还怨

不久前，一位女士来找我进行精神辅导。她告诉我说，她与一个同事存在矛盾快两年了。那个同事总是很晚才来上班，而且还早退，要不就是工作时间做私事，让她的工作量大大超过了应承担的份额，以致没法完成。

“她很不负责！”女士生气地对我说。接着，她详细入微，描述了自己如何成了同事行为的受害者，可又无力改变现状。

“你认为自己做到最好了吗？”我问道。

女士思索片刻，说她在工作和家庭生活上都颇为负责。她这么说时，语调平静，听不出有何不满，也没有竭力说服我相信她的意思。看上去确实是个有责任心的人。

“那么，”我说，“你生活中还有谁也是不负责任的吗？”

“我父亲！”她脱口而出，回答的声调和语速表明，她与父亲的关系存在着未愈合的创伤。“我们家六个孩子，”她说道，“他从不帮妈妈做家事，成天游手好闲，全是妈妈在照顾我们，她做全职工作，撑着这个家。可是父亲只要看到喜欢的东西，就会满不在乎地拿我们的房租去挥霍。记得有一次，房租一拖再拖，妈妈东拼西凑，好不容易才凑够了钱。可被父亲无意中发现了，他拿这钱买了一条船！你相信吗？妻子和六个孩子快要露宿街头了，他居然用我们唯一的一点钱，买了一条该死的船！”

“这事让你有什么感觉？”我问她。

“很受伤——但无能为力。”她说道，回想起父亲的不负责任，回想起作为一个幼小的孩子，自己无力催使他担负起养家的义务，她的双手不禁由于愤怒而颤抖。

“你和不负责任的同事之间有矛盾，她的举动困扰了你很长时间，对吗？”

“是的。”她说。

“你无力令同事改变她的行为，对吗？”

“嗯。”

“在我看来，真正的问题不在你和同事之间，而在于你和父亲之间，你们之间存在未愈合的创伤。”我说道，“你对父亲的所作所为感到无能为力，这很正常。他挥霍那笔房租的时候，你只是个小女孩。不过，现在你已经是成年人，且有所成就，工作上的事你有能力改善，对吗？”

她想了想，同意我说的。

“写下你对父亲的感觉。”我说，“你可以想象与还是孩童时的自己对话，感受她的痛苦和沮丧，告诉她对父亲的行为有如此感受无可厚非。你也可以在记录中假想成年的自己回到过去，介入阻止父亲的行为。想象你勇敢地告诉父亲，让他知道你不会容忍他的所作所为继续。”

这名女士在工作中面对同事的行为时，感觉像个无助的小孩。虽然她觉得应当要求同事对工作负起责任，却又感到无能为力，不知如何是好。这是自童年时期延续下来的伤痛。对她而言，得以成长的机会，不在于去认识自己是否有责任心，而是意识到她对父亲的伤痛记忆和糟糕感受。成长的空间在她与父亲的关系中，即使父亲已经去世几十年了，他们的关系依然留存在她心里（所有的关系都是如此）。

别总把抱怨当作人身攻击

我们说过，人们抱怨是为了引起关注，免除责任，激起羡慕，支配他人，以及为自己表现不佳开脱。这些是人们抱怨的原因。可是，人们会由于什么而抱怨呢？被抱怨的关系有哪些共同点呢？J.K. 阿尔伯茨博士总结了五大类不满：

不满

1.行为举止（别人做或没做的行为）

2.个人特点（别人的性格或信念）

3.表现（行为是如何执行）

4.他人的抱怨

5.个人容貌

举例

1.“你又把袜子扔在地上了！”

2.“你话真多。说个不停而且不听别人说！”

3.“你种树的方法不对。坑得再挖深一些！”

4.“你总埋怨我！”

5.“你头发乱七八糟的，早上没梳头吧？”

上面列出的不满种类中，阿尔伯茨博士发现“对他人行为举止的抱怨”在所有抱怨中占了72%，其比例几乎是第二大抱怨（对个人特点的抱怨，占17%）的五倍，是其他三类抱怨加起来的三倍多！

有趣的现象是：尽管绝大多数抱怨的是别人的行为，听到抱怨的人却很容易把针对自己行为的抱怨当作人身攻击。抱怨者只是评价对方的行为，但接收者心中却认为是在贬低自己。

阿尔伯茨博士进行了一项研究，对象是五十二对情侣。研究要求他们对另一半发出抱怨，同时也听对方抱怨。接着研究人员询问每一个人，请他们说明抱怨的性质。

情侣们被嘱咐，发出的抱怨中，行为性抱怨要多于人身攻击性抱怨。事后，当研究人员询问这些夫妇时，他们估计自己抱怨对方行为的比例要比抱怨个性特点的比例高出约20%，大多数抱怨是关于行为而非针对人身的。

然而，当问及接收的抱怨时，情侣们估算说，他们听到的人身攻击性抱怨要比针对行为的抱怨多出近 30%。

可是，研究人员仔细分析了抱怨的性质和数量后，发现两者数量并无明显差别。也就是说，行为性抱怨和人身攻击性抱怨各占总数的 50%。发出抱怨的人觉得自己评论对方的行为更多些，然而，接收者却觉得那是明显的人身攻击。

实验解释清楚了大多数关系中为什么会存在争议。你认为自己做出的反馈是中性的，而听到的是中伤性的，而对方与你的感觉恰好相反。于是，不同的世界大碰撞了！所以，如果有人对你抱怨，切勿条件反射地以为是对你的人身攻击。他极有可能只是评论你的某个行为。行为是可以改变的。我们自己往往不注意，但可能困扰了别人。倘若我们真心希望打造出令人满意的关系，也许应当考虑停止或改变某些行为。

当你评论某人时，要明确说明一点，即你的话并不是想评价对方的价值。譬如，你可以这么说："我希望你能明白，我向来觉得你是个很棒的人。所以，请了解这不是人身攻击。只是你方便完不放下马桶圈的话，我半夜上厕所会一下子坐进去的。谢谢你能把马桶圈掀起来，那你用完后可不可以记得放下去呢？"

若别人评论你的行为让你有很大反应，这是个很好的讯号，说明你应当思索一下别人的意见，找出是什么引发了你的紧张情绪。

例如，公司某位同事总是拿你桌上的东西不还，你可能会觉得讨厌。你有权利要求他归还属于你的东西。你会请他要么还东西，要么再也别从你这儿借用了。这只是要求同事改变他的行为，并没有针对人身。这是直接对当事人本人提出要求，很中性的要求；是健康的沟通交流，也捍卫了自己的权利。

可是，你的同事也许会把你的要求理解成中伤。"你说我是小偷么？"如果他这么说的话，那是因为他内心某处被触痛了。也许还是孩子时，父母亲为了惩罚曾没收过他的东西。也许少年时，他被误认为偷窃而被逮捕过，因此对任何说他拿走不属于自己东西的言语异常敏感。

意见其实是与个人有关的——与对方个人有关，理解这一点很重要。对方提的要求，是基于他们看待事物的独特视角，是基于他们的个人世界。

这么想就如释重负了。“他们的行为不是针对我的，是他们自身的缘由。”这种想法在被人抱怨时，有助于消除随之产生的负能量。不过，我们也不能以此作为借口，拒绝听取针对自己的批评，有些意见是我们生命成长过程中确实需要的。

如果你从不同人那里听到如出一辙的意见，你就该检讨是否真的是自己的问题。

切记，需要改变只是行为。别人的意见不是针对你这个人的，不是评判你不好或是没用，你的价值无法衡量。人人都有毛病或伤痛，需要挑出来，才能得以解决和疗愈。采纳前一章的建议和方法，围绕我们面临的问题做一些功课，然后找一个你信任的公正之人，请他对自己所做的事提些意见。

我们已经说过，每个人都有过痛苦的经历，遗留下未疗愈的创伤。我们生而独特，被赐予了不起的才能与力量。可是，我们在孩童时，也许这些力量与才能得不到赞扬，甚至会被指责、被压制。

脾气暴躁的父母抚养长大的孩子，也许总是想方设法不去惹人注意，并由此形成孤僻、拐弯抹角、不自信的性格特征。他想要透露的潜在讯息是：“如果你们看不到我，就伤害不了我。”相比之下，在一个感受不到父母亲情的家庭里长大的孩子，家人之间很少甚至没有面对面的交流和联系，电视机白天晚上不停开着，以避免尴尬的气氛。这个孩子长大后会是个吵闹、粗鲁、武断的人。人们会觉得难以忍受这种人。他们的个性背后潜藏的讯息是：“我在这呢！我存在，快关注我。”

我们的行为往往是童年时期留下的情感创伤的显现。在生活历练中成长，意思就是找出陈旧的创伤，对其进行治疗。父母和我们一样，也是人，他们也有自己的困难和毛病。作为父母，他们尽力做到了最好，但其情感创伤还是会传递给孩子。

有一种情感创伤在许多人身上很常见，那就是他们认为：父母对自己不好是因为自己就该被如此对待。他们把父母的行为当作是人身攻击性的。“我要不是现在这个样就好了，他们对我也许会不同。”他们会这么想。

当你了解到父母的行为只是他们自身问题的外在表现，而不是你的问题时，你就成长了。你只是碰巧闯入了他们的人生剧目，是个对情节一无所知的角色。后续情节中，父母也许会改变，也许不会。不管怎样，他们的行为是他们自身的问题。

一切可怕之事都需要爱

关系中出现的问题也许很考验人，甚至很可怕，但它们是可以解决的，可以用爱来解决。伟大的德国诗人莱纳·玛利亚·里尔克（Ranier Maria Rilke）曾断言：“一切可怕之事都需要爱。”我们自身的问题能用爱疗愈，父母抚育不善造成的不愉快记忆可以通过爱抹去，我们与他人之间存在的争议也能用爱来弥合。

应当谨记自己为什么活着，我们活着是为了快乐和成长——人生由快乐与成长组成。关系是人生这个宏观宇宙中的微观世界；关系是生活这片泱泱大海中的小水滴；关系给予我们欢乐，带给我们成长。

我认识的一个人曾在人生的十字路口徘徊。他非常热爱自己的工作，工作中会遇到许多激励人心的挑战，让他能够成长，而且工作待遇也很丰厚。公司很重视他，手下还管着一群人。

可是，工作中有个困难他似乎无法克服。手下一起工作的人无法胜任工作，他们既不能按他的要求做事，也不能在他认为合理的时间内完成工作。这些人对他也不友好，好像还在背后窃窃私语。而且，他还注意到，这些下属彼此之间很要好，经常联合起来刁难他。

几个月来他努力工作，不断获得成功，但对手下的不满依旧。他差点想离开喜爱的工作，思来想去，打算休长假后再进行抉择。

“我要不要辞职？”晚上他躺在床上思忖。

“也许我应当辞退所有人，然后招一批新人进来。”他赤足漫步海滩时想着。

“需要一名顾问介入进来。”他睡在星空下的吊床上思索。

他告诉我，假期头几天，他满脑子都是属下团队无能的想法。他有一种难以遏制的欲望，想要开掉这些人，或是自己辞职，但又犹豫不决。

“你最终是怎么决定的？”我问他。

“挺有意思的。”他说，“好几天来我都在想如何选择，想有没有其他的办法，可是好像怎么做都不理想。最后，我索性把一切都抛到脑后，跟家人一起开开心心地度假。”

“有趣的事发生了。”他说道，往前倾了倾身子，“我休假回来后，发现所有的事都干完了。而且，不仅如此，每个人对我都是又尊重又感谢的样子，那是我之前从没见过的。”

“你休假期间什么事发生了改变？”我问。

“我改变了。”他说，“我放松下来，开开心心地享受假期。我想到了人生中最重要的事，我不再被工作中的琐事费心耗力。我离开去休假时，像一个上紧的发条，休假回来后，我放下了。我温和地对待自己，也温和地对待员工，他们也相应地如此对待全新的我，一切都是那么美好。”

其实一切关系都是如此。我们改变了，对方也会随之改变。当我们承担起建立关系的责任时，也就给予了自己改善关系的能力。这就是我们拥有的能力。我们可以创造充斥争斗的关系，也可以创造不抱怨的关系，选择权在我们手中。如果我们对关系负责，我们就能改变他们。

爱因斯坦做了很好地总结：“一个人是一个整体的一部分，这个整体即我们所称的宇宙，是一个受到时间、空间限制的一部分。他常常以为，自己的思想感情是与其他事物割裂开来的某种东西——这是一种意识的错觉。这种错觉犹如一个牢笼，使我们局限于个人的欲望，只对和我们最亲近的人才怀有温情。我们的任务应是扩大同情心，去拥抱所有的生命和自然界中美好的一切，把自己从这个牢笼中解放出来。”

·不·抱·怨·观·念·

■为了满足某种人际需求，你可能抱怨别人或者向某人抱怨。你抱怨也许是为了引起他人关注；也许是吹嘘自己比别人优秀；也许是为自己在某关系中表现不佳开脱。可是，听你抱怨的人潜意识里会得出一个结论，即你自身也具有完全一样的负面特质。

■关系帮助我们成长，而成长正是探索我们需要疗愈和改变的地方。改变才能成长，而成长的空间很多时候是由于与人发生争议才浮显出来。当你想要抱怨别人时，先检查自己是否有同样的行为。

■如果别人评论你的行为让你有很大反应，这是个很好的讯号，说明你应当思索一下别人的意见，找出是什么引发了你的紧张情绪。

■人人都有毛病或伤痛，需要挑出来，才能得以解决，终获疗愈。

■我们的行为往往是童年时期留下的情感创伤的显现。在生活历练中成长，意思就是找出陈旧的创伤，对其进行治疗。

■一切可怕之事都需要爱。

■我们可以创造充斥争斗的关系，也可以创造不抱怨的关系，选择权在我们手中。如果我们对关系负责，我们就能改变他们。

·不·抱·怨·行·动·

■某人给你提了一个意见，而你打算将其当作人身攻击时，谨记那个意见是与个人有关的——与对方相关。不是你的原因。所以，请花上片刻，想一想对方过去或现在的生活中究竟发生过什么事，导致他用这样的方式跟你说话。写下也许是真正的原因，抛掉你自我编造的背后故事。

■当你听到不同人的抱怨时，请注意观察都是什么方式的抱怨。别对它们置之不理，要把你听到的意见当作有价值的反馈。倘若改变对各方有益的话，你应当如何着手，思考并记录下来。

■列出你的优势。人人都有优势，那你有何特长？你具备什么天赋与才能？当你遭遇批评指责时，脑子里过一遍你的优势清单。记住，你多才多艺，有许多优秀的品质。请感谢那些优势，探寻心灵成长的空间，使自己的人生变得丰实。

■当你想跟别人谈论其行为时，想一想应当如何表明自己没有人身攻击的意思。写下你要说的内容。先告诉对方你觉得他有哪些优秀品质，并对你欣赏的事情表示感激。这是让对方知道，你的批评不是想要攻击人身。别谈论对方过去曾做过什么，只说你希望他日后如何达成。

■了解自己的价值。如果有人向你抱怨，别认为那是在衡量自己的价值。肯定地告诉自己说："我的价值无法估量。"

【结语】

你拥有无尽的潜能

亲爱的布鲁特斯(Brutus)，那错处并不在于我们的命运，而在我们自己。

——莎士比亚，《恺撒大帝》，第1幕第2场

关系是人生的一部分

深受尊敬的印度哲学家、心灵导师克里希那穆提（Jiddu Krishnamurti）曾写道：“关系没有终点。某一段特定的关系可能会结束，但关系不会终止。存在即联系。”

关系现在是，而且将来会一直是，人生的一部分。

关系是最大的难题，关系是最大的幸事，有时两者兼具。

关系可能从孕育开始，一直延续到死亡；关系也可能只是昙花一现，为人生锦上添花。无论关系存续时间长短，都是每时每刻在转变，因为我们也在不停地在改变、在成长。

我们及我们的关系不停地变化，并不能说我们因此就无法修复和改善关系。恰恰相反。关系变化的特征意味着我们可以改变它们的路线。关系的方向很大程度上由两方面决定：我们是谁，我们眼中的他人是怎样的。

你掌握着关系的主动权

要把关系变得积极，就必须承认是我们在左右着关系的方向。认识到这一点，然后有意识地引导关系的进程，我们就赢得了机会。想在失败处找回成就感，想在纷争地弹奏和谐音，就只有下定决心，积极主动地引导关系，而不是抱着消极被动的态度，最好的办法是：抓紧缰绳，控制关系顺着我们选择的方向前进。

我家养了四匹漂亮的马，其中包括“备用马”多芬，偶尔我们会邀请朋友过来一道骑马。多芬被买来之前，在儿童骑术训练营待过很长时间。用它来给客人当坐骑最好，因为无论骑术水平高低，大多数人都能稳稳地跨坐在它身上。

有一次，我们骑着马经过一条狭窄的小径，桂儿带头，莉亚第二，朋友骑着多芬随行，我和我的马殿后。我注意到朋友遇到了麻烦。多芬总是偏离小路，想往狭长小径右面的树林里走。每次多芬这样，马背上的人只要拽一下缰绳，多芬就会走回原来的路上。

“怎么了？”我问。

“多芬不愿意走在这条路上。”朋友说，明显有些沮丧。“它总是转向右侧。”

“那是因为你告诉它往右转的。”我说道。

“我没有。”朋友说。

她确实以为自己是让多芬笔直往前走的。她责怪多芬，不该老是突然右转，让自己被小径两旁低垂的树枝划伤。

“哦，”我说，“你有。你回头和我说话时，上身总是朝右边转。你这么做时，多芬感受到你身体的移动，以为你是让它转向那个方向。它只是在服从你的指令。你再和我说话时，试着让身体面向正前方，只把你的头扭过来。”

起初，要让朋友记住还真不容易。不过，没多久朋友就形成习惯了，保持身体面向小路前方，只转过头来聊天。余下的路途多芬再也没走偏过。

如果朋友和多芬站在原地不动，她身体朝向哪面无关紧要。但正是由于她们在移动，确定要走的方向才十分重要。

你的关系也总是在移动，在前进，因此，你也能确定它们的方向。忘掉之前你有多少次离开了小径。之前偏离是因为那时你还不知道，原来自己可以决定路线。你放开缰绳，身子转向你选择的朝向，关系服从了你的选择。现在，把缰绳拿在手中，指挥关系沿着你选定的小径前行吧。

记住，你掌握着关系的主动权。你决定了关系是沿着温和的路线前进，还是走偏一头栽进“树林”。最重要的是你要明白，关系是你的，如果你把关系的发展交到别人手中，就等于放开了手中的缰绳。

我们用想法和行动塑造着关系。关系好比一块土地。它可以是一片美丽的草原，我们在上面播撒探索和成长的种子；它也可以是一片战场焦土，载满了伤痛和苦难。你决定着关系的路线。是你——不是上帝，不是其他人，不是你的命相，不是命运，不是职业、年龄、种族、教养，也不是你有多少钱——决定了你的关系走向何方。

在关系中学会成长

关系带给我们许许多多、各种各样的欢乐，关系还给予我们机会，让我们拓展对自己、对他人的爱和同情。一切关系都是独一无二的。

有些人能立即与我们产生共鸣，但有些人我们却永远不会与之交朋友。这并不能说明哪个人好，哪个人坏，也不能衡量你的价值。每个灵魂的旅程都是独一无二的，路上有人愿意跟你一起走，支持你选择的路线，但也有人不乐意这么做。

有的人自认识那一刻起，就与我们共鸣。他们与你如此契合，就好像订制的衣服配上了一条搭配完美的领带。这种关系我称之为“顶级关系”。

当然，你与这类人之间的关系也会有起有落，但是只要存续，就保持着牢固的状态。如果你把本书概括的原则运用到这类关系中，你会发现，自己能消除掉与这类特别的人之间的摩擦。

也有的人似乎与你不合。吸取我们讨论过的教训，运用那些经验，你同样有能力纾解矛盾，在关系中寻求快乐。不过，你无法把所有的关系都转化成顶级关系。如果所有的关系都让人一样的满意，你就无从了解某类关系的美妙和非凡，那似乎超越时空界限的感觉。这类关系如钻石般稀有。企图强把一个关系转化成顶级关系，只会徒劳无功，适得其反。

几乎所有关系都存在苦恼时刻。不仅我们与他人的关系如此，我们与自我的关系也不例外。我们总是有尴尬、难受、忧虑、迷惘的时候。感到苦恼说明有问题，但离真相也就不远了。

记住，关系存在是为了让我们成长。正是在感到苦恼的时候，我们才找得到需对付的问题，如此我们才能成长。再把关系比作田地，不管你多勤劳，多呵护它，还是会不时冒出杂草。然而，就是在这些不和谐的时刻，你发现了个人发展的下一步走法。你看到了杂草，就能除掉它们，不让它们盖过庄稼。面对考验时刻，你会瞥见自己“乔哈里之窗”的第三格。考验时刻是个讯号，要求你有新的成长。它不是为了指出关系中的瑕疵和裂痕，只表明了一个迹象，即关系需要成长，需要向前发展。

有人认为，应当不惜一切代价，摆脱痛苦和不满。如此做法，让自己担负了极大的风险，因为我们正是在这种时刻成长。痛苦和不满是我们心灵旅程的自然组成部分，否定它们就是否定成长。可是，医药产业却借人生中极为正常的苦恼和不满牟利，研制出一大堆抗抑郁、抗焦虑的药物，设法麻痹我们，使我们感觉不到苦恼和不满。

有人从中大为受益，他们确实需要这类药物发挥作用。数百万人依赖这些药物，他们已经形成错误的观念，认为生活中应当总是感到舒适，不应当存在考验和挑战。

没有了问题、困难和烦恼，那还叫生命吗？那是死亡。

参加派对的例子可以用来生动地比喻人生。大多数人刚到派对现场时都有一点不适的感觉。但待一会儿就会安定下来，且还觉得那儿很自在。不过，如果你再把这个人带到另一个派对，很可能途中他们的不安感又回来了。到了第二个派对后，又会有一阵子觉得不舒服，接下来又会再次感到愉快了许多。

关系就像从一个派对到另一个派对。前一个派对与后一个派对有何不同吗？人不同，因此，我们要想法适应不同派对上的不同的人。在关系中，我们和其他人也总在变，所以，总会有一种想要安定的状态。这很正常，而且持续存在。

许多人到了派对后会喝酒，想以此来加速安定的过程。为什么？因为酒精能够改变他们。摄入酒精不会改变周遭的人，但可以改变饮酒者自身。本人借喝酒改变时，派对也逐渐越来越让人觉得舒服，越来越美好，越来越快乐。饮酒人改变的时候，派对对他而言，也随之改变了。

关系也是如此。我们改变了，关系一定也会改变（是一定，不是可能）。我们通过自我转变，来转化关系。

改变自己是唯一的途径

你也许会告诉任何愿意听的人，说你与这人或那人的关系是生命中最重要的部分。你还希望改善你们之间的关系。你甚至会付出不少金钱，买像这本书一样的辅助读物，听专题讲座，进行心灵辅导，或者走其他有用的途径。但直到你愿意改变自己所有关系中的同一样东西——你，这样关系才能像以前一样继续下去。说很重要，但做才是关键。爱默生就曾坦言："你是什么样的人比你说什么更重要。"关系之所以改变，是由于处于关系中的我们是怎样的人，而不仅仅是由于我们说了想要关系变成怎样。

你也许处于一种关系中，它令人心生畏惧，让你不敢轻易尝试去改变它。你觉得格外难处的也许是与父母之间、与朋友、与兄弟姐妹、与爱人、与同事或者与某位权威人物之间的关系。

你可能心存担忧，害怕一旦试着重塑关系，就会丢掉饭碗或者被其他人疏远。但是，你要记得，你不是去改造别人，你是要改变自己。起初别人可能根本发现不了你的变化，但关系早晚会随着你的改变而改变。

关系看似好像难以驯服的巨型怪兽，但只要你了解了每个关系都具备的特点——共同创造性，你会发现，原来自己拥有的能力比之前想象的要强得多。

爱永远与关系同在

1999年的时候，妻子桂儿和我住在南卡罗莱纳州默特尔比奇郊外的小镇上。我的工作必须大量时间出差在外，每年都是连着七个月，我不在家，在相邻各州出差。我每每都是周日下午离家，住在酒店里，一直工作到周五早上，再返回家里。

每年分开的最初一个月左右的时间，是我和家人最痛苦的时候；接下来的五个月，离家在外工作的感觉不错；途中往返奔波的时候很难熬。

那年初秋，待在家中工作的最后一个月快要结束时，背风群岛（Leeward Islands）以西750海里处生成了弗洛伊德飓风。我和桂儿不断收听天气频道，因为这个四号怪兽开始向南卡罗莱纳海岸缓缓移动过来。

不久，飓风追踪仪预报，弗洛伊德将席卷南卡罗莱纳州默特尔比奇周边地区。政府发布了强制撤退的命令。我们在房上钉上木板，收拾衣服准备在外面逗留一段时间。我们还把猫、狗、金鱼一起装上货车，把马牵进拖车，这个小小的动物园朝着北卡罗莱纳山区的安全地带奔去。我们打算在岳母位于大烟山的木屋里等待暴风雨过去。

弗洛伊德和所有飓风一样变化无常，它在最后关头掉头上行，扫过开普菲尔河（Cape Fear River），进入北卡罗莱纳境内。虽然飓风没有经过我们家，但在南卡罗莱纳海岸降下大量雨水。我们被告知一周之后再回家。

我们突然意识到，这是一个意料之外的假期。大家都在一起，有马儿陪伴，有时间空余。天气暖和得不合时令，每天，我们三人都在木屋周围的山上骑着马上上下下。桂儿骑着她的马，我骑着我的，三岁的莉亚靠着我，坐在马鞍前面。晚上，我们一家人一起享受着悠闲而漫长的晚餐。

可是，总是有个事实在背后提醒着我们，就像悬着的一根正在融化的巨大冰柱。回家后短暂的几周后，我就要离开，开始又一段七个月的差旅之行。长达 211 天的日子里，我每周在家待的时候不到四十八小时。这给我们当下的美好时光投下了长长的阴影，不过，表面上我们都无视即将来临的分别。

接到警报解除的信号后，我们装上所有的东西，还有小动物们，开了五个小时车回到家。我们一起度过了愉快的一周，但是回程途中，大家都有些闷闷不乐。

晚上七点左右到了家，我停下货车，把莉亚叫醒。她抓着毛绒小兔，一路都在打盹，

我和桂儿卸下车上的行李，把马鞍和其他一些马具拿到仓房。莉亚跟在我们后面，聊着天，之后就进屋和猫玩去了。八点多的时候，东西都卸完了，我们得把拖车倒进车位。我爬上货车驾驶室，桂儿站在货车后面定位，帮我倒车。

我当时很累。脑中萦绕着很快又要离家半年多的想法，它就像一颗毒

瘤吞噬着我的内心。疲倦加上要离家的事，我逐渐感受到巨大的压力。

倒车起步时，我回过头去想确定桂儿站在哪里，可我却看不到她。来不及换上温和的语气，我大叫起来："桂儿！你究竟在哪？"

"我站在这里呢！"她也大喊着回我，和我一样的语气。

"可是，我看不到你！"我说，声音中的火气越来越大。"我都看不到你，你还怎么帮我倒车啊？真见鬼！"

"你看不到，那又不是我的错。"她吼起来，"我就站在这里啊！"

"天太黑了！"我尖叫起来。"黑漆漆的，我肯定看不清，不是吗？站到我能看到的地方，行不行？"

我尖刻的语气让桂儿很恼火。她也累了，也很伤心，因为一家人很快就要分开，不能待在一起，直到春天快过去。桂儿没理我的呼喝声，她静静地站着，不理我。

"桂儿！"

她没答应。

"别不理我！"

还是没答应。

我真的要疯了。我不加考虑，也不知怎么就走下车，怒气冲冲地向她疾走过去。所幸莉亚在屋里玩，因为接下来的几分钟，我俩就开始彼此生气地大呼小叫。我们从来没争吵得这么严重过。我俩你一句我一句，说着刻薄、伤人的话，夹杂着咒骂和恐吓。

我和桂儿很少会以如此方式交流。事实上，我都不记得上次因意见不一而大吵是何时了。但今天我们都累了，离别的伤痛又火上浇油，我俩都狂怒起来。

不知何时，莉亚静静地走到了门廊下，她站在三十英尺开外的地方，听到了一切。莉亚听见妈妈和爸爸互相尖叫，残忍地对骂。

片刻之后，当我喊叫之中，我感到有人轻轻地扯着我的裤腿。我低下头看到了莉亚。我和桂儿立刻噤声不语了。

“妈妈，爸爸，帮帮我好吗？”她说。

我俩低头看着女儿，屋内射出的灯光衬托出她小小的身形轮廓。

“怎么啦？”桂儿克制着自己的语气。

“你能帮我吗？”莉亚又说了一遍。

“帮你什么？”我问。

“我的外套好像有问题，”莉亚说，“你能弄好它吗？”

我和桂儿看了她一会儿。“你的外套怎么了？”桂儿问道，向莉亚面前走了一步。莉亚张开双臂，让桂儿能看得清她的外套。

“哦，穿反了。”桂儿温柔地说。“过来，我来帮你。”桂儿脱下她的夹克衫，反过来，然后给莉亚穿了回去。她忙着的时候，我感到心跳渐渐慢下来，血压也下降了。

“好了，亲爱的。”桂儿说。

“谢谢。”莉亚说。她伸手拉着桂儿俯下身来，亲了亲桂儿的面颊。“我爱你，妈妈。”

她又转向我，拉住我的手让我也俯下身来，然后也亲了亲我的脸。“我也爱你，爸爸。”

之后，她没再说什么，转身慢慢地走回屋里，关上了门。我和桂儿站在那里，看着对方。怒气消失了，我们往对方面前走了一步，拥抱在一起，久久没有放开。

“我爱你。”我说。

“我也爱你。”桂儿回答。

我安静地回到货车上，发动引擎，两人合力停好了车。

晚上，当我给莉亚盖上被子要睡觉时，突然想起一件事。

“莉亚？”我说，“我们一到家你就把外套脱了吧。你在屋里和猫咪玩，为什么又穿上外套呢？”

她转过身去，紧紧抱着毛绒小兔。

“莉亚，”我说，“你是知道怎么正确穿上外套的。”

她没理我。

“看着我。”我温柔地说。

她慢慢转过身面对我，但躲避着我的目光。

“你是故意把外套穿反，然后要我们帮你的，是吗？”我问。

过了很久，她才看着我的眼睛说：“你和妈妈互相说着难听的话，我想你们停下来。所以就那么做了。”

“你故意把外套穿反，走出来要我们帮忙，这样我们就会停止吵架了，是吗？”我问。

她缓缓地点了点头。

泪水涌上我的眼眶，我一把把她抱在怀里。我们拥抱了好几分钟。

“我爱你，爸爸。”她说。

“我也爱你，宝贝。”我说，“我也爱妈妈。”

一小时前，这个还在蹒跚学步的小孩目睹了两个成年大人的吵架。我们的身体是她的两倍多，要这么小的孩子改变她父母之间那么大的关系，她得感到多畏惧啊！

她独自做了一件事，让我们打破了困住自己的怒火，不再生气。

坚持不抱怨，需要勇气

你在关系中面临的难题可能看上去很大，可能看上去会令你不知所措，可能看上去无法修复，也可能看上去超出你的掌控范围。但这些并非事实。只要你积极主动，遵循本书提出的建议，你一定能够将关系恢复为健康、和谐的状态。

完全改变你与他人的关系得花上些时间，而且即使完全改变了，偶尔还是会——会，不是可能——出现问题，因为关系的本质便是如此。不过，只要你有坚持的勇气和意愿，就一定能够成功。你不仅要决定自己需要快乐的关系，而且还必须将这个需要当作一个确定不疑的目标，保持既定路线不偏离。

爱默生说过："无论你做什么，都需要勇气。"无论你做什么决定，总会有人认为你错了。前进的道路困难重重，总令你觉得批评你的人很有道理。制订行动计划并执行到底，需要与军人同等的勇气。和平是关系的胜利，但唯有勇者才能赢得那些胜利。

别管那些说你不能成功的人，寻找哪怕是小之又小的改变，不断坚持。就是此时，就在此地，你拥有着无尽的潜能，可以把你与其他人之间的关系，转化成平和、喜乐、相互扶持的"不抱怨的关系"。

【附加篇】

超脱的慈悲

> 摒弃一切欲望，沐浴心自在之净光。
> 身处尘世，方可达致涅槃永生。
> ——南传《法句经》

我总觉得有些不曾在原书中披露的想法，在耳边窃窃私语。在和他人探讨切磋时，这些想法也时不时浮出水面，并且逐渐明晰，所以我觉得有必要对其深入阐述，也希望能对大家有所助益。

1983年，我听见两个朋友谈论要去科罗拉多州韦尔小镇滑雪度假。他们邀我同行，我欣然答应了。整整四天时间，我们一起滑雪、泡澡、抽雪茄，肆情欢笑，开心极了。于是大家约定每年都聚在一起滑雪。之后的五年里，我们陆续光顾了美国好几个滑雪度假圣地。

再后来，我搬到了别的城市，从事了新的行当，手头拮据起来，时间上也不宽裕，便提出暂时退出滑雪聚会一两年。我对朋友们说，盼望能很快重回一年一度的欢聚。

不曾想，这“一两年”的暂别，结果却是20年的分离。我失去了大家的音讯。直到去年的一天，迈尔斯在电视上看见我，才重又与我取得联系。他说，自25年前那次滑雪聚会后，一群人年年聚首，一年都未落下。

“事实上，”迈尔斯说，“六周后我们打算去汽船溪度假村滑雪，一起来吗？”我毫不犹豫地答应了。

迈尔斯给了我滑雪旅行的日期，我检查日程后发现，只有一天有空。一天虽短，但总比没有时间好。我便订了机票，和老朋友们一起踏上美妙的旅程。

那天天气晴朗，山坡也非常棒。很快，我便找回了昔日的感觉。我觉得自己像火箭般穿梭在雪道上，顺坡滑翔，追逐着其他伙伴。

近中午时，我们停下来，歇息吃饭。一群人吃着、喝着，聊着上午滑雪的趣事，滑雪屋里生机盎然。人们穿着滑雪鞋，走起路姿势僵硬，鞋踩在地上发出“咔咔”的声音，盖过了音响里播放的莱纳德·斯吉纳德组合的美妙和声。我们迅速填饱了肚子，又回到了滑雪场上。

从滑雪屋所在的小山坡滑下来后，我们上了一条新道，上面布满了凸起的雪堆，雪很硬实。我虽然热衷滑雪，但经验有限，所以这对我还真是有些挑战。之前我还庆幸一整天都没有摔跤呢，现在看来要保持完美的记录有点困难。

我左躲右闪，蜿蜒着避让开停在雪道中央的一名滑雪者，脚底却失去控制，偏离了雪道，向一片小树林冲过去。我的心“扑通扑通”地跳，匆忙之中把重心移到腿外侧，准备急转弯。扭身之时，滑雪板卡在了两座雪堆中间。我听到很响的“砰”的一声，左腿膝盖感到一阵灼热的疼痛。

我慢慢挪动身体往下滑行，不知道滑了多久，到了一座高耸的雪堆旁，停下来歇息。我躺在地上，膝关节扭伤了，剧烈的疼痛让我开始休克。幸运的是，十分钟后，一名雪场巡逻员发现了我，把我抬上一架雪橇，慢慢拉下山，送到等候在那里的救护车上。

核磁共振检查结果显示，我左膝盖有三处韧带撕裂。医生给我左腿安上支架，又花了十五分钟时间教我使用拐杖，并叮嘱我回家后立即去看骨科。

我算是个意志坚强的人了，可坐在回度假村的出租车上，却不免心情低落，沮丧万分。忙里偷闲，抽出了仅有的一天空来滑雪，结果却以拄拐告终。急诊室的医生说，这情况可能得持续很长一段时间，而且很可能还要做手术。看来，我得束手缚脚好几个月，更折磨人的是膝盖痛得要命!

为了赶一场演讲，我早就定了第二天一早的航班。凌晨 4 点 45 分，我从被窝里爬起来，去赶机场大巴。好在我的朋友布奇和我一同早早起来了。他照顾我吃了早饭，又提着我的行李包下两层楼去搭机场巴士。我跟在布奇身后，慢慢地迈过一阶一阶结着冰的楼梯，拐杖尖在冰面上滑来滑去。

我小心翼翼地沿着冰冻的人行道蹒跚走向机场大巴，每迈一步，膝盖都要抽动一下。司机冲我灿烂地笑着，接过我的包。布奇叹口气，握着我的手安慰我：“明年会好些的。”我挤出笑容，和布奇拥别，挣扎着上了机场大巴的阶梯，阶梯特别陡，有两次我差点摔倒。上车后，我发现由于腿上安着支架，根本坐不了位子。还好，第一排没有人，可以让我躺着。

接下来前往机场的 45 分钟路程中，每逢路上出现一个隆起的包，车身都要上下晃动，我的腿便随之被一波疼痛袭击。我坐在前排，不，确切地说是倚在前排，周围光线昏暗。身旁有人在抱怨，起得太早了，天气如此糟糕，航班可能受影响，抱怨这，抱怨那。一股阴郁的情绪在车厢里弥漫开来。

“然而，你们的同在之间须留下缝隙，让九天来风飞舞穿行。你们相互深爱，但不要给爱戴上羁勒，让爱成为荡漾于你们心岸间的海。”

——卡里·纪伯伦（Kahlil Gibran）

大巴快到机场时，司机拿起了麦克，开始说话。

“各位请注意。”他讲道。

我以为他要宣布最新的天气情况，可是没有。他说：“我知道，现在还很早，你们还在担忧航班是否会取消。”车厢各个角落响起同意的嘟囔声。

“我知道，大家还有很多事要做。”他继续说着，“可在各位下车之前，我想借此机会，用这短短几分钟，向你们说声‘多谢’。”

听到这一声“多谢”，大伙有些沉默。

气氛开始变了，我心想。

“对各位而言，这也许只是你们在汽船溪的一次普普通通的度假。但是，对我们，各位到来的意义远不止度假。”他说道，“你们在当地待上一周，会影响到大约一百号人的人生，而且这种影响会一直持续到明年。你们也许觉得不过是滑雪休闲、购物、享受乐趣而已，但在我们看来，和你们共度的这段时光，你们滋养了我们的心灵。因此，我想要说声多谢了。”

乘客们很错愕，大家都沉默着，这太出乎意料了。自此，车上一直没人再说话，直到汽车驶抵航站楼，司机友好的声音喊道：“再次表示感谢。我们已经到了，请大家注意脚下，当心地滑。”

这个早晨，当然，还有其他每一个早起的清晨，在通往机场的巴士上，这个司机被乘客们各种各样的抱怨环绕。人们因为自己的事情或是遭遇的麻烦消极倦怠，我就是一个很好的例证。司机本应被人们消极的负面能量所影响，或者把我们看做一帮难伺候、牢骚满腹的游客。然而，司机的心情不仅不受影响，反而对人们的麻烦表示高度的理解。他的表现在心理学上称之为超脱的慈悲，是不抱怨关系的重要元素之一。

在书中，我提到慈悲的定义是“深刻理解他人的遭遇，希望对方能从麻烦中脱身”。有人经历苦痛之时，盼望他们尽快脱离磨难，这便是慈悲的表现。可许多人却误混淆了“对他人的不幸表示慈悲”和“代他人承受不幸”这两个不同的概念。

超脱的慈悲，听起来似乎前后矛盾。但确实应当做到一方面关怀他人的际遇，一方面也要避免麻烦转移至自身。代他人承受磨难，不仅伤害自身，还会削弱自己帮助他人渡过难关的能力。如此一来，我们就会认同他面对磨难的无能应对，而且可能还会造成磨难继续。倘若真要帮助他人，应当采取慈悲和超脱参半的态度。我们怀有慈悲之心，所以关心，但同时保持超脱，置身事外。

超脱是一种心态。抱此种心态的人，摒弃了欲望，达到了更高境界。人迷失于现实生活给予的种种挑战之中时，通常需要更高境界的导师指点，帮助其重新面对人生。这时，超脱于俗务之外的人才能提出有用的建议和观点，同样陷身麻烦的人是帮不上忙的，他们会局限在原来的圈子里。奥斯卡·王尔德说过：我们都在阴沟里，但仍有人仰望星空。一个人处于绝望境地时，我们也跟着一通瞎打瞎撞，那是断然帮不了对方从绝望的黑暗中脱身的。

我少年时期参加童子军时曾接受过救生训练。当时学的救生法则归纳起来就是四个字：够，投，划，游。如果发现游泳的人溺水，首要应对办法是伸出竿子或者衣服袖子去够；如果距离太远够不着，就把能漂浮的物体投到溺水者身边，例如救生圈、塑料小浮板等；倘若实在找不着漂浮物体，就划船实施营救；如果连船也没有，才可以游泳过去营救溺水者，这是最后才能采取的办法。

为了实施游泳营救，我们要学习入水时水不没头的游泳技巧，以避免营救时会有片刻看不见溺水者。我们还要学着把头伸在水面上游泳，这样能随时看到溺水者的方位，以便迅速营救。

“接下来是最关键的事。”谙于救生的指导员在带领我们练习游泳救生的技巧前，郑重其事地说道，“快接近溺水者时，要在距他五六英尺远的地方停下来，侧身对着他。然后踩着水，向对方伸出一只手去，看他对你的营救有何反应。你只有确定自身安全了，才可以谨慎地慢游过去。”

“为什么要对溺水者伸出手呢？”我不解地问道。

“因为不得已的情况下你必须推开溺水者。”指导员正色道。

“可他快要淹死了啊！”我失声叫出来，“我们应当尽快游过去，抓住他，把他拽到安全的地方，不是吗？”

指导员脸上露出的神情，既表示对我慈悲心肠的欣赏，又写满了严厉警告。“只有这样，你才能救得了人，而不是自己也被拖下水淹死。”他快速扫了一眼大家，确定每个人都听到了他讲的话后，方才继续说，“溺水的人处于一种绝望的状态，会乱抓身边任何东西。慌乱之中，他们会拼命往你身上爬，不可避免地就会把你往水底按。所以，只有安全了才能游到他近前，否则必须撤离，必要的时候要推开溺水者。如果你都在营救过程中牺牲，还谈什么救人呢！”

救生指导员的告诫，放到处理人际关系中也是正确的。你关心的人若遇到困难，首先，你要让头一直浮出水面，保持视角有一定高度；其次，牢记被困难缠身的人常常会把你也拖进麻烦中去；再者，也是最重要的一点，如果你也阵亡了，就什么希望都没有了。

不久前，我给一大群人做演讲，互动提问环节时，有个男听众粗声说起他遇到的麻烦，看得出来他着实很纠结。这个人不断要我认同他的境遇，可我觉得他当时并非无从选择。我拒绝站到他同一边，当其是受害者。相反我看着观众问道：“各位听众，你们有没有正在经历跟这位朋友一样大的麻烦？有的话请举手。”

底下的人个个都举起了手，无一例外。

那个人环顾四周，看着举起的手臂。我露出同情的微笑，说道：“生活便是如此。”男听众发现纠结并非自己独有，深深地吸了一口气，笑着坐下了。他后来发 e-mail 给我，说我当时的举动让他感到充满了力量，不再恐惧去解决曾经的难题了。当然，他也真的解决了。

我本可以站在人群面前，告诉那个男听众一套解决方案，以此显示自己如何聪明过人。不过，说心里话，我也不过是设想一下自己若处于相同情形下该怎么办，然后告诉他，仅此而已。但这是他自己的经历，我希望看到他个人能力得以成长，成为能够解决难题的聪明人。

别人因困难而头疼之时，我们走过去插一脚，等于是在出风头。通过此种方式，既掺和了某件事，还无须担忧结果。这其实是内心自我意识在作怪。人的自我总是希望自己处于举足轻重的地位。

“每个问题的手里，都握有一份给你的礼物。”

——理查德·巴赫（Richard Bach）

如果你觉得任何时候都会有人面临困难，那么开展救人行动的机会就相当多了。然而，尽管有时候人们看起来似乎快要溺毙，但其实他们脚下的水非常浅，只要准备好了，自己就能站起来。其实，挑战就是准备好去迎接困难。挑战还会带来成长，因为人们能从挑战中吸取经验教训，一点点变得成熟。渡别人一把，自麻烦中解脱，也许是件光彩的事，不过这么做，反而剥夺了他人经历痛苦磨难之后的成长机会。

你可曾注意过，当生活把磨难摆到你面前，你没有勇敢接受，而是挥手拨到一边，同样的困难日后会再出现，而且解决起来难度更大，带来的痛苦更深？你试图承担起别人的困难，这么做或许能减轻挑战的严酷性，但困难同样是成长的机会，而且你很可能造成另外一种后果：之后他们又碰上同样的麻烦，会更棘手更糟糕。

困难也许并非像外表显示的那样，它们可能是上天赐予的礼物。难道你会冲进孩子们的生日派对，猛地夺走礼物，口中还振振有词“这东西恐怕会伤到人，还是让我拿走的好”？你当然不会。可是，你牵绊于别人的麻烦，或者试图代他人解决困难，这些都无异于夺走他人的礼物。

慈悲是关心别人，关注他们的际遇；超脱是不去操心事情如何进展，但坚信一定会解决。

出于慈悲，我们这样说：“我陪在你身边，听你诉说。你可以向我诉苦，甚至在我面前痛哭出声，你胡言乱语我也不会妄加评论指责。不过，这是你自己的事情，对你而言不啻是份礼物。”

出于超脱，我们这样说：“我相信你拥有这份智慧，能够解决问题，而且解决过程中还会充分利用各种潜在的资源和人脉。”

可是，我们为何会突然闯入，承担起别人的困难呢？一个原因在于，这让我们感到个人的重要性，另一个原因则是把焦点放到别人的事情上时，个人的困难就没那么凸显了。我们对自己的事情关注少了，感觉困难也就没那么揪心了。

关注他人面临的挑战时，我们自己在生活大课堂中的工作就容易停滞。我们来到这世上本是为了快乐，为了成长。可是过分热衷于别人的事，就相当于对自己的事采取了逃避的态度。这是一种自我否定。我们看到别人遇到麻烦，伸出援手，但也许会陷入太深，以至于忘记了自己成长的意义。于是，为了把我们拽回原来的人生轨道，问题便开始成倍增长。

生活就是成长，成长又离不开变化，而困难则是变化的催化剂，推动我们前进，让我们成长成熟。

最近有人告诉我一句话：直面困难，视其为成长历程之必须（Confronting Hardships As Necessary Growth Experiences）。这句话里每个词的首字母连起来刚好组成一个单词：CHANGE（变化）。

人人都会遇到问题，经历困难。一味逃避，问题和困难就会像小火煨汤，最后一定会沸出来。若勇敢去面对，结果便是成长，再次遇到相同问题，解决起来也轻车熟路。

去年夏天，我参加了一个组织，这个组织是去坦桑尼亚的姆万扎协助当地医院建妇产中心的。我们当时的援助对象是坦桑尼亚国际卫生互助合作组织（网址：www.IHPTZ.org）。东非新生儿的死亡率一直居高不下，很大一部分原因是当地怀孕妇女的生产设施匮乏。

援助建设的两个星期里，我们和勤劳的坦桑尼亚人并肩作战，从早上八点半干到晚上五点半才收工，有时更晚。当地人教会我们一句口头语：

“这是在坦桑尼亚呢”，是提醒我们这些美国人的。工作中被钉子扎了、突然断电了、没有工具、缺这少那，每当这时，当地人就会大笑起来，耸耸肩膀，提醒我们：“这是在坦桑尼亚呢！”

第一天去工地时，我和另一名志愿者戴夫发现了以前的志愿者留下的一面墙体，但倒在地上，还没有接到房屋上去。“这很简单。”我们俩如是说。我并不擅长建筑，不过看起来似乎只需在墙基的地方安一块 2×4 英尺的木板，然后找几个人搭把手，把墙体立起来，再钉到墙基板和相邻墙体上就大功告成了。

“小事一桩。”我们都这么以为。

呃，不过，“这是在坦桑尼亚呢！”

我们割好相应尺寸的木板，放在墙基位置，然后开始找能把板子钉到水泥上的钉子。花了约摸一个小时在仓库翻箱倒柜，最后只找到了平头水泥钉，没有发现十字头钉子，可我们有的手电钻只配了十字头螺钉的起子头。我们又去找合适的起子头，但没有找到。这时时间已经过去了一半。

在搜寻过程中，我们发现一个用 .22 口径子弹的装置。用力撞击的话，子弹就会爆炸，冲击力能把螺钉打进水泥里。可里面没装子弹。接下来又是一个小时的搜索，终于找到子弹了。“太好了！”戴夫欣喜地说，“我们这就要把墙安好啦。”这时旁边过来一个工人，微笑着用蹩脚的英语对我们解释说，这个装置需要用到一种特殊的螺钉，可那种螺钉现在没有。

“这是在坦桑尼亚呢。”我对戴夫说。

“现在怎么办？”他问我。

街上没有出售工具的商店。这会儿，我们就好像麦凯维（MacGyver，美剧《百战天龙》主人公，出任务时从不带枪、不使用暴力，而是以科学知识为工具，就地取材，利用手边的小东西，化危机为转机）一样，要用一堆绒条和回形针搭出一间医院来。而且，我们手边连回形针都未见得有。

我和戴夫万分沮丧，拖着沉重的脚步回到住处。那面墙依然躺在工地上。

第二天，从美国新运来了一批工具。我们兴奋不已，这次的工具里面有平头螺钉起子头，还有能在水泥面上打孔的简易电钻。

“这下好了，跟在家一样了。”我对戴夫说，“先用简易电钻打个定位孔，然后用螺丝固定好墙。”我在墙基板上做好标记，戴夫负责钻孔。手电钻安上平头螺钉起子头后，第一颗水泥钉被拧进了木板。这时候，我们又发现钉子太短了，根本穿不透 2×4 的木板。我们又把每个孔都打深一点，以便让钉子能透过木板，够着水泥墙。这项额外的工作花了好几个小时，那一天结束的时候，墙体还是躺在地上，仿佛在嘲笑我们的无能。

工作小组回到住宿的小旅馆以后，我把遇到的困难和心底的沮丧讲给领导人之一的丹尼·勒夫斯特姆博士听。我原以为他也会回之以“这是在坦桑尼亚呢”。然而，丹尼耐心听完我的话，用地道的斯瓦希里语说了句：“Pole sana，bwana.”

斯瓦希里语的 sana 翻译成英语是“非常”的意思，bwana 是称呼语“先生”的意思。在美国，如果得知某人遇到麻烦或者经历不幸，我们往往会说“对不起（I’m sorry）”，以此表达关心，表示支持。非洲人不理解为什么要对别人的事说“对不起”，麻烦又不是自己导致的。只有应当受到责备时，说“对不起”才合情合理，否则，回答“pole（坡力）”比较合适。

Pole（坡力）大概的意思是：我知道你遇到了困难，我觉得能够拥有这段经历，你应当感到荣幸。Pole（坡力）恰如其分地表达出了“超脱的慈悲”的内涵。说话者感到自己应当受到责备，对对方经历的磨难表示遗憾，这些都不是 pole（坡力）的含义。它传达出的是一种慈悲，理解你正承受某种挑战，但正是有了挑战，你的经历才弥足珍贵，这是人生道路的一部分。

听完我的感慨，勒夫斯特姆博士说：“我非常理解你遇到了难题，我觉得能够拥有这段经历，你应当感到荣幸，先生。”

许多人把慈悲为怀和代他人受苦混为一谈。代他人受苦，诚然出自一片好心，却无形中认可对方是受害者，双方都被拖下了水。慈悲对建立健康的人际关系分外重要，但也不能陷入他人痛苦的泥淖。这种错误的选择不仅削弱了自身的力量，而且妨碍了他人获得成长的能力。

欲求宁静无杂念，做到一点即可：超脱。

——大师艾克哈特（Meister Eckhart）

依“超脱的慈悲”这一准则行事，我们就能坚守个人的力量，同时唤出他人内心的力量。这是疗愈自己重要人际关系的方式，也带动了他人一起疗愈。无论何种人际关系，爱人之间的关系、父母与孩子之间的关系、家庭成员之间的关系、同事的关系，超脱的慈悲坚定了当事人的信念，相信每个人都能征服当前的挑战，获得成长，打造不凡的人生。

我们关心他人，但不是通过分担磨难、降低挑战难度的方式。我们不应当剪切别人的经验教训。我们应当懂得，他们必能挺过磨难。适时的放手，是对生命最好的礼赞。

【致谢】

生命中最美好的分享

感谢爱妲温·甘妮斯（Edwene Gaines）女士，是她的《繁荣的四大心灵法则》（*The Four Spiritual Laws of Prosperity*）启发了我和其他人，鼓励我们甩掉抱怨的恶习。感谢山姆·马塞斯（Sam Mathes）先生，感谢您在这本书中和我的生命里都留下了难以磨灭的烙印。感谢阿达姆·汗（Adam Khan），您是一位非常有才华的作家，感谢您对这本书的建议和评论，也感谢您给我的无私的友谊。感谢奥腾·佩姬（Autumn Paige），您所做的调查和研究，为这本书的面世作出了巨大的贡献。感谢莉娅·鲍温（Lia Bowen），我的女儿，感谢你和我分享你的观点和编辑技巧。感谢约翰·格莱德曼（John Gladman）先生，您的才华和热情让我受益匪浅。感谢雷内·帕尔（Rene Pare）先生，您真的是一位良师益友。感谢爱丽丝·安德森（Alice Anderson），约翰·麦克林（John MacLean），以及阿琳·梅耶斯（Arlene Meyers），感谢你们能够让我拥有如此纯净、如此美好的友谊。感谢乔·雅各布森（Joe Jacobson），如果没有你我之间的珍贵友谊，这一切都还无法实现。感谢罗宾·柯瓦斯基博士（Dr Robin Kowalski），您的研究和建议给了我很大帮助。感谢维维安·詹宁斯（Vivien Jennings）和罗格·多雷恩（Roger Doeren），感谢你们的支持和鼓励。感谢邦妮·史密斯（Bonnie Smith）女士，你的热情和见解为这本书增色不少。感谢特蕾莎·洛尔（Teresa Loar）女士，感谢您让那么多人了解了这个“不抱怨的世界”，而正是这些人帮助我把这种“不抱怨”的理念更广泛地传播开来。感谢议员伊尔纽曼·克莱弗尔（Congressman Emanuel Clever）先生，感谢您能去关注那些有建设性的事物，而没有把精力集中在那些有破坏、分裂作用的东西上。感谢 Level 5 Media（五级媒体）的史蒂夫·汉斯曼先生（Steve Hanselman），有了您那些耐心、巧妙和专业的指导，才让我一步步踏进出版界的大门。感谢特蕾西·墨菲（Tracy Murphy）以及 Doubleday 的全体员工们，感谢你们的信任，也感谢你们能与我分享你们的才华和资源。感谢吉尔·温特（Jill Wendt），赫伯·皮尔逊（Herb Pierson），记者们和博客写手们，以及很多很多发现了“不抱怨生活方式”的改造作用，并付出时间和精力把这些理念同他人分享的人们。

在这里，我还要特别感谢汤姆·欧益（Tom Alyea）先生，在这三年多的时间里，您一直都是这场“不抱怨运动”的忠实支持者，您是上帝赐给我和这个世界的礼物。